역사적 유물론 연구

- 자본주의를 넘어서는 역사적 상상력 -

위르겐 쿠친스키 지음 / 김정로 옮김

2018
백산서당

역사적 유물론 연구

- 자본주의를 넘어서는 역사적 상상력 -

옮긴이 서문 위르겐 쿠친스키와 학문세계 ·················· 7

  1. 쿠친스키의 생애와 학문생활 · 7
  2. 쿠친스키의 저술세계 · 18
  3. 노동자상태의 역사 · 23
  4. 독일 인민의 일상사 · 40
  5. 이 책에 대한 소개 · 58

서 문 ·· 69

노지식인 ·· 71

  작업방식과 사회적 태도 · 76
    1. 당파성, 비당파성, 진리를 향한 추구 · 76
    2. 위험각오 · 85
    3. 노년의 작업근면성에 관하여 · 88

    4. 노년에는 특별한 종류의 작업을 선호하는가? · 91
    5. 노년의 창조성 · 98
  인간관계 · 103
  과학자와 자신의 저작 · 116

| 제 1 장 | 과학적 방법, 과학체계와 세계관 ·································125

| 제 2 장 | 프리드리히 엥겔스의 역사적 유물론에 관한 "노년의 편지" ··141

  이론의 서술 · 142
  실 천 · 157
  몇 가지 또 다른 시사점 · 169

| 제 3 장 | 의식과 존재 ···179

| 제 4 장 | 사회발전의 단계 — 구조와 발전 ·································197

| 제 5 장 | 모순 논쟁 ···215

| 제 6 장 | 역사적 낙관주의의 기초에 관하여 ·································237

| 제 7 장 | 학문의 전문용어 ··· 261 |

| 부록 1 | 위르겐 쿠친스키에게 보낸 존 에어펜벡의 편지 ···················· 275 |

| 부록 2 | 존 에어펜벡에게 보낸 위르겐 쿠친스키의 답장 ···················· 287 |

△ 찾아보기 · 291

옮긴이 서문

위르겐 쿠친스키와 학문세계
- 자본주의를 넘어서는 역사적 상상력 -

1. 쿠친스키의 생애와 학문생활

위르겐 쿠친스키는 1904년 엘버펠트에서 태어나 1997년 베를린에서 죽었다. 94년의 인생이니 짧지 않은 것이다. 20세기를 통째로 살았으니 밀도 많고 딸도 많았을 것이다. 하지만 그를 제대로 살펴보면 엄청난 학문적 업적을 남긴 인물로 기억할 것이다. 그리고 그의 학문적 업적과 문제제기는 지금도 여전히 빛을 발하고 있다. 물론 보고자 하는 사람에게만 보일 테지만 말이다.

1904년은 독일에서도 황제가 다스리는 군주국가였다. 산업적으로는 적어도 유럽에서는 산업자본주의가 독점자본주의 단계로 들어섰고, 자본주의가 전 세계를 집어삼키고 있었고 그래서 열강들 간의 반목과 전쟁발발의 기로에 서 있었다. 20세기에 신세기가 펼쳐질지, "극단의 시대"가 펼쳐질지 아무도 알 수 없었고, 오히려 대중들의 일상생활은 여전히 전통사회의 틀에 얽매여 있었을 것이고, 20세기의 찬란한 희망을 꿈꾸었을 것이다. 쿠친스키는 어쨌든 한창 세계 최강국으로 발전하고 있던 독일의 수도 베를린에서 건강한 인물로 자라지만 제1차세계대전과 제2차세계대전이라는 양차대전을 모두 온몸으로 겪었다. 바이마르공화국의 도전과 몰락, 그리고 끔찍한 나찌즘의 발호도 겪는다. 그리고 종전 후 분단된 독일에서 동독을 선택한다. 그 당시 진보적 지식인들이 그랬듯이 쿠친스키도 루카치, 에른스트 블로흐, 브레히트 등과 마찬가지로 이 신생 공화국을 선택하여 발전에 많은 노력을 기울였다. 그리고 1989년 다시 양 독일이 자본주의적으로 통일되고도 10년 가까운 생활을 하다 영원히 돌아간다. 특히 1989년에는 학술회의 참석차 한국을 한 번 방문하기도 했다.

당시로서는 매우 오래 살았고 또 여러 번의 서로 다른 체제를 경험하고 살았기 때문에 『자서전』도 세 번이나 썼다. 먼저 1971년에 첫 번째 자서전을 출간했고, 1992년에 두 번째 자서전을 출간한다. 20년만이니 당연한 것이다. 첫 번째 자서전이 주로 젊은 날의 얘기라면, 두 번째는 1945-1989년 동독에서의 생활 얘기다. 하지만 한 번 더 쓰게 된다. 독일이 통일이 되고서도 몇 년을 더 살았고, 무엇보다 체제가 바뀌었으니 새로운 경험과 생각이 들었을 것이다. 그래서 1995년에 "자서전 1989-1995 - 낙관주의의 희망 없는 몰락"이라는 제목으로 또 한 번 출간한다.

어쨌든 1904년부터 1997년까지 20세기를 온몸으로 살았다. 사람은 시대의 자식이다. 잘 났든 못 났든 시대에 의해 규정되고, 그 속에서 문제를 해결하고자 살아가고 도전한다. 20세기는 쿠친스키에게는 최고의, 최대의 환경적 자산이다. 20세기는 유럽의 시대이고 무엇보다 자본주의경제가 전 세계를 전일화하는 시대다. 자본주의의 발전과 인생을 같이하면서 자본주의의 모든 것을 비판적으로 평생 연구할 수 있었기 때문이다. 맑스는 자본주의의 기초를 분석하였고 베버는 자본주의의 발전을 분석하였지만 시대적으로 충분치 못했다. 쿠친스키야말로 자본주의의 발전과 변화, 그 모순과 문제들을 전체적으로 분석할 수 있는 시대를 살았다고 할 수 있다. 따라서 쿠친스키의 자본주의 분석은 여전히 시사하는 바가 많고 참고할 만한 귀중한 이론이 가득하다. 분명히 하나의 "고전적" 사례이고 모범이다. 특히 지금은 자본주의의 긍정적인 측면에만 연구를 집중하고 있는 시대이기에, 자본주의의 내재적 문제에 대한 비판적 분석이 오히려 더 필요할지도 모른다. 세상만사는 모순의 통일체이기 때문이다. 현실적으로도 과거 "현실 사회주의"의 몰락과 "신자유주의"의 득세로 자본주의가 영원할 것 같은 "역사의 종말"을 외치고 금융자본이 난리를 치다가, 최근에는 "반세계화 운동"과 같은 자본주의에 대한 새로운 각도에서의 비판과 성찰이 많이 논의되고 있다. 이런 측면에서 볼 때 쿠친스키의 자본주의에 대한 비판적 분석은 언제나 새로 끄집어내 참고할 만한 우리 인류의 유산이라고 할 수 있다.

(한편으로 우리 세대도 여기에 한마디 거들 수 있다. 농업이 주된 산업이었던 전통 한국사회의 언저리에서 태어나 근대화의 모든 것을 한 세대 만에 겪었고 이제는 그것에 대한 반성까지 할 수 있게 되었기 때문이다. 즉 산업화, 민주화, 도시화, 개인화, 세계화 등 근대화의 모든 현상을 한꺼번에 온몸으로 경험하였다. 이것이야말로 우리의 최고 자산이다. 급하기는 했지만 나름 "고전적인" 형태의 근대화를 겪었다고 할 수 있다. 최소한 산업화와 민주화를 동시에 이룩했기 때문이다. 지

금의 중국이나 동남아시아가 겪고 있는 산업화와는 질적으로 다르다. 자본주의화는 주로 물질적 측면이다. 자본주의는 민주주의라는 건강한 시민사회 혹은 의식 및 문화와 함께 발전해야 그 사회의 발전이 단단할 수 있고 사회변화의 반성능력을 동시에 내장할 수 있기 때문이다. 그리고 한국은 이제 세계화에도 나름 성공하였다. 근대화의 마지막 관문인 세계를 향한 자본주의화와 민주주의사회를 나름 이룩하였다. 이것은 우리에게는 엄청난 자산이다. 우리도 쿠친스키와 같은, 아니 그 이상의 대학자와 사상가가 등장할 수 있는 토대를 갖추었다고 본다. 물론 우리가 그것을 원하는지 원하지 않는지, 하려고 하는지 마는지는 우리의 선택문제이기는 하지만.)

쿠친스키 집안은 부유한 편에 속한 것으로 얘기된다. 대학 졸업 후에 아버지가 졸업선물로 유럽여행을 다녀오라고 했다니 말이다. 유대인 금융가 집안? 확실한 것은 모르겠지만 아무튼 충분히 공부하고 충분히 사회운동과 학문을 할 정도는 되었을 것이다. 당시 대부분의 진보적 지식인들의 집안배경이 그 사회의 상류층 출신이 많았기 때문이다(예를 들어 특히 재미있는 것으로 20세기 전환기에 세계 최고의 도시 오스트리아 비인의 맑스주의자들을 보라! 그들을 "문화적 맑스주의"로 부르는 것은 얼마나 흥미로운가!). 그의 얘기를 들어보면 6대조 할아버지의 일화로부터 시작된다. 그 할아버지는 쾨닉스베르크대학에서 칸트에게 배운 학생이었는데 이때부터 철학자들의 책 초판본을 즐겨 모았다고 하는데, 불순한 학생으로 낙인찍혀 국외추방을 당했다고 한다. 그리고 4대조 할아버지는 파리에서 살았는데, 엥겔스와 함께

"인민동맹" 활동도 하고 또 1848년에는 맑스와 엥겔스의 『공산당선언』이 뿌려지자 한 권을 빵 두 개 값으로 사서 잘 읽고 집안에 고이 보관했다고 한다. 바로 이 책이 지금 세계에 남아 있는 초판본 두 권 중 하나다.

아버지 르네 로버트 쿠친스키(1876-1947)도 눈여겨 보아야 할 학자이다. 당시 저명한 학자로 40권 이상의 책을 출간하였으며, 당시 아인슈타인과 나란히 세계적인 명성을 얻었다고 한다(물론 쿠친스키도 아인슈타인을 여러 번 만났다. 또 칼 리프크네히트와 로자 룩셈부르크도 만났다고 한다). 노동자상태와 임금통계의 발전에 대한 연구에서 선구적인 작업을 한 인물이었다. 특히 1913년에 펴낸 『유럽과 미국의 임금과 노동시간 Arbeitslohn und Arbeitszeit in Europa und Amerika 1870-1909』은 레닌도 읽고 르네 쿠친스키를 높이 평가했다고 한다. 무엇보다 아버지 역시 진보적 지식인으로서 독일공산당이 창립되자 가입해서 활동한 인물이다(그 전에는 당연히 독일사회민주당과 독립사회민주당에 관련되었을 테고). 후에는 제국의회의 의원이 되기도 한다. 게다가 쿠친스키의 아들 역시 학자이고 그 자식도 학자이다. 첫째 아들 토마스는 훔볼트대학의 경제학 교수 출신이고, 둘째 아들도 문학을 가르치는 학자 출신이다. 그 자식 역시 학자로서 대를 잇고 있다고 하니, 쿠친스키까지는 6대에 걸쳐 좌파 인텔리집안을 형성하고 계승하였으며, 그 자식들까지 하면 8대의 학문전통을 이루는 것이다. 참!

특히 내가 관심을 가지는 것은 책이다. 그렇다면 얼마나 책을 가지고 있을까? 어떤 책을 가지고 있을까? 당연히 나도 베를린에 가서 쿠친스키의 집을 찾아갔다(정확하게는 내가 인사편지를 먼저 보냈고 쿠친스키가 흔쾌히 초청하였다. 그리고 몇 번 쿠친스키의 집을 방문하여 토론하였다). 대화와 토론도 중요하지만 사실 책을 구경하기 위함이었다. 정말 책이 많았고 그 질에 대해서는 더 이상 말이 필요 없다. 이미 언급한 그 책 한 권만으로도 그의 서재는 세계 최고의 서재이니 말이다. 내가 처음 만난 1993년도에만 해도 약 20만 권의 책이 가득 했다. 방이 20개 가까운 3층 대저택에 살았는데, 침실 빼고는 모두 책으로 도배했다고 보면 된다. 부자라서가 아니라 책 때문에 공동체에서 큰 집을 배정해주었다고 한다. 게다가 이른바 유명 저작의 초판본들로 잘 정리되어 있었다. 『자본』도? 당연히!

쿠친스키가 죽고 나서 책은 어떻게 되었을까? 당연히 집안의 유산이니 자식에게 넘어갔겠지만 너무 많다. 그래서 7만 권 정도를 사회에 기증한다. 베를린 중앙-지역도서관에 기증했다고 한다. 아마 통합된 베를린 중 구 동독지역일 것이다.

쿠친스키는 1925년에 베를린대학교를 졸업하고 박사학위를 받는다. 당시 학제는 지금과 달라 대학을 마치고 학위논문을 제출하면 박사가 되었다. 맑스도 1840년대 초반에 그랬듯이 전통적인 대학학제였던 모양이다. 그리고 책을 한 권 내고 나서 미국으로 유학을 간다. 이미 여기서부터 쿠친스키의 색다른 모습이 나타난다. 당시에는 미국의 졸업생이 유럽으로 유학 오는 것이 상례였는데 – 그 유명한 탈코트 파슨스도 하버드를 졸업하고 독일에서 유학을 했다 – 쿠친스키는 반대로 학문의 후진국 미국으로 유학을 간다. 왜? 아마 거대한 신생 자본주의국가 미국에 대한 흥미로움이 있었을 것이고, 한편으로 노동통계에 대한 관심 때문으로 풀이된다. 달리 표현하면 그만큼 새로운 것에 대한 흥미로움이 컸던 것이고, 이것은 그의 평생 학문에도 반영된다. 또 아버지의 영향도 있었을 것이다. 아버지 르네 쿠친스키 역시 학자로 통계학에 대한 전문역량이 대단했고 미국에 대한 연구서도 많이 냈기 때문이다(아버지에 대한 동명의 책도 냈다: *Rene Kuczynski – Ein fortschrittlicher Wissenschaftler in der ersten Hälfte des 20. Jahrhunderts*. 르네 쿠친스키–20세기 전반기의 한 진보적 과학자, 1957). 지금은 그렇지 않지만 당시 쿠친스키가 보기에 현실 혹은 실재에 대한 파악방식으로서 통계의 절대적 유용성은 매우 크게 보였을 것이다. 사실에 대한 추구! 진리에 대한 용기! 객관적 현실의 변화 자체의 당파성! 이것이 쿠친스키의 평생 모토이고 또한 맑스의 정신이기도 했다.

그래서 쿠친스키는 1926년에 미국으로 건너가 공부를 더 하게 되는데, 특히 노동통계를 많이 연구하게 된다. 왜 노동? 이것은 아버지 때부터 이루어진 작업으로 진보적 지식인의 사명이었고, 당시로서는 가장 객관적 진리에 다가갈 수 있는 방법적 선택이었을 것이다. 어쨌든 미국의 노동 관련 공공 조직을 드나들면서 노동자 통계를 수없이 접하고 연구하게 된다. 그리고 이러한 작업이 이후 『노동자상태의 역사』라는 필생의 역작을 쓰는 데 기초가 되었을 것이다. 미국에서 이미 책을 내기 시작한다. *Wages and Labor's Share*(Washington, 1927), *Wages in Manufacturing Industries* (Washington, 1927) 등등.

그리고 다시 베를린으로 돌아와 뭔가 시작하려고 하는데 세상이 변해버렸다. 바로 나찌의 등장이다. 이때 쿠친스키는 독일공산당에 입당하고 반나찌 지하운동에 가담하는데, 유대인으로서 쉽지 않은 행동이었을 것이다. 물론 이 때도 책을 낸다. *Die Lage des amerikanischen Fabrikarbeiters*(미국 공장노동자들의 상태, Leipzig, 1930), *Die Lage des deutschen Industriearbeiters*(독일 산업노동자들의 상태, Berlin, 1931). 드디어 노동자상태라는 용어가 나오기 시작한다.

운신의 폭이 여의치 않자 쿠친스키는 1936년 런던으로 건너간다. 맑스도 그랬지만 런던은 학자에게는 여전히 자유롭고 풍요로운 곳이었다. 여기서 본격적인 학자의 활동을 시작한다. 무엇보다『노동자상태의 역사』를 쓰기 시작한 것이다. 일단 몇 권 개별분야의 책도 출간하면서, 어느 정도 역량과 자료가 쌓이면서 본격적으로『노동자상태의 역사』라는 이름으로 책을 내기 시작한다. *Labour Conditions in Western Europe, 1820 to 1935* (London, 1937), *The Condition of the Workers in Great Britain, Germany and the Soviet Union, 1932-1937*(London, 1939) 등과 같은 책들이다. 그리고 전쟁이 끝나기 전 런던에서 4권으로 된『노동자상태의 역사』(영어본)을 출간한다. *A Short History of Labour Conditions under Industrial Capitalism*(전4권, 1942-1946, London).

여기서 재미있는 사실이 또 있다. 쿠친스키가 다른 나라가 아니라 그 당시로서는 매우 특이하게 미국으로 가서 노동통계를 연구했듯이, 이후에도 쿠친스키의 학문분야와 교류방식은 매우 다양하다는 사실이다. 일단 진보적 지식인이라고 해서 사상 경향이 같은 사람들만 사귀는 그런 사람도 아니었고, 또 그런 시대도 아니었다. 입장이야 저마다 다를 수 있는 것이고 미래에 대한 생각도 다른 게 당연하기에 당시에는 큰 문제거리가 아니었던 모양이다. 게다가 쿠친스키는 누구보다도 개방적이었기에 학문적으로 성실하고 얘기가 된다면 누구와도 교류했고 친교를 나누었다. 따라서 쿠친스키를 좌파 학자로 선을 그을 필요는 전혀 없는 것이다. 오히려 우리가 그렇게 쿠친스키를 가둔다면 우리는 그를 제대로 이해하지 못할 뿐이다. 이 책에서도 쿠친스키가 자주 얘기하지만 맑스나 루카치여야 하는가? 베버면 어떻고 만하임이면 어떤가? 사실에 기초한 토론이라면 누구와도 할 수 있는 것이다. 또 진보적이라면 더 개방적이야 하고, 배울 준비가 되어 있어야 하는 것이다. 좌파가 진보적이라면 객관적 진리에 대해 더 개방적이고 수용할 수 있어야 할 것이다. 또한 스스로도 얘기하지만 20세기 초는 특히 학문적으로도 최고의 융성기였다고 한다. 좌우의 구별도 없었고, 한쪽의 입장을 변호하고자 다른 쪽의 입장을 매도하는 그런 방식은 아직 존재하지도 않던 시기였다. 오직 객관적 현실의 변화에 대한 도전과 종합 연구, 학제간 연구, 그리고 진리를 둘러싼 개방적인 토론만이 존재하였다. 학문에서의 그런 진영논리는 2차세계대전 후 냉전시기의 산물이다. 쿠친스키가 성장한 20세기 전반기는 오직 진리를 향한 도전과 열정만이 서로를 북돋우는 그런 시대였고 그런 학문의 방식이 발전하던 시대였다. 학문간 칸막이도 없었다. 무엇을 어떻게 연구하든 하나의 현실을 분석하기 위해 필요하다면 모두가 손잡고 진리를 향해 연구하던 시대였다고 한다. 요즘 많이 얘기하는 학제간 연구가 당시에는 당연한 상식적인 학문방법 및 과정이었다.

따라서 쿠친스키의 학문세계는 다방면에 걸쳐 있고 오직 학문의 진리 유무에 따라서만 판단되어야 할 것이다.

그리고 이러한 과정을 통해서 그 학문의 전성기에 수많은 인물들과 교류한다. 어떤 사람들은 평생 친구로 교류한다. 많이 언급되는 인물로는 바르가와 루카치가 있다. 브레히트는 아예 베를린에서 같이 살았으니 말할 것도 없을 것이다. 한 세대 위인 막스 베버에 대한 언급도 종종 나온다. 특히 역사학과 경제학은 당연한 것이지만, 사회학자와 철학자들과의 교류도 많이 등장한다. 홉스바움과 같은 후학들하고도 교류한다. 교류한 인물들에 대한 연구만 해도 몇 권의 책이 필요할 것이다. 그 만큼 정신적으로 풍요로운 환경에서 학문을 했다는 얘기다.

그리고 드디어 나찌가 몰락하고 전쟁은 끝나서 다시 베를린으로 돌아온다. 쿠친스키도 다른 많은 진보적 지식인들과 함께 동독을 선택한다. 베를린대학이 훔볼트대학으로 재정립하는 데 기여하면서 경제사학을 가르치는 교수로 취임한다. 그리고 런던에서 냈던 『노동자상태의 역사』를 7권으로 증보하여 1946-1948년 독일어로 출간한다. 더 새로운 증보판은 1952년 출간된다. 이후 안정된 환경에서 연구를 거듭하여 『노동자상태의 역사』를 40권으로 완전히 새로 출간한다. 1961년 제1권을 출간한 이래 1972년에 40권으로 마무리한다. 이때 그의 나이도 70 가까이 된다. 이 하나만 봐도 알 수 있듯이 그는 『노동자상태의 역사』를 쓰기 위해 평생을 매진했다고 봐야 할 것이다. 정말 숭고한 연구작업이다. 또 학자라면 이 정도는 되어야 할 것이다.

"최근 18세기부터 21세기 오늘날까지 자본/소득 비율의 변화에 초점을 맞춰, 자본-노동 소득분배율과 최근의 국민소득에서 자본이 차지하는 비중의 증가(따라서 노동이 차지하는 비중의 감소)라는 문제를 좀 더 광범위한 역사적 맥락에서 최초로 다룬 독창적인 연구"인 토마 피케티Thomas Piketty의 『21세기 자본』에도 쿠친스키에 대한 언급이 나오는데, 인용하면: "훗날 베를린 훔볼트 대학에서 경제사학자로 유명해진 위르겐 쿠친스키는 세계임금의 역사를 다룬 38권의 기념비적인 저서를 1960년에서 1972년에 걸쳐 출간했다. 쿠친스키는 산업자본주의의 도래 이후 1930년대까지 국민소득 가운데 노동소득이 차지하는 몫이 끊임없이 감소해왔다고 주장했다. 이는 19세기 전반, 실제로는 19세기 초중반 60여 년 동안은 사실이지만, 전체적인 시기를 놓고 보면 맞지 않는 주장이다… 쿠친스키의 이 대작은 그 한계에도 불구하고 여전히 가치 있는 역사적 자료로 남아 있다…"

여기서 일단 토마 피케티 자신의 연구가 "최초의 독창적인 연구"라는 것은 과장이고(쿠친스키가 오히려 최초의 독창적인 연구일 것이다), 그리고 쿠친스키의 연구를 "세계임금의 역사"를 다루었다고 해석한 것도 오류다. 임금운동은 물론 노동자상태를 구성하는 거의 모든 요인들을 다루고 있기 때문이다. 그리고 38권이라는 것도 조금 오류다. 책의 번호만 보면 38권까지가 맞지만, 중간에 7권『1945년 이후 서독의 노동자상태』와 27권『영국 식민지』가 각각 두 권으로 구성되어 있기 때문에 전체 40권이 된다. 권수가 중요한 것은 아니지만 사실을 정확히 밝히기 위함이다. 그리고 쿠친스키의 연구가 얼마나 사실에 부합하는지는 또 다른 논쟁이 필요할 것이지만, 한 가지만 얘기하면 쿠친스키는 실질임금의 계속적인 감소를 무조건 주장하지 않았다는 사실이다. 오히려 누구보다도 반대경향(실질임금의 상승경향)에 대해서도 추적을 했고 언제나 변증법적인 시각으로 사실 그대로를 분석하려고 노력했다는 것이다. 그래서 쿠친스키는 동독에서는 비판을 받았고(반대경향을 증명했기 때문에), 오히려 서방 측에서는 지지를 받았을 정도로 양 경향을 객관적으로 다루었다. 아마 피케티도 쿠친스키의 진면목에는 관심이 없었던 것 같다.

2. 쿠친스키의 저술세계

쿠친스키의 저술세계는 당연히 『노동자상태의 역사』가 중심이지만 그 밖에도 수많은 분야의 책과 논문을 써냈기에 여기서는 주로 다른 측면을 살펴보자. 워낙 많은 책을 썼기에 내가 보기에 흥미로운 책들만 소개하려고 한다.

쿠친스키는 40권에 이르는 『노동자상태의 역사』를 마무리했기에 자신이 젊은 시절에 직접 경험을 했고 또 평생 가슴 속에 품었던 종합학문(학제간 연구)을 향한 열정을 일부 해소하고자 10권의 『사회과학의 역사에 대한 연구』(1975-1978)를 집필한다. 20세기를 통째로 산 "고전가Klassiker"의 면모를 잘 보여준 대작이다. 여기에는 역사가는 물론 사회학자, 경제학자, 심지어 유명 인물에 대한 별의별 얘기가 다 포함된다. 목차만 봐도 기가 질릴

정도이다. 다시 한 번 강조하지만 쿠친스키는 고전가로서 이해해야 한다.

제1권: 정치경제학의 역사, 역사적 유물론의 전사
제2권: 과학의 조직화 – 플라톤, 아리스토텔레스, 디드로, 빌헬름 폰 훔볼트, 토마스 헉슬리, 빌헬름-왕립협회
제3권: 다양한 인물평 – 다윈, 라살, 하이네, 프루동, 링컨 등
제4권: 다양한 인물들의 편지교환 – 괴테, 야콥 그림, 게오르그 니부어, 알렉산더 폰 훔볼트, 빌헬름 딜타이, 프리드리히 마이네케 등
제5권: 자서전 – 다윈, 르낭, 헨리 아담스, 허버트 스펜서, 브렌타노, 등
제6권: 지식인들 – 파스칼, 헬름홀츠, 리하르트 레프시우스, 쌩-뵈브 Sainte-Beuve, 사비니Savigny, 막스 베버 등
제7권: 학파들 – 오이겐 바르가의 학파, 소독일학파(1840-1870), 학파의 이론, 초기 학파
제8권: 경제사서술의 역사
제9권: 테오도르 몸젠 – 한 역사학자의 초상
제10권: 현재의 문제, 편지와 강연 – 사회학적 문제, 일반사회학은 존재하는가, 학제간 연구 혹은 공동연구의 문제, 연속성과 비연속성, 모순, 의견논쟁, 문학이 왜 필요한가, 과학자의 사회적 책임 등

그리고 80년대에 들어서는 6권의 『독일 인민의 일상사』(1980-1986)를 펴낸다. 원래 5권으로 저술되었는데, 후에 논쟁을 중심으로 "보론"을 한 권 더 추가하여 통상 6권이 되었다. 『노동

자상태의 역사』가 주로 전문적인 학술서적이라면 이 책은 제목 그대로 민중 혹은 인민들의 일상생활의 역사를 쓴 것이다. 또 어찌 보면 『노동자상태의 역사』에 대한 후속편일 수도 있겠다. 대중적으로도 성공을 거두어 상당히 많이 팔렸다. 전자는 40권의 학술전문서라 대중적으로 팔릴 수 없는 책이다. (나도 개인적으로 구하기가 쉽지 않았을 정도이다. 헌책방을 그렇게 뒤지고 뒤졌지만 구하지 못하고 있다가, 생각 끝에 출판사로 달려가 편집장을 만나 겨우 구했는데 40권 전부를 구하지는 못했다. 후에 몇 권 보충했고 몇 권은 복사를 해왔다.)

하지만 『독일 인민의 일상사』는 제목도 좋고 당시의 분위기에 맞았기 때문에 상당한 반응을 불러일으킨다. 또 이 당시에는 이미 역사학계가 경제사보다는 사회사, 일상사 쪽으로 이동하고 있는 상황이었기에 국제적으로도 좋은 반응을 얻는다. 특히 서독에서 그랬다. 물론 많은 비판과 논쟁도 있었지만 이만한 대작을 누가 쓸 것인가? 『노동자상태의 역사』 이후 다시 한 번 세계적인 조명을 받는다. 이 책은 또한 무엇보다 그 유명한 논쟁이자 문제의식인 "누가 역사를 만드는가? 인민대중이 역사를 만드는가? — 어떻게? 어떤 조건에서?"의 문제와 직접 연결되는 것이다. 또 여기서 브레히트Bertolt Brecht의 유명한 시와도 연결된다. 쿠친스키도 제1권에서 이 시를 인용했다.

읽고 있는 한 노동자의 질문

누가 일곱 개 문을 가진 테베를 건설했는가?
책에는 여러 왕의 이름이 나와 있다.

왕이 바위덩이를 운반해왔던가?
그리고 여러 번 바빌론이 무너졌다 -
그러면 누가 바빌론을 여러 번 건설했던가?
건설 인부들은 금빛 번쩍이는 리마의 어느 집에 살았을까?
중국의 만리장성이 완성된 저녁에 미장이들은 어디로 갔던가?
위대한 로마는 개선문으로 가득 채워졌다.
누가 그것을 지었는가?
여러 황제는 누구를 위해 개선가를 불렀는가?
많은 사람이 찬미하는 이스탄불은 주민을 위한 궁궐이었던가?
바다가 노예들을 삼켜버린 전설의 아틀란티스에서도 밤에는 죽은
　　　　자들이 울부짖는다.

젊은 알렉산더는 인도를 정복하였다.
그 혼자서? 케사르는 갈리아를 정복했다.
그는 최소한 요리사 하나를 데려갔던가?
스페인의 필립왕은 자신의 함대가 무너졌을 때 울었다.
그 밖에 또 누가 울었던가?
프리드리히 2세는 7년전쟁에서 승리했다.
그 외 누가 또 승리했던가?

승리의 모든 측면
누가 승리의 만찬을 차렸는가?
10년마다 위인 한 사람
누가 그 많은 비용을 지불했는가?
수많은 보고. 그 많은 질문

그리고 계속 수많은 다양한 분야의 책을 쓴다. 100여 권의 책을 썼고 논문과 기고문, 강연원고 등 쿠친스키가 평생 쓴 저술은 모두 4,000여 편에 이른다고 한다. 목록도 거의 다 되어 있다.

먼저 사회학에 대한 관심이다. 구체적인 대중의 일상과 현실에 평생 천착한 학자로서 사회학에 대한 관심은 당연할 것이다. 적어도 쿠친스키가 이해하는 사회학은 맑스와 베버의 문제의식이기 때문이다. 즉 사람들이 살아가는 구체적인 현실과 그 현실의 다양한 관계문제이다(물론 사람들 간의 관계에서 가장 큰 모순은 소유관계에 기초한 계급관계이다). 개인과 사회의 관계, 의식과 행동의 관계, 다양한 사회영역간 연관관계를 기본적으로 다루는 것이 사회학이기 때문이다. 따라서 여기에는 10권짜리 『사회과학의 역사에 대한 연구』는 물론 *Bemühungen um die Soziologie*(사회학에 대한 고투, 1986), *Intelligenz*(지식인, 1987), *Klassen und Klassenkämpfe*(계급과 계급투쟁, 1972) 등이 속할 것이다.

또 문학평론집도 냈는데 두 권짜리 *Gestalten und Werke*(형상화와 작품, 1971, 부제가 "영미문학과 프랑스문학에 대한 사회학적 연구"이다)과 *Bild und Begriff*(표상과 개념, 1975)이 대표적이다.

또한 *Abraham Lincoln*(링컨, 1985)이나 *Dialog mit meinem Urenkel*(증손자와의 대화, 1983) 등 엉뚱하고 흥미로운 별 책이 다 많다. 특히 "대화"는 죽기 직전에 "증손자와의 계속되는 대화"(1997)라는 이름으로 한 권 더 나온다. 이 책은 쿠친스키 자신의 사회주의와 미래 세계에 대한 이상을 피력한 책이므로 "현실사회주의"에서 미처 못 다한 얘기를 마저 풀어놓은 것이다.

한편 1989년 통일 이후에도 죽을 때까지 정력적으로 책을 남긴다. *Schwierige Jahre*(어려운 시절, 1990), *Problem der Selbstkritik*(자기비판의 문제, 1991), *Kurze Bilanz eines langen Lebens*(오랜 삶에 대한 짧은 결산, 1991), *Asche für Phönix*(불사조를 위한 재, 1992), *Nicht ohne Einfluß" - Macht und Ohnmacht der Intelliktuellen*(영향이 없진 않았다 - 지식인의 권력과 무기력, 1993) 등등. 죽기 직전에 마지막으로 쓰고 사후에 출판된 책은 *Ein treuer Rebell*(충실한 반란자, 1998)였다. 더 많지만 이만 줄이자. 스스로도 얘기하지만 죽는 순간에도 펜을 쥐고 가고 싶었을 것이다. 아니 할 수만 있으면 책과 펜을 갖고서 천국에 가고 싶었을 것이다.

3. 노동자상태의 역사

쿠친스키의 대표작은 『노동자상태의 역사』이다. 그래서 여기서는 최소한으로나마 이 책에 대해 소개하려고 한다. 먼저 40권의 제목이라도 대강 구경해보자.

제1권부터 제7권(7권은 두 권으로 구성)까지는 "독일편"이다. 1789년부터 당시까지의 독일의 노동자상태를 서술하였다. 서술의 큰 줄기는 각 권마다 두 부분으로 나누어져 있다 먼저 배경으로서 자본주의의 발전과 일반적인 사회적 상황에 대한 서술이고, 다음은 노동자상태의 역사이다. 권마다 이렇게 두 부분으로 나눠 서술되었다.

제8권부터 제20권까지는 앞의 독일 노동자상태의 역사편에 대한 "자료와 연구"이다. 한편으로는 노동자상태와 관련한 많은 자료를 수록하고 분석한 것이다. 하지만 자료보다 연구가 흥미롭다. 앞에서의 7권도 모자라 다시 관련되는 개별 주제에 대해 독립적인 연구를 시도한 것이다. 아마 서술체계상 본문에 담기 어려운 연구들을 이렇게 별책으로 묶어 낸 것이다. "아동노동 문제 등"(8권), "노동자상태와 관련된 문헌들"(9권), "독일에서의 정치경제적 이데올로기"(10, 13권), "독일에서 주기적 과잉생산공황의 역사"(11-12권, 15권), "독일의 독점자본과 국가독점자본주의"(14, 16권), "서독의 역사서술, 아름다운 문학"(17권), "여성노동자 상태의 역사, 1700-현재"(18권), "아동노동의 상태의 역사, 1700-현재"(19권), "19권에 대한 자료"(20권), 그리고 제21권이 여기까지의 모든 권수에 대한 종합 색인집이다. 런던에서 독일편이 단 한 권이었고, 종전 후 7권으로 보족했을 때도 독일편은 두 권이었는데, 여기서는 21권으로 완성되는 것이다. 이것만이 아니다.

제22권부터 제25권까지는 노동자상태의 "영국편"이다. 제26권부터 제28권까지는 영국 노동자상태의 역사에 대한 자료 및 연구이다. 26권은 "영국의 정치경제학 이데올로기"인데, 여기에는 로버트 오웬에 대한 연구와 셰익스피어와 영국의 아름다운 문학에 대한 연구도 들어 있다. 27권(두 권으로 되어 있다)과 28권은 "영국 식민지에서의 노동자상태의 역사"이다. 영국은 세계의 거의 모든 대륙에서 식민지를 경영했기 때문에 식민지에서의 노동자상태의 역사는 많은 분량이 필요했을 것이다. 인도, 호주, 캐나다, 남아프리카, 중국 등에 대한 연구를 담고 있다.

제29-30권은 미국편이다. 제31권은 미국편에 대한 자료 및 연구이다. 여기서는 1837년과 1857년의 미국에서의 공황에 대해 다루고, 또 20세기로 넘어가면서 독점이 형성되는 과정을 다루고 있다. 제32-33권은 노동자상태의 역사 중 프랑스편이고, 제34권은 프랑스편에 대한 자료 및 연구이다. 프랑스편에서도 아름다운 문학에 대한 연구가 빠지지 않는다. 그리고 제35권은 영국과 식민지, 미국, 프랑스 등에 대한 종합적인 색인집이다.

그리고 제36권은 『노동자상태의 역사 - 이론』이고, 제37권은 『노동자상태의 역사 - 세계적인 조망』이다. 그리고 마지막 40번째 권인 제38권은 전체적인 문헌색인집이다.

그럼 『노동자상대의 역사』 시문을 읽어보자:
"독일의 노동자상태의 역사에 대한 최초의 포괄적인 통계적 연구인 르네Rene 쿠친스키의 『독일제국의 수립 이후 임금의 발전』(1909년)이 출간된 지 거의 반 세기가 지났다.

내가 나의 아내 마구어리테Marguerite 쿠친스키와 함께 노동자의 궁핍화를 역사적-통계적으로 미국에서의 노동자상태에 관한 책 속에서 보여주려는 최초의 시도를 한 지 30년이 지났다.

또한 나는 16년 전에 그 당시 5권으로 된 『자본주의하 노동자상태의 역사』에 대한 초판 원고를 끝냈다.

그 이후 계속 이 책에 대한 새로운, 증보된 판이 나왔는데, 특히 이미 7권으로 포괄된 최초의 독일어판이 나왔고, 1955년까지는 14권으로 증보된 판이 나왔다.

　이후 내가 새로운 판을 준비할 때마다 기존의 것이 — 당연하겠지만! — 불만족스럽게 보였다: 범위에서 너무 제한적인 동시에 개별적으로는 불충분했으며, 기존 자료를 풍부하게 이용하지 못했고, 많은 문제들을 그냥 지나쳤으며, 깊고 포괄적으로 문제들을 다루지 못했음을 인정할 수밖에 없었다. 이를 위해 언제나 다시 새로운 인식과 계속 반복된 맑스주의 고전에 대한 연구가 필요했고, 또한 서평이나 토론, 번역에 대한 다른 학자들의 서문, 독자들의 편지 등을 참고로 했다. 기존 출판에 대한 이러한 불만족스러움이 각각의 계속된 원고작업에서 반영되었고, 그래서 초판에 대해서는 제2판이, 그리고 제2판에 대해서는 제3판 등을 계속 요구하게 되었다.

　따라서 나는 한 권의 책이 끝나면 곧바로 새로운 작업을 위한 자료를 수집하기 시작했고, 이것은 때로 원래의 판이 아니라 증보된 판으로 번역을 할 수 있도록 하게 만들었다.

　우리가 아직 맑스주의적인, 다시 말해 자본주의 독일에 대한 과학적인 역사를, 즉 경제사를 갖고 있지 않다면, 자본주의하 노동자상태의 역사와 같은 책을 쓰려는 그러한 작업은 결국 당연히 언제나 불충분하게 끝났을 것이다.

　그래서 나는 마지막 시도로서 포괄적이고 넓은 기초 위에서, 그리고 더 잘 준비해서 작업을 시작했다. 40권으로 새로운 판을 포괄하고, 독일에 대해서는 새로운 자료가 많이 포함되었으며, 다른 나라들에 대해서도 자료는 물론 일련의 특별연구도 포함되었다. 이 역사가 다루는 나라들의 수는 그대로 두었다: 독일, 영국, 미국, 프랑스와 그 식민지를 포함.

괴테와 편지왕래를 시작한 첫 해에 실러는 괴테에게 이렇게 썼다: '당신은 당신의 삶이 그러한 목표를 이룰 수 있다고 희망할 수는 없겠지만, 그러한 길로 나아가는 것은 다른 모든 것으로 끝나는 것보다는 가치 있을 것이다.' 오늘날 새로운 사회주의 사회를 건설하고 있는 사람들은 모든 인류가 걸어왔던 위대한 길을 지향하고 있다. 우리와 우리를 뒤따르는 사람들은 누구도 이러한 길을 끝내지 못할 것이다. 그러나 이러한 길을 지향하고, 자신의 맡은 영역에서 일을 하고 있으며, 이러한 길의 일부를 조금씩 앞으로 밀고 나가고 있는 우리 모두는, 잘못된 길로 끝나는 모든 사람들보다는 더 많은 것을 이룰 것이다.

그러므로 사회주의를 위한 길 위에 서 있는 내 동지들이 노동자상태의 역사에 대한 이 마지막 새로운 판을, 시작을 위한 유용한 노력으로서 활용하기를 바란다."

또한 내침 김에 몇 권의 목차라도 살펴보자:
제1권 『1789-1849년 독일의 노동자상태의 서술』
제1부 배경: 사회적 상황 일반
  제1장 1807년 이전: 일반적 부패 - 미래를 위한 오아시스
  제2장 1807-1813 - 밖으로부터 그리고 위로부터의 혁명; 프러시아 길
  제3장 반동적 상부구조를 가진 산업혁명 - 1814-1839
  제4장 반대파의 봉기와 항복 - 1840-1849
제2부 노동자상태의 역사

제1장 생산관계, 노동자 수, 고용과 이주
제2장 구매력과 임금
제3장 노동조건
제4장 생산력의 발전, 노동강화와 사고
제5장 빈민층의 아동
제6장 생계
제7장 결론

제7권 『1945년 이후 서독의 노동자상태의 서술』
이론적 전제와 서론
　1. 1945년 이후 국가독점자본주의에 관하여
　2. 종전에 대한 서방 연합국의 정책에 대한 서론적 논평
제1편 1945-1947년 점령국면
　제1장 완전히 산업화된 나라에 대한 점령(식민화)
　제2장 경제적 상황 일반
　제3장 "새로운" 이데올로기와 구 정당
　제4장 근로대중의 상태
제2편 1948년-1950년 이행기
　제1장 경제적 상황 일반
　제2장 이데올로기 문제
　제3장 근로대중의 상태
제3편 1951-1956년 다시 형성되는 독일제국주의
　제1장 독일제국주의의 특수성에서의 변화
　제2장 경제적 상황 일반

제3장 재독점화과정과 재군사화

제4장 노동자의 경제적 상태의 발전

제5장 사회민주당SPD 우파지도부와 노조(DGB)의 배신적 이데올로기

제6장 서독에서의 국가적 사회적 투쟁

제4편 유럽 대륙의 강화되고 공격적이 된 제국주의 세력, 1956-1961

제1장 자본의 재생산과정과 순환적 발전의 문제

제2장 서독의 재군사화

제3장 경제적 상황 일반

제4장 노동자의 상태

제5장 계급투쟁

제5편 증가하는 모순: 1961년 이후

    그러면 『노동자상태의 역사』 중에서 몇 군데를 인용해보자. 무엇보다 제36권 "이론편"에서 인용하는 것이 괜찮을 듯하다.
    "내가 쓴 이 책 『자본주의하 노동자상태의 역사』는 저작의 완결판이다. 이 책은 이전 책들의 결과를 종합했고, 자본주의하 노동자상태의 이론을 제시했다. 이것은 맑스주의 입장에서 일반적으로 추구된 첫 번째 시도로서, 노동자상태의 이론에 관한 완결된 종합적 서술을 제공하려는 것이다.
    이 이론의 토대는 당연히 맑스주의의 고전적 저술에 있으며, 특히 맑스와 엥겔스의 저작에 근거한다. 내가 맑스와 엥겔스를 인용하는 모든 곳에서 독자들은 확실한 근거를 느낄 수 있을 것

이다. 왜냐하면 나는 정확한 연관 속에서 인용했다고 생각하기 때문이다. 하지만 이 책에는 내가 추구한 수많은 측면이 더 있는데, 이것은 맑스와 엥겔스가 저술한 당시에는 아직 문제가 되지 않았거나 그래서 그들도 전혀 다루지 않았던 문제들이다. 또한 이제까지 발견되지 않았던 많은 문제들도 있으며, 최근의 학자들도 그에 대해 입장을 표명하지 않거나 그냥 부차적으로 지나쳐버리거나 비체계적으로 다루는 문제들도 있다. 여기서 나는 선구적 작업의 성과를 냈다고 자부한다. 그리고 다른 정상적인, 즉 보통의 경우와 같이, 나의 선구적 작업 역시 여기서 많은 오류를 범했을지 모른다. 이러한 오류는 당연히 없앨 수 있고, 또 우리의 일반적인 이론적 수준에서는 개선할 수 있다. 나는 이 책이 넓은 노동자층에서 읽혀지고, 우리의 진보적 지식인들이 이 책을 근본적으로 연구하고, 좋은 비판을 통해 바로 현실적으로 포괄적이고 모든 개별성에서 수정된 노동자상태의 이론을 창조하기를 바란다."

또한 이 책의 "서문"을 보면:

이 책에서는 자본주의하 노동자상태에 관한 맑스주의 이론의 서술이 제시된다.

일찍이, 이미 200년 전에 그리고 더 이전에, 부르주아 학자들은 드물지 않게 노동자상태의 이론을 만들려는 시도를 했다. 그래서 부르주아 학자들이 임금이론의 완성에 집중하고, 더 이상 노동자의 전체 상태를 이론적으로 연구하지 않는 시대가 이어졌다. 비로소 다시 노동자상태에 관한 전체 연구를 실행하고 노동자상태의 이론을 아주 새로운 수준으로 끌어올린 것은 맑스와 엥겔스였다. 일반적으로 말해 맑스와 엥겔스는 처음으로 과학의 역사에 억압된 모든 계급의 상태, 특히 노동자계급의 상태에 대해 정확히 분석된 서술의 실제를 제시하였고, 나아가 자본주의 사회 일반과 특별히 노동자상태를 지배하는 법칙을 제시하였다.

그러면 우리는 노동자상태의 이론을 서술하기 위해 어떻게 해야 하는가? 서술의 출발점은 당연히, 무엇보다『자본』에서 발전된 것처럼, 맑스의 이론이어야 한다. 여기에 이미 모든 결정적인 것, 모든 기본적인 것이 서술되어 있다. 자본주의가 지배하는 한 이것은 언제나 타당하고 지속적으로 그리고 도처에서 타당할 것이다. 그러나 생산과 자본의 집적과 집중의 법칙이 독점자본의 발전을 위한 기초를, 독점자본주의 즉 제국주의의 기본적인 연구로 인해 우리를 면제해주지 않는 것과 꼭 마찬가지로, 또한 맑스를 통한 절대적 궁핍화의 법칙에 대한 발견과 정식화 역시 자본주의의 새로운 역사에서 그러한 법칙의 특수한 현상형태와 운동형태를 연구할 책임으로부터 우리를 면제하지 않는다.

노동자상태를 우리는 당연히, 자본에게 인도되는, 임금의 상태만이 아니라 착취되는 생활의 조건 전체로 이해한다. 임금은 단지 연구해야 할 부분영역이다. 우리는 엥겔스의 사례에서 주택조건을 주목한 것에 관해 생각해보면 된다. 우리는『자본』제1권의 출간 이후 비로소, 1870년 이후 자본주의의 붕괴의 시작과 함께 – 노동과정의 강화(노동강도의 증가)라는 매우 중요한 요인이 일반적으로 결정적 역할을 하기 시작했다는 사실을 생각해보면 된다.

노동일의 연장, 실업, 사고 및 건강관계, 소외 등이 노동자의 상태를 결정하는 더 중요한 요인이다. 많은 이러한 그리고 또 다른 요인들이 노동자의 상태에 단순히 서로 영향을 미칠 뿐만 아니라, 그러한 영향에서 서로 대립적으로 보상적으로 점증적으로 영향을 미친다. 그래서 요인들 중 어떤 것은 노동자의 상태를 부분적으로 완화시켜 주기도 하지만, 반면에 어떤 요인은 노동자의 상태를 매우 심하게 압박하기도 한다. 이러한 운동의 어느 것도 자본주의의 다양한 단계와 시기에서 기계적으로, 같은 정도로, 혹은 단지 필연적으로 동일한 방향으로 진행되지 않는다. 또한 경제순환 내부에서 때로는 노동자상태에 대한 이러한 요인들의 작용이 전체로서 그리고 서로에 대하여 변화한다.

따라서 여기서 우리는 단지 노동자의 절대적인 상태에 관해서만 말할 수 있다. 그래서 노동자의 상대적인 상태, 즉 다른 계급 및 계층과 비교한 사회 내부에서의 노동자의 경제적 위치의 연구는 아직 말할 수 없다.

다시 말해 노동자상태의 연구는 아주 많은 요인들(운동들)에 대한 조사가 필요하다. 그 중에서 임금과 그것의 발전은, 물론 가장 중요한 요인이긴 하지만, 단지 하나의 요인일 뿐이다. 엥겔스가 100년 전에 우리에게 제공한 영국 노동자상태에 관한 서술이나 『자본』 제1권에서의 서술을 잠깐 보기만 해도, 우리는 노동자상태를 규정하는 운동과 경향성 및 반경향성의 전체 다양성을 지적하기에 충분하다.

다음의 과제는, 자본주의하 노동자상태의 이론을, 맑스주의 과학이 완성해왔듯이, 바로 궁핍화의 지배적인 법칙 아래 그것의 전체성에서, 구성형태의 다양성에서 제시하는 것이다.

부르주아 정치경제학이 산업혁명의 진행과정에서 그리고 생산력의 성격에 대한 생산관계의 완전한 일치의 시기에 그 정점에 이르렀을 때, 그에 따라 더욱 강력하게 등장하는 자본주의의 모순과 전체 유럽대륙에 혁명을 이끌 계급으로서 노동자의 구조화의 기초 위에서, 사회적 문제를 가진 노동자계급의 대표자들의 이론적 몰두가 가파른 성장을 보였고, 특히 맑스와 엥겔스의 작업은 자본주의적 발전의 법칙에 대한 명확한 인식을 이끌어 냈고, 노동자계급에게 자신의 상태로부터 빠져나올 수 있는 출구를 제시하였다. 맑스와 엥겔스의 결정적 작업 이래 모든 과학적 작업은 그들의 사고과정 위에 구축되었고, 다른 길에서 헤매는 사람은 비참하게 난파하거나 길을 잃게 되었다.

억압된 계급이 그렇게 일찍 자신의 발전에서 그렇게 높은 이데올로기적 성숙함에 이른 것은, 그리고 실재에 대하여 특수하게는 경세적 관계와 함께 인간적 관계 일반의 그렇게 완전히 상응하는 고찰에 이른 것은, 사회적 사고의 역사에서 매우 의미 있는 과정의 하나이다. 노동자계급이 그러한 성과를 이룰 수 있었던 것은, 인류 역사에서 마지막 피억압계급인 노동자계급이 이미 그들에 의해 창조되어야 하는 계급 없는 사회의 후광으로 그들의 사고와 행동에 빛을 비추고, 매우 공정하고 분명하게 실재를 자신의 이해 속에서 파악할 수 있고, 그래서 스스로를 가차 없는, 결연한 행동으로의 변화를 추구한다는 사실에 근거한다. 이것은 그들의 "기여"가 아니라 그들의 역사적인 지위이고 역할을 서술하는 것이다. 그러나 그들이 이미 매우 일찍 그러한 성숙한 상태에 발전했다는 사실은, 맑스와 엥겔스의 천재적인 저작이 보여주었듯이, 문화사의 가장 놀라운 결과의 하나이고, 또한 부르주아 경제이론(무엇보다 리카도)과 부르주아 철학(헤겔의 변증법과 포이어바하의 유물론), 사회주의 이데올로기의 초기 사상가(로버트 오웬 등 공상적 사회주의자들)의 높은 발전과 함께 역사적으로 기초된 것이다; 동시에 이것은 독일의 반봉건 사회의 구체적인 역사적 위기과정과, 독일이 "유럽문명 일반의 진보적 조건 하에서 그리고 17세기의 영국과 18세기의 프랑스보다 훨씬 더 발전된 프롤레타리아트와 함께 성취한"(『공산당선언』) 부르주아 혁명의 성장(특별한 자본주의적 생산 및 착취방법의 위기와 결합된 – 노동일을 더욱 연장하거나 실질임금을 더욱 내리거나 아동 및 청소년을 더 큰 비율로 고용하는 것이 불가능해졌고, 노동자계급이 기존 상태에 맞서 더욱 강하게 저항하기 시작했다)과 함께 역사적으로 기초된 것이다.

책의 목차만 봐도 노동자상태의 이론의 넓이와 깊이를 알 수 있다. 게다가 이 이론은 추상적이거나 막연히 개괄한 것이 아니다. 앞에서 노동자상태의 역사에 관해 이미 37권을 쓰고 나서 마지막으로 그러한 사실들과 연구결과에 기초해 이론을 정립한 것이다. 따라서 쿠친스키의 "이론"은 철두철미 실증적, 경험적인 것이다. 다음에서 이것을 확인할 수 있다:

제1장 노동자계급의 절대적 궁핍화 이론
  1. 산업예비군
  2. 절대적 궁핍화의 형태

3. 법칙과 경향
   4. 절대적 궁핍화와 정치-사회적 확대
   5. 절대적 궁핍화와 노동자계급의 다양한 계층
   6. 노동자상태의 구성요소
   7. 상대적 궁핍화
제2장 임금이론
   1. 노동력의 가치와 잉여가치생산
   2. 그 가치 이하로 노동력의 가격(임금)의 인하
   3. 지속적인 절대적 궁핍화에도 불구하고 실질임금 상승의 의미
   4. 가족임금, 가족착취, 여성임금
   5. 시간임금, 도급임금, 민족임금
   6. 임금통계의 문제에 대한 몇 가지 논평
   7. 요약, 상대임금
제3장 노농시간, 생산성(노농성과)과 노동강노
제4장 고용과 실업 그리고 노동자계급의 구조문제
제5장 자본주의하 건강관계와 사고관계, 사회보장
제6장 교육과 훈련
제7장 자본주의하 노동조합의 과제
제8장 절대적 궁핍화에 관한 맑스주의 이론의 새로운 역사를 위하여.

그러면 노동자상태의 구성요소는 무엇인가?

일단 맑스는 절대적 궁핍화의 형태에 관해서만 하더라도 "빈곤, 노동의 고통, 노예상태, 무지, 잔인성, 도덕적 타락" 등 다양

한 측면을 묘사하였다. 그렇다면 어떤 물질적 요인들을 맑스와 엥겔스가 노동자상태의 실천적 이론적 연구에서 고려했는지 확정하는 게 필요하다. 가장 중요한 요인들을 작성하여 열거하는 것이 그들 연구의 넓이와 깊이가 보여주는 호소력이 될 것이다. 또한 바로 이것이 쿠친스키 연구의 넓이와 깊이를 보여주는 정당성과 타당성의 근거가 될 것이다.

1. 노동보호입법
2. 실업과 단축노동, 계절노동
3. 노동관계(강제노동, 해고기한 등)
4. 노동시간(길이, 야간노동, 초과노동, 휴식, 노동을 위한 출퇴근시간 등)
5. 구성과 관련한 노동자의 수입(농사 등 부수입과 임대료 등을 통한 보충)
6. 음식물 관계(영양 관련, 영양의 질)
7. 교육(학교관계, 전문 직업훈련 등)
8. 가족관계(특히 여성노동과 아동노동의 영향 하에서)
9. 노동의 강도
10. 질병과 사망률
11. 범죄
12. 임금(정상임금은 물론 임금의 구매력, 시간임금과 도급임금, 현물임금제도, 임금공제, 처벌, "이익분배" 등)
13. 생계비
14. 직장에서의 위생관계
15. 사회보장(또한 빈곤입법)

16. 사고빈도
17. 주거관계(주택의 상태, 임대료, 공장주택 등)
18. 파업과 다른 형태의 저항
19. 노동자와 자본의 조직.

"모든 이러한 요인들은 전체로서의 나라와 개별 산업에 대해, 직업과 노동자범주(숙련 및 비숙련 노동자, 남성과 여성 등)에 대해, 농업과 무역, 산업과 같은 다양한 경제분야에 대해, 다양한 나라들과 식민지에 대해 연구되어야 한다. 왜냐하면 그러한 실제적으로 포괄적인 연구만이 노동자상태의 변화와 변동에 대해 조망할 수 있기 때문이다."

오늘날의 현실에도 자본주의가 자본주의인 한, 마찬가지의 모순이 관철된다. 예를 들어 이제 기계제는 단축된 노동일이 노동을 강화하는 수단으로 된다. 맑스는 기계의 다양한 역할에 관해 『자본』에서 다음과 같이 언어적이고 변증법적인 서술로 아주 인상적으로 고찰하였다: "결국 기계는 그 자체로서는 노동시간을 단축하지만 자본주의적으로 적용되면 노동일을 연장하고, 그 자체로서는 노동을 경감시키지만 자본주의적으로 적용되면 노동의 강도를 높이고, 그 자체로서는 자연력에 대한 인간의 승리이지만 자본주의적으로 적용되면 인간을 자연력의 억압 아래 두고, 그 자체로서는 생산자의 부를 증대시키지만 자본주의적으로 적용되면 생산자를 빈곤화시킨다."

쿠친스키의 『노동자상태의 역사』가 보여주는 세계는 참으로 무궁무진하지만 무엇보다 세계적인 시각이 돋보인다. 제37권

"세계적 조망"에서 시도된 참신하고 놀라운 몇 가지 연구결과를 보자. 먼저 수많은 논쟁을 불러일으킨 실질임금과 노동성과 사이의 발전관계이다:

세계산업의 실질임금과 노동성과(생산성), 1840-1964년(1900=100)

연도	노동성과	실질임금
1840-1849	40	67
1850-1859	45	65
1860-1869	55	73
1870-1879	70	81
1880-1889	80	90
1890-1899	90	98
1900-1909	110	100
1910-1919	133	98
1920-1929	155	100
1930-1939	197	103
1940-1949	225	110
1950-1959	274	125
1960-1964	331	135

"여기서 관찰된 시기에 실질임금은 자본주의적으로 착취하는 세계에서 두 배가 되었다. 산업노동자의 노동성과는 8배 이상이 되었다! 우리는 이미 이러한 사실로부터 착취의 어마어마한 규모를 예상할 수 있다!" 쿠친스키가 살아 있던 시기에 이 정도였으니 지금은 과연 얼마나 더 커졌을까?

다음에 세계 착취라는 개념을 가지고 통계분석을 하여 도표 하나로 모든 설명을 대신하고 있다. "착취의 정도는 임금(v)과 잉여가치(m)의 기능이다. 자본가는 노동자가 창조한 잉여가치를 자기 것으로 만들고, 이것을 자신의 개인적 소비를 위한 언제나 적은 비율과(그 크기는 증가하지만, 이 비율은 줄어든다), 더욱 증가된 생산수단이라는 착취기구의 도입을 위한 언제나 거대한 비율로 나누어 사용한다.

따라서 우리는 생산수단의 생산과 소비재의 생산의 발전을 연구하면(이에 관한 통계와 분석표도 이 책에 모두 수록되어 있다!), 착취의 발전에 대한 개략적인 암시를 얻을 수 있다. 여기서 우리는 세계착취율이 1850년 경 약 100%라고 하면 1890년에는 약 두 배가 된다는 사실로부터 출발할 수 있다. 따라서 우리는 착취율을 1890년 경에 동일하게 200%라고 한다면, 다음과 같은 자료를 얻을 수 있다:

세계산업에서 세계착취율에 대한 최초의 접근

연도	착취율(%)
1850	100
1890	200
1890-1899	200
1900-1910	240
1911-1913	240
1921-1929	270
1930-1939	370
1948-1949	500
1950-1959	640
1964	770

이러한 계산에 따르면 우리는 현재에는 착취율이 800% 혹은 1,000% 이상으로 추산할 수 있다."

그리고 『노동자상태의 역사』가 1965년도까지의 통계를 다루고 있기 때문에 통계가 조금 부족하다면 그 이후의 저작을 참고하면 될 것이다. 예를 들어 1985년의 Konjungturforscher(60년 경기분석가)를 참고하면 이후 20년간의 통계를 찾을 수 있다. 그 이후는? 그것은 쿠친스키와 관계없으며 오히려 우리의 과제이다. 쿠친스키가 이 만큼 우리에게 해주었으니 이제 그 다음의 작업은 우리의 몫이다.

4. 독일 인민의 일상사

쿠친스키의 일상사는 『노동자상태의 역사』와 함께 쿠친스키의 저술세계를 한 눈에 보여주는 대작으로서 전체적인 내용을 개괄해볼 필요가 있다. 앞서 펴낸 『노동자상태의 역사』가 필생의 역작이지만 쓰고 나서는 뭔가 부족해보였을 것이고, 불만족스러웠을 것이다. 게다가 학자로서의 정력적인 연구능력과 체력까지 하늘이 주었으니 쿠친스키로서는 더욱 나아가지 않을 수 없었다. 그리고 시간이 지나면서 수많은 새로운 자료와 후학들의 새로운 연구도 축적되었을 것이다. 그래서 그는 40권까지는 몰라도 5권의 『독일 인민의 일상사』를 새롭게 시도한 것이다. 이 저작에서도 역시 종합학문, 학제간 연구를 추구해왔고 계속 시

도하고자 하는 "고전가"로서의 그의 면모를 유감없이 보여주었다. 먼저 다섯 권의 목차를 보자:

제1권
제1부 배경과 "거대한 세계"
　제1장 1600년경
　제2장 30년전쟁
제2부 근로대중의 일상
　제1편 환경 – 분위기
　　제3장 두려움
　　보족 "하찮은" 사람들과 직업에 관하여
　　제4장 폭력: 경제외적 강제
　　보족 경제외적 강제에 대하여
　　제5장 안전
　제2편 공동체생활
　　제6장 여성의 노동 – 가족
　　제7장 협동조합
　　보족 음식점, 보리수 – 생활의 친구
　　보족 협동조합과 사회구조
　제3편 기본욕구
　　제8장 영양섭취, 의복, 주거
　제4편 노동과 노동도구

제2권 1650-1810
제1부 배경과 "거대한 세계"

제1장 이행기 - 오래되고 여전히 구체적인 토론
제2장 한 사회질서의 이행기란 무엇인가? - 근로대중과 계급
　　　투쟁의 역할
제3장 몰락과 이른바 원형Proto산업화
제2부 근로대중의 일상
　제1편 세계관 - 세계에 대한 자기화
　　제4장 전통과 지역적 편협함 - 번성
　　제5장 전통과 지역적 편협함 - 몰락
　제2편 생산가족
　　제6장 아동
　　제7장 여성의 노동 - 가족
　제3편 기본욕구
　　제8장 생계상황
　　제9장 의복과 주거
　제4편 병사의 일상

제3권 1810-1870
제1부 배경과 "거대한 세계"
　제1장 혁명
제2부 근로대중의 일상
　제1편 소외 - 두 문화
　　제2장 소외
　　제3장 도적질 - 소외에 대한 보족
　　제4장 두 문화
　제2편 생산가족 - 인내와 해체

제5장 아동
　　제6장 여성의 노동 - 가족
　제3편 기본욕구
　　제7장 생계와 의복
　　제8장 주거관계

제4권 1871-1918
제1부 배경과 "거대한" 세계
　　제1장 몰락과 시작 - 1871-1900
　　제2장 몰락 - 1900-1918
　　제3장 사회의 계급구조에서의 변화
제2부 근로대중의 일상
　제1편 환경 - 분위기
　　제4장 도시화
　　제5상 두 문화
　　제6장 정치화
　　제7장 군사화
　제2편 강화와 분화
　　제8장 도입 설명
　　제9장 가족
　제3편 기본욕구
　　제10장 건강과 영양
　　제11장 의복과 주거
　제4편 세계선생에서의 일상

제5권 1918-1945
제1부 배경과 "거대한" 세계
   제1장 바이마르 공화국
   제2장 파시즘 독재
제2부 근로대중의 일상
 제1편 환경 - 분위기
   제3장 실업
   제4장 노동의 고통
 제2편 두 문화
   제5장 정치화
   제6장 두 문화
 제3편 여성 - 가족 - 기본욕구
   제7장 노동하는 여성 - 가족
   제8장 기본욕구 - 음식, 의복과 주거

그렇다면 『독일 인민의 일상사』를 여는 서문을 읽어보자. 다른 말이 필요 없기 때문이다:

"역사적 유물론의 우월함은 또한 그 지지자가 이데올로기적 역사서술이 모든 측면에서 성취한 것을 아주 공정하고 편견 없이 인정하는 데 있음을 보여준다 - 반면에 반대자들은 역사적 유물론에 관해 말하게 되면 흠을 잡고 투덜대지만"(프란츠 메링, 『전집』 제8권, 363쪽).

독일의 역사책은 많이 있다 - 몇몇은 봉건적 계급입장에 의해 쓰였고, 몇몇은 부르주아 - 민주적인 입장에서 쓰였으며, 많은 것은 부르주아 - 반동적인 입장에서 그리고 후에는 제국주의적인 입장에서 쓰였다. 하지만 맑스주의 입장에서 쓰인 역사책은 아주 적다.

이 많은 책들은 각각의 계급적 입장에서 무엇보다 정치적이고 군사적인 사건에 관해 보고하고 있지만, 엥겔스도 규정했듯이 비록 경제가 결정적임에도 불구하고, 경제에 관해 보고하는 책은 드물다.

비록 그렇다는 것인데… 이 문장에 대해 이의를 제기하는 친구도 있다: "당신은 독일의 역사와 유럽의 역사를 혼동하는 것 같다. 유럽의 역사의 경우 우리는 사실상 물질적 토대에 훨씬 많은 공간을 주어야 한다 – 그러나 개별 유럽 나라들의 역사의 경우 우리는 바로 이들 나라의 역사의 고유한 특성에 주목해야 한다. 그리고 이러한 고유성은 전체 유럽에서는 일반적으로 공통의 물질적 토대가 아니라, 정치적 군사적 역사에서 발견한다."

그러나 낭연히 이러한 이션에는 일말의 진리가 들어 있겠지만, 유럽의 다양한 나라들의 물질적 토대의 역사는 너무나 큰 차이가 있기 때문에, 우리는 그것에 대해 구체적으로 자세하게 접근해야 한다 – 이미 정치적 군사적 결과가 바로 물질적 토대의 발전에서의 차이로부터만 설명될 수 있기 때문이다.

따라서 우리의 일정한 시기 이래의 독일의 역사서술은 또한 경제사에 더욱 더 많은 공간을 할애할 것이다. 이것은 물론 개별 과학자의 능력이 학제간 사고에 상응하여 증가한다는 사실을 의미하는 것은 아니다. 우리는 개별 장들이 – 가령 토대, 국내정치, 외교정책, 전쟁사와 같은 – 분할되는 학제간 협동작업과, 각각의 역사적 시기를 전체로서, 즉 토대는 물론 국내정치와 외교정책, 전쟁사를 전체로서 다룰 수 있고 다루는, 그래서 협동작업 내에서 다른 전문가의 자문과 비판을 수용할 수 있는, 학제간 연구능력을 가진 전문가의 협동작업을 구분해야 한다. 독일의 역사에 대해 책임을 가진 협동작업 속에서 우리는 당연히 산업혁명과 1857년에서 1873년까지의 전쟁의 결말에 관해서는 학제간 능력을 가진 전쟁사가에 의해 서술되도록 해야 한다. 왜냐하면 이러한 전쟁의 시기는 학제간 연구능력을 가진 전문가의 협동을 통해 지원을 받아야 하고, 후에는 경제적 문제와 국내정치 및 외교정책적 문제를 다루는 협동에 의해 지원을 받아야 하기 때문이다. 마찬가지로 학제간 능력을 가진 경제사가는 산업혁명의 가장 중요한 시기, 즉 1810년에서 1846년까지의 시기를 다루는 것이 내게는 당연해 보인다.

내가 보기에 우리의 역사서술은 지난 시간 동안 점점 더 독일의 역사를, 개별 역사가가 더욱 학제간 능력을 쌓고 그에 상응하여 학제간으로 사고한다는 그런 의미에서, 학제간으로 다루는 방향으로 발전해왔다. 당연히 우리는 이제 그러한 발전의 시작에 서 있을 뿐이지만, 결정적인 것은 그러한 발전의 방향이 점점 더 필연적인 것으로 인정된다는 사실이다. 역사가의 교육은 다면적으로 되었고 또한 그에 상응하여 역사적 실재를 파악하는 그들의 능력 역시 다면화되었다.

우리는 한 민족의 역사에서 문화적 발전의 "구성"에서 여전히 많이 뒤쳐져 있다. 학문은 더욱 그렇다. 왜냐하면 우리는 바로 최근에 생산력으로서 자연과학의 역할을 이해하기 시작했고, 지배력으로서 사회과학을 이해하기 시작했기 때문이다. 그러나 아마 아름다운 문학과 음악, 형성된 예술이 사회에서 공동 구성적인 힘으로 나타난다는 사실을 이제까지 한 민족의 역사에 정당하게 편입시키지는 못했다; 오히려 이것은 대부분 특별한 성과로서 서술되었다. 이러한 사실은 가령 괴테의 작품과 같은 것은 우리 민족의 위대한 문화적 성과로서 당연히 언제나 독일 역사에서 언급되는 데 반해, 가령 쿠르트-말러Courths-Mahler의 소설과 같이 사회의 구성에 커다란 기여를 한 작품은 문학적으로 덜 가치 있는 작품으로 무시되는 결과를 낳았다. 부르주아 역사서술이 사회의 구성에서 커다란 영향을 미친 쿠르트-말러보다는 덜 영향을 미친 괴테의 예술적 성과에 집중하는 것은 철저히 이해할 만한 것이다. 그러나 이것은 우리에게도 마찬가지로 그래야만 하는 이유가 될 수 없다. 확실히 역사서술은 지난 200년 동안 괴테에게 유일하게 위대한 것이 또한 사회주의 사회에서도 사람들을 공동으로 형성하는 데 반해, 쿠르트-말러는 완전히 영향력이 없는 것으로 확정하였다. 하지만 자본주의 독일의 역사에서 틀림없이 쿠르트-말러는 훨씬 커다란 역할을 하였다. 왜냐하면 쿠르트-말러는 괴테에 비해 대중을 사로잡았고, 대중들이 살고 있는 사회의 성격에 대한 그들의 착각에 본질적으로 기여하였으며 그래서 대중들로 하여금 "순응하게" 만들었기 때문이다. 이와 관련해서 우리는 매우 빈번했던 저속한 풍속화의 역할에 대해서만 생각해보면 될 것이다.

그러나 독일 역사에서 적어도 문화적 성과 자체를 언급하게 되면(비록 "건설"은 아닐지라도), 실제로 독일 노동자의 구체적인 역사는 모두 빠져 있다.

당연히 지배계급이 무엇보다 스스로 보고하거나 보고할 수밖에 없다는 사실은 놀랄 만한 것이 아니다. 노예가 아니라 노예소유주가, 농노가 아니라 봉건영주가, 노동자가 아니라 자본가가 스스로 보고하는 것이다.

그리고 이것은 계급의 관점에서만 이해할 수 있는 것이 아니라, 또한 19세기 중엽까지는 어떤(!) 방식에서는 객관적으로 올바른 것이기도 했다. 왜냐하면 다양한 계급사회가 지배계급에 의해 창조적으로 형성되었기 때문이다. 지배계급의 사고는 사회에서 지배하는 사고이다(『독일 이데올로기』, 『맑스-엥겔스 전집』, 제3권, 46쪽 참고). 우리가 노예소유주 사회 혹은 자본주의 사회에 관해 말한다면, 이러한 사회질서를 우리는 정당하게 각각의 지배계급에 따라 부르는 것이다.

사회의 구성에서 정치, 과학, 예술 등의 진보를 가져오는 창조적 요소를 표현하는 것은 지배계급이다. 그래서 엥겔스는 이렇게 얘기한다:

"다음은 분명하다: 인간 노동이 아직 그리 생산적이지 않아서 그것이 제공하는 초과분의 규모가 필요한 생활수단을 간신히 넘어서는 정도에 그쳤던 동안에는, 생산력을 증대시키고 교류를 확장하고 국가와 법을 발전시키고 예술과 과학을 정초하는 것은 분업을 강화함으로써만 가능했는데, 이 분업은 단순한 손노동에 종사하는 대중과 노동의 지휘, 상업, 국무 등에 종사하고 나중에는 또한 예술과 과학에도 종사하는 소수 특권자들 사이의 커다란 분업을 기초로 해야만 했다. 이러한 분업의 가장 단순하고 가장 자연성장적인 형태가 바로 노예제였다…

이 기회에 부언하자면, 착취계급과 피착취계급, 지배계급과 피억압계급 사이에 있었던 지금까지의 모든 역사적 대립은 인간 노동의 생산성이 비교적 덜 발전했다는 동일한 사정을 통해 설명된다. 실제로 근로인구가 자신들의 필요노동에 너무 많은 시간이 요구되어 사회의 공동업무에 – 노동의 지휘, 국무, 법률 사무, 예술, 과학 등 – 종사할 시간을 갖지 못하는 한, 실제적 노동에서 해방되어 이러한 사무에 종사하는 특수한 계급의 존속은 불가피하였다; 그런데 이 특수한 계급은 자신의 이익을 위해 근로대중에게 더욱 무거운 노동부담을 부과하지 않은 적이 없다"(『반-뒤링』, 『전집』 제20권, 168쪽부터).

그래서 대혁명에서도 창조적 요소는 인민대중이 아니라 지배권을 장악하려는 소수계급이다 – 물론 인민대중의 도움이 없이 소수계급은 권력을 장악할 수 없겠지만. 따라서 레닌도 1789년 프랑스내혁명에서 커다란 역할을 수행했던 농민에 대하여 분명하게 말한다: "부르주아 혁명에서 부정적이고 파괴적인 노동 하에 놓여 있는 근로대중의 주요 과제는 봉건제와 군주제, 중세성격을 없애는 것에 있다. 새로운 사회를 조직하는 적극적이고 창조적인 작업은 인구의 소수인 부르주아 유산계급이 담당한다. 그리고 이들은 노동자와 가난한 농민의 저항에도 불구하고 이러한 과제를 상대적으로 쉽게 해결한다; 왜냐하면 자본에 의해 착취되는 대중의 저항이 그 당시 대중의 분열과 미발전으로 인해 매우 허약했기 때문이고, 또한 무정부적으로 건설된 자본주의 사회에서 기본적으로 조직된 세력은 그 넓이와 깊이에서 상당히 성장한 민족적 국제적 시장이었기 때문이다"(『소비에트권력의 다음 과제』,『전집』제27권, 230쪽부터).

  19세기 중반이 되어서야 비로소 변화가 나타난다. 처음으로 민족의 작은 소수가 아니라 수백만 강력한 대중을 포괄하는 계급이 권력을 장악하기 시작한다. 따라서 엥겔스도 위에서 인용된 문장 바로 그 다음에 이렇게 얘기한다: "대공업에 의해 달성된 생산력의 엄청난 증대만이 모든 사회 성원들에게 예외 없이 노동을 분배할 수 있게 하고, 그래서 각자의 노동시간을 제한하여 모두가 사회의 일반적 사무에 – 이론적이고 실천적인 사무에 – 참여할 충분한 자유시간을 가질 수 있게 한다. 따라서 이제야 비로소 모든 지배계급과 착취계급은 불필요한 존재로, 사회발전의 장애로 되었고, 이제야 비로소 지배계급과 착취계급은 '직접적 폭력'을 아무리 많이 보유하고 있더라도 무자비하게 제거될 것이다."

  그리고 프랑스에서의 코뮌의 위대한 전례를 따라 1917년 10월혁명이 일어나게 된다. 여기에 관해 레닌은, 앞의 프랑스대혁명에 대한 평가와는 정반대로, 다음과 같이 계속 이어서 말한다: "반대로 모든 사회주의 혁명에서 프롤레타리아트와 그들이 이끄는 가난한 농민층의 주요 과제는 적극적이고 창조적인 노동이다; 이러한 노동은 매우 복잡하고 세련된 연계를 갖고서, 수백만 인민들의 실존을 위해 반드시 필요한 계획적인 생산과 생산물의 분배를 포괄하는, 새로운 조직적 관계를 만드는 데 있다. 이러한 혁명은 인구 대다수의, 무엇보다 다수의 근로대중의 자율적이고 역사적인 창조성으로서만 성공적으로 실현될 수 있다. 프롤레타리아트와 가난한 농민이 충분한 의식성, 확신력, 자기희생, 용감

함을 가질 때 비로소 사회주의 혁명의 승리가 확보될 것이다."

그러나 지배계급이 스스로 역사에서 진보적으로 나서거나 역사를 진보적으로 운동하게 한다고 믿는 것은 오류일 것이다. 무엇보다 맑스와 엥겔스가, 하지만 19세기 20-30년대 프랑스의 위대한 역사가들인 미네Mignet, 미첼Michelet, 띠에르Thiers, 귀조Guizot, 띠에리Thierry 등이 보여주었듯이, 역사의 위대한 동력의 역할은 계급투쟁이다. 계급투쟁은 인류역사를 운동하게 하는 요소이다.

따라서 맑스주의 역사가들은 역사에서 계급투쟁에 특별한 주목을 한다. 동시에 위에서 거론한 프랑스 역사가들도 계급투쟁이 부르주아 사회와 함께 역사적인 목표를 달성했다고 생각했지만, 심지어 지나쳤다고 생각하였다. 그래서 부르주아 역사서술은 자신의 이해에 따라 일반적으로 이미 자신의 사회질서 일반에 대해 자기보호와 자기변호로 변질되고, 역사운동의 결정적 요소로서 계급투쟁을 부정하게 되었다.

지배계급이 자신의 창조적 활동을 부여하는 것은 무엇보다 그리고 우선은 계급투쟁이다. 이것은 지배계급으로 하여금 자신의 위치의 정당화와 자기의식을 위해 피지배자에게 더 많은 자유를 추구하게 만드는 동시에 피지배자를 조종하는 새로운 길을 발명하게 만든다. 그래서 사회과학과 예술이 발전한다. 이것은 지배계급으로 하여금 노동생산력을 증가시키고 잉여생산물을 높이기 위해 자연에 대한 개선된 지배력, 자연과학과 기술의 발전을 강제하고 잉여생산물에 대한 (더 많은) 몫을 피지배계급보다 갖도록 만든다.

한편 우리 맑스주의자는 계급투쟁의 역사서술 영역에서 거대한 진보를 이룩했다. 맑스가 우리에게 제시한 19세기 중반의 프랑스의 계급투쟁에 대한 분석을 보면, 우리는 계급투쟁에 참여한 모든 계급과 계층의 전략과 전술이 얼마나 면밀하게 연구되었는지를 보게 된다. 그러나 우리가 묘사하듯이, 계급투쟁에서는 흔히 피억압자의 측면에만 관심을 집중하고, 그래서 계급투쟁에서는 투쟁하는 하나의 계급만이 있는 것처럼 나타나게 된다. 하지만 그 적이 피상적으로만 서술된다면 그들의 전략과 전술을 어떻게 올바르게 이해할 수 있는가?

무엇보다 계급투쟁과 지배계급의 창조적 활동에 대한 압력 사이의 결합이 전혀 이루어지지 않고 있기 때문에, 피억압계급의 무수한 패배가 어떤 의미에서는 부정적인 현상으로서 접근되는 반면, 지배계급은 자신을 위해 승리한 계급전투로부터 중요한 것으로, 진보를 위해 본질적인 결과를 가져온 것으로, 그들의 승리가 창조적인 것으로 분석된다. 그리고 잘못된 결론을 이끌어낸다면, 그러한 승리는 – 예를 들어 1525년의 독일 농민전쟁에서와 같이 – 계급투쟁에서 패배한 사람들에게나 또한 사회 전체에 대해 심각한 결과를 줄 수 있다.

또한 분명히 두 가지 종류의 계급투쟁이 있다는 사실이 종종 무시되고 있다: 거대한 전쟁과 일상투쟁이다. 우리 맑스주의 역사서술은 기본적으로 거대한 전쟁에 집중한다(방금 얘기했듯이, 그러면 일면적으로 분석될 수밖에 없다). 하지만 노예에 의한 반항적인 작업이나 생산수단에 대한 작은 파괴든, "자신의" 장에서 노동하는 것에 비해 봉건적 노동지대의 이행의 경우에 상대적으로 줄어든 생산성을 통해서든, 일상적 계급투쟁에 관해서는 우리 역사책에서는 전혀 읽을 수 없다. 우리의 역사책은 확실히 피억압계급의 축제일이나 기념일에 관해서만, 거대한 계급투쟁에 관해서만 얘기한다. 계급투쟁의 일상은 불충분한 관심을 받을 뿐이다.

그래서 우리는 위에서 확인한 주장으로 다시 돌아가게 된다. 즉 우리에게는 아직 독일 인민의 역사, 독일 근로대중의 역사가 없으며, 모든 나라에 대해서도 그들 민족의 이와 관련된 역사가 이제까지 없다는 것이다. 맑스주의자가 계급투쟁을 다루었듯이, 부르주아 역사가들이 오늘날 가능한 한 계급투쟁 일반을 언급하는 것을 회피하듯이, 이미 관찰에서 그렇게 나타난다: 계급투쟁의 일상이 책상 아래로 떨어져 있다. 그러나 계급투쟁의 일상뿐만이 아니라 전반적으로는 인민의 일상이 묘사되지 않는다. 특히 19세기까지 인민의 절대 다수를 차지하고 있던 농민의 궁핍한 일상생활은 묘사되지 않는다.

미첼 제르베Michel Gervais 등이 쓴 4권짜리 『시골 프랑스의 역사』에 대한 한 서평(The Times, 1978, 2월 3일자 "문학보충판")은 다음과 같이 시작한다:

"문맹이 얼마나 되고 독서와 쓰기는 또 얼마나 되었던가, 그리고 또한 역사서술은 도시의 문화였다. 이것은 놀랄 만한 일이 아니다. 이것이야말로 인민의 필요와 그들의 직접적 이해범위를 넘어서는 모든 다른 것을 무시하는 일상적 생활이다. 시골에서의 생활은, 야만적이고 별 게 없고 지루하게 살고 있는 특징 없는 주민들과 함께 배경으로서 기여할 수 있었다. 문명은 도시적인 것이고, 정확히 시민층과 부르주아 태도와 같은 것이었다; 그에 상응하여 정치 역시 역사에 들어가는 도시의 업무였다. 행동 속에서 움직이는 인간에 관한 보고는 인류의 대부분을 무시했다. 대지를 어슬렁거리는 어둠침침한 야생의 동물이 인간의 얼굴을 갖고 있었다는 사실에 관한 놀라움은 단지 부분적으로는 그럴싸해 보인다. 바다 건너 고귀한 야생은 상상을 자극할 수 있었다; 집 가까이의 실제적인 야생은 혐오감과 두려움 혹은 고통을 자극했다.

여기에 하나의 변화가 일어나기까지 오랜 시간이 걸렸다. 낭만적 역사가는 '인민'을 도시인민의 시점 하에서 다루었다. 더 살펴보고자 추구했던 저자들조차 시골의 인민은 그에게 낯선 것이었다. 도시의 빈민은 더 나은 모습을 흉내냈고, 그들의 남루한 옷을 입었으며, 그들의 언어를 말했다(혹은 말하려고 노력했다). 농민들은 다른 문화 속에서, 다른 방식으로, 그들의 모습대로 살았다. 그들의 언어는 달랐다 — 19세기 후반만 하더라도 파리에서 300마일이 안 되는 지역인 리모쥐Limoges 근처에 간 여행자는 그들의 말을 이해할 수 없었다. 게다가 농민들은 아무 것도 쓰지 않았다. 농민의 생활양식에 관한 보고는, 존재한다고 하더라도, 2차적인 것이었다: 공무원이나 작가, 목사, 발견자, 여행자, 그리고 도시에서 쫓겨난 사람들이 그들에 관해 말한 것이고, 때로 자신들을 위해 말한 것이었다. 글을 쓸 수 있는 농민은 농민이기를 그만두었고, 다른 언어로 말했으며, 개종자의 열망으로 다른 문화를 소비했고, 자신의 고유한 문화를 무시하거나 잊어버렸다. 전통적인 역사가가 작업했던 자료는 소실되었다.

대부분의 주민이 시골이나 시골 가까이에서 살았던 프랑스에서는 단지 아주 소수만이 그들의 생활의 종류와 의미에 대해서 신경 썼을 뿐이다."

그리고 여기서 프랑스에 관해 얘기된 것은 많든 적든 서유럽의 다른 모든 나라들에 대해서도 해당된다. 독일에 대해서는 이미 18세기 말 이래 유스투스 메저Justus Möser와 빌헬름 릴Wilhelm Riehl, 예레미아스 고트헬프Jeremias Gotthelf, 칼 람프레히트Karl Lamprecht에서부터 우리 시대의 볼프강 슈타이니츠Wolfgang Steinitz까지 - 이들은 역사가가 아니다! - 독일의 농민생활의 일상에 관해 계속 때로 관심을 갖지만, 그러나 우리가 가령 상투어나 오늘날 특히 관심을 갖는 풍속과 같은 개별 측면을 보면, 또한 2차 세계대전 이후의 시기를 봐도, 체계적인 연구는 거의 없다고 할 것이다.

그러나 현재 페르낭 브로델Fernand Braudel의 지도 아래 수십 년 전부터 먼(!) 과거에 살았던 인민의 일상은 물론 주제에 따라 또 지역에 따라 아주 세밀하고 한정된 연구를 시도하고 있는 프랑스의 한 역사학파가 있다. 브로델의 『물질적 자본주의』(1967)와 같은 저작의 대부분은 서술을 위해 무한한 학제간 지식과 현실적인 상상력을 요구하며, 다른 저작들도 의례와 소설, 교회명부, 시골이나 도시일부의 물질적 잔재(가구나 옷, 건물이든)에 대한 다년간의 꼼꼼한 연구를 필요로 한다. 이것의 목표는 언제나 인민 혹은 특정한 계급 및 계층의 일상생활을 파악하는 것이다: 사람들이 무엇을 먹었고, 어떻게 입었으며, 어떻게 거주했고, 일상적으로 어떤 생각을 했고, 어떻게 일했고, 언제 일어나고 언제 잠들었는지, 아프면 어찌 했는지, 어떤 범위에서 결혼했는지, 지역을 따라 이주하면서 살았는지 아니면 한 곳에서 정착해 살았는지, 자식과 부모의 관계는 어땠는지, 나이가 든 노인에게는 어떤 일이 일어났는지 등등. 이들 역사가에게 중요한 것은 실제로 사람들의 일상생활이다. 따라서 이들 역사가는 18세기 후반의 프랑스 역사가와 역사철학자의 관념, 그리고 동일한 시기의 스코틀랜드인의 관념을 연결시킨다; 이들 역사가는 일정한 방식에서 또한 지난 500년 동안의 국제적 여행기의 – 언제나 부분적으로는 피상적이지만 그러나 부분적으로는 나름 깊이가 있는 – 저자들의 후손으로 하여금 "먼 나라" 사람들의 일상생활을 다루게 해준다. 이러한 여행기의 일상생활을 위한 기본적인 가치는 여전히 존재한다.

자신의 인민에 대한 역사가의 관심보다 먼 나라에 간 교양 있는 여행자의 주시방향이 적어도 종종 얼마나 더 별스럽고 더 진보적인가는 주목할 만한 일이다.

몇몇 연관에서 우리 맑스주의자는 브로델-학파와는 다르게 보지만, 그러나 크게 다르지는 않다. 비록 "당연히" 현재를 다루지는 않지만 이들 역사가가 인민의 일상을 연구한 것은 우리의 현재를 위한 현상이기도 하다.

우리가 주시방향에서 그들을 따르지 않는다면, 우리는 독일 인민의 구체적 역사를 서술할 수 없을 것이다. 그리고 우리가 충분한 자료를 가지게 되기까지 많은 시간이 걸렸다. 자료수집의 목적을 위해 우리의 박물관을 가게 되면 우리는 거기서 봉건시대부터 부유한 농민의 의식복장을 발견하지만 농민들의 일상의

복은 발견할 수 없고, 부유한 농민 집에서의 가구를 발견하지만 많이 다르게 생활했을 농민들의 밀집은 발견할 수 없다. 기록을 읽어보면 우리는 아마 농민들이 식료품에 대해 지불했던 것(화폐든 직접 노동이든)을 발견하지만, 그러나 그들이 무엇을 먹었고 그것을 어떻게 준비했는지는 알 수 없다. 교회에 가서 그들이 이해할 수 없는 말로 미사를 들으면서 어떤 생각을 했을까?

그러한 것과 관련하여 우리는 19세기의, 그리고 후에 자본주의의 노동자의 일상생활에 관해 이미 더 많은 것을 알고 있다; 비록 우리 역사가가 연구를 이러한 방향으로 지향한다면 훨씬 더 많을 것을 발견하게 될 테지만. 그러나 우리가 알고 있는 조그만 것으로부터도 우리는 우리의 역사책에서 어떤 보고도 발견할 수 없다. 당연히 그에 대한 전문작업은 있지만(게다가 우리보다 서독에 더 많다) – 독일 인민의 역사의 주요 부분, 근로대중의 일상이 전문작업에서 내처지고 있다! 이 얼마나 사회주의 나라들에서 역사서술의 특징적인 상태인가!

한 노학자는 오늘날 기록보관소연구에 기초하여, 아마 한 마을이나 한 작은 농촌도시와 같은 특정 대상에 대해서든, 또 예를 들어 도제나 어느 계층이 아내를 얻게 되는 결혼나이와 같은 특정 문제에 관해, 다시 전문작업을 할 수 있을 뿐이다. 하지만 내가 관심을 갖는 중요한 문제에 대해서는 다다를 수 없을 것이다. 그러한 전문작업은 오늘날 절대적으로 필요하고, 독일 인민의 일상의 구체적이고 기본적인 역사를 위한 절대적인 전제이다. 하지만 한 노학자가 지금 이미 유용한 어떤 것을 이룰 수 있고, 그렇게 시급히 일상사를 필요로 하는 아마 지금 이미 무엇을 할 수 있을까? 수많은 젊은 연구자들이 필요한 자료를 수집하고, 이에 기초하여 기존의 많은 사실관계와 개별연구에 대해 일상의 개별 측면에 관한 전체적인 조망을 제공하는 데만 해도 많은 시간이 걸릴지 모른다. 특히 이러한 작업에 기초하여 빠진 틈을 보여주고, 오랜 연구경험으로부터 불충분하게 활용되고 평가된 많은 상태에 대해 새롭게 주목하고, 이미 알고 있는 자료로부터 독일 인민의 일상사에 대한 시금석을 제공할 수 있을까? - 지배계급 대표자들의 먹는 활동이나 성적 활동을 포함해서 우리가 익히 너무 잘 알고 있는 아주 소수의 지배계급의 일상은 배제하고.

참 구구절절 인간에 대한 애정에 기초한 노학자의 연구에 대한 정열이 묻어나는지!

5. 이 책에 대한 소개

이 책은 쿠친스키 스스로 "나의 마지막 책"이라고 부른 것이다. 1989년에 출간했으니 그럴 만도 했다. 그의 나이 85세이니 당장은 그렇게 생각했을 것이다. 하지만 독일 통일도 구경하고 이후 10여 권의 책을 더 쓰고 죽는다. 하지만 "마지막 책"이라고 불렀을 만큼 나름 자신의 모든 회한과 이상을 담아 심혈을 기울여 쓴 책이라고 볼 수 있다. 그 만큼 읽을거리도 풍부하고 노학자답게 우리에게 제시하는 감수성이나 아이디어도 많다.

"1926년에 출판된 나의 첫 번째 책은 제목이 『맑스로 돌아가자Zurück zu Marx』였다. 그리고 나의 마지막 책은 『역사적 유물론 연구Studien zum Historischen Materialismus』이다. 괴테도 말했듯이 하나의 연쇄가 끝난다.

간단한 머리말로서 나는 원래 과학아카데미(과학원)의 집회를 위해 준비한 노지식인에 관한 연설을 − 젊은 지식인에 대한 경고로서가 아니라 그들을 위한 즐거운 미래상으로서, 말하자면 '개인적인 역사적 낙관론'에 대한 요구로서 − 두 배 이상으로 증보한 것을 여기에 내놓는다."

먼저 나이가 나이니 만큼, "마지막 저작"이라고 불렀을 만큼 노지식인에 대한 논의로 시작한다. 노지식인의 작업방식과 사회적 태도에 관해 말문을 연다. 나이를 먹은 만큼 산전수전 다 겪었고 이제 죽음만을 남겨둔 상태에서 무엇이 두려운가? 오히려 노지식인은 지닌 사회적 관계 하에서 제한될 수밖에 없었던 당파성-무당파성의 문제를 담담하게 넘어 서서 진리를 향한 추구에만 몰두할 수 있다는 것이다. 사회적 지위를 초월했으니 겁낼 것이 없다는 얘기다. 그래 위험각오에 대해서도 얘기한다. 노년에는 시간도 많다. 정신노동에 종사해온 노지식인이라면 정신도 말짱하다. 그렇다면 부지런히 남은 작업을 계속해야 한다. 그것이 새로운 책을 쓰든, 기존 책을 보완하든 상관없다. 생각과 마음이 가는 대로 부지런히 작업하면 그만이다. 오히려 그런 상황에서 나름 노년의 창조성도 나올 수 있다는 것이다.

여기서 쿠친스키가 강조하는 과학적 방법 혹은 과학적 당파성에 관해 한마디 하자. "과학의 발전은 오히려 전체적으로 규정된 당파성을 요구하는데, 진보를 위한 당파성, 자본주의를 위한 19세기 초의 당파성, 시민층을 위한 당파성, 사회주의를 위한 당파성, 노동계급을 위한 당파성, 다시 말해 사회를 진보시키는 새로운 것, 더 높은 것을 위한 당파성, 실재를 위한 당파성, 즉 진정한 단어의 의미에서 객관성을 요구한다."

이러한 의미에서 쿠친스키가 강조하는 당파성은 단순한 세계관이라기보다는, 과학에서의 진정한 당파성Parteilichkeit으로서 실재의 당파성 혹은 객관성Objektivität과 동일한 것이다. 과학의 첫 번째 과제가 현실 혹은 실재에 대한 인식이라면, 과학을 위한 우리의 명령도 사회적 실재에 상응하는 성격특징에 기초해야 한다는 것은 명백하다. 쿠친스키가 학문에서 제기한 문제는 정치적 실천을 위한 의식적인 당파성도 아니고, 모든 과학적 계급연관성이 가져야 하는 당연한 사항을 위한 증명도 아니며, 오히려 객관적 실재의 정확한 반영으로서 과학을 위한 당파성과 과학적 연구를 위한 당파성이다. 이것은 과학자의 의식으로부터가 아니라 실재의 요구로부터 나오며, 또 이러한 요구는 과학자의 의식과 과학적 연구 속에서 그 반영을 발견한다. 다른 말로 하면 과학에서의 당파성은 실재의 당파성이고, 이것은 다음의 사실로 환원될 수 있다: "즉 실재 자체가 당파적이다! 낡은 것에 대해 새로운 것의 당파성, 낮은 것에 대해 더 높은 것의 당파성." 보수 혹은 반동에 대해 진보의 당파성! 이렇게 인식할 때 객관성과 당파성은 같아지고, 또한 이러한 객관성이 바로 진보적 세계관과 부합하게 된다.

그 이유는 다음과 같다: "일단 과학자의 사고과정을 사회적 운동과정에 대하여, 특히 그 법칙성에 대하여 가능한 한 정확히 파악하려고 지향하기 위해서이다. 왜냐하면 이러한 운동과정은 새로운 것에 대해 객관적이고, 법칙적이고, 기초적이고, 당파적이기 때문이다. 그렇다면 과학의 인식을 직접 적용하는 기초 위에서 실재의 변화를 통해, 낮은 것에서 높은 것으로 사회적 발전과정을 인간의 이해 속에서 가능한 한 강력하게 가속화하기 위해 그렇게 할 것이다."

결국 쿠친스키에게 당파성의 문제는 의식적 당파성(세계관)의 문제라기보다는, 실재의 당파성, 즉 실재에 대한 객관적 파악의 문제(과학의 방법론)이다. 우리가 실재의 운동에 관해 어떤 견해를 갖는지의 문제는, 이러한 운동을 어떻게 정확히 인식할 수 있는지의 문제와 직접 일치할 수 없다. 비록 우리가 예를 들어 진보석 세계관을 갖더라도, 우리는 실재를 전혀 잘못 파악힐 수 있고 혹은 그 반대로 파악할 수도 있기 때문이다. 또한 우리가 진정 진보적이라면 객관적 진리에 기초해서 세계관을 확립하고 추구해야지, 어떤 이해관계를 우선시해서 당파적 세계관을 전제하는 것은 야만적이고 오류일 것이다.

다음에는 프리드리히 엥겔스의 역사적 유물론에 관한 "노년의 편지"가 이어진다. 이 문제는 아마 쿠친스키가 오랫동안 숨겨둔 비장의 카드인 듯하다. 엥겔스의 논의를 통해 맑스주의의 잘못된 논의구조를 단칼에 베어버리려는 것이다. 특히 토대와 상부조의 문제, 경제적 토대의 궁극적 결정 문제 등에 대해 기존의 도식적인 논의틀을 깨려는 것이다. 앞에서도 얘기했지만 이제 85세의 노학자에게 무슨 두려움이 있겠는가? 사실을 사실대로, 자신이 발견한 과학적 객관성과 진리에 입각해서 얘기하면 그만이다. 다음에 이어지는 의식과 존재의 문제도 여기에 바로 연결된다. 사실 누구나 알고 있듯이 의식과 존재의 문제는 토대와 상부구조의 문제와 함께 역사적 유물론의 기본 범주이다. 이러한 중요한 문제틀이 "현실 사회주의"에서 너무나 잘못 적용되었기에 쿠친스키는 바로 엥겔스로 돌아가 진실을 밝히고자 하는 것이다.

다음 "사회발전의 단계 – 구조와 발전"와 "모순 논쟁"에서는 쿠친스키 본인이 살고 있던 "현실 사회주의" 사회의 문제에 관하여 문제제기를 한다. 사회를 진정으로 발전시키기 위해서는 현실을 미화하지 말고 과감하게 문제와 모순에 대해 개방적으로 토론해야 한다는 것이다. 이러한 문제의식은 일찍부터 제기하였고, 언제나 논쟁의 중심에 섰다. 동시에 많은 적을 만들기도 했다. 세상사는 언제 어디서나 마찬가지인 것이다. 현실의 실제 문제를 바로 제기하고 객관적으로 토론하자는 것이지만, 언제 어디서나 사람들은 진리를 별로 좋아하지 않는다. 현실과 체제를 미화하고 그냥 기득권에 안주하여 살고 싶은 것이다. 기득권, 관료제, 관성과 타성! 그 어디서나 마찬가지이다. 이것은 한 사회의 부패문제만이 아니라 인류발전의 적이고, 이러한 문제들이 존재하는 한 그 사회는 적대적일 수밖에 없다(모순과 양극화).

쿠친스키는 『노동자상태의 역사』라는 거대한 지적 모험을 하는 와중에도 언제나 자신이 속한 사회현실의 한가운데에 서서 대중들이 느끼고 생각하는 문제를 대변하고 제기하였다. 이러한 작업은 공화국이 수립되고부터 바로 시작된다. 이미 50년대에도 쿠친스키는 가장 중요한 논쟁의 한가운데 있었다. 예를 들어 그가 제기하여 학계를 뒤흔든 논쟁만도 여러 번이었다. "역사와 역사서술에서의 당파성과 객관성"(1956), "역사를 만드는 인간"(1957), "의견투쟁, 독단주의와 '자유주의적 비판'"(1957), "사회학적 법칙"(1957), "사회적 모순"(1972) 등등. 그런 쿠친스키이기에 마지막으로 다시 한 번 사회와 전 학계에 논쟁을 불러일으키고 싶은 것이다. 논쟁 없이 사회는 발전할 수 없기 때문이다. 무엇보다 "현실 사회주의"의 몰락과 관련하여 결과적으로 봐도 쿠친스키의 문제제기가 얼마나 진실하고 얼마나 소중한 것이었는지를 새삼 인정하게 된다.

마지막으로 "역사적 낙관주의의 기초에 관하여"는 다시 한 번 노지식인의 혜안을 얘기하고자 하는 것이다. 쿠친스키는 역사적 낙관론을 믿음과 결합하여 언급한다. 그렇게 객관적 실재를 강조하는 역사적 유물론자로서 그가 어찌 낙관론이니 믿음이니 하는 개념을 가져왔는가? 아니, 현실은 오히려 과학보다는 대중들의 믿음에 기초하여 돌아가고 있다. 어떤 믿음이냐가 중요한 것이고, 그러한 믿음이 객관성과 과학적으로 기초된다면 더 없이 좋다는 말이다. "믿음은, 비록 우리의 철학에서는 역사적 유물론의 기본 범주로서는 무시되고 있지만, 우리 세계관에서, 무엇보다 우리의 실천 생활에서 매우 커다란 역할을 하고 있다."

또한 "언제나 지식은 믿음 속에 포함되어 있고, 믿음과 '융합되어 있다.' 그러나 지식과 믿음 사이의 반목은 우리에게는 단지, 그러한 반목이 일반적으로 더 이상 서로 관계가 없기 때문에, 사라질 수 있을 뿐이다. 오늘날 인류 앞에는 평화 속에서 계속 나아갈 것인가 아니면 전쟁을 통해 몰락할 것인가 하는 운명의 문제가 놓여 있다면, 이것은 믿음과 전혀 관계없는 틀림없이 과학적 주장일 것이다. 우리는 나아가 믿음과 다시 전혀 관계없는 추측을 기반으로 하여 평화냐 전쟁이냐 하는 주어진 계기 중에서 어느 것이 더 큰 확실성을 갖고 있는가를 구별할 수 있다…

믿음은 모든 과학이 해소되는 바로 그 곳에서 들어온다. 과학은 평화의 지속이냐 전쟁을 통한 몰락이냐 하는 선택을 발견한 곳에서 끝난다 — 바로 거기서 믿음이 들어오고, 믿음은 컴퓨터가 계산한 확실성인 것처럼, 평화의 지속을 위한 일방적이고 절대적인 해결 속에서 과학적 선택으로 전환된다. 왜냐하면 믿음은 모든 과학적으로 계산된 확실성을 마치 산을 옮기듯이 옮길 수 있기 때문이다.

우리는, 사회주의적 인격 역시 과학에 의해 규정된 인간일 뿐만 아니라, 선에 대해 믿고 느끼고 그것에 상응하여 행동하며, 아름다움을 추구하고 사랑에 취할 수 있고, 때로는 인류와 자신의 행복을 위해 그러한 것들을 추구하려고 행동하는 인간이라는 사실을 마침내 인식해야 한다. 아는 사람이 된다는 것은 좋다 — 그러나 아! 그런 사람은 얼마나 불충분하고 때가 묻었는가. 당연히 정치인은 과학적으로 고민하고 행동해야 한지만, 그러나 플라톤은 자신을 시 앞으로 데려갔고, 레닌은 정치가로서 그가 아주 좋아했던 음악의 심취를 이끌어냈다. 따라서 레닌에게서 단지 위대한 정치가의 측면만을 보는 사람은, 그의 인격의 다면성 전체와 만날 수 없을 것이고, 베토벤의 열정소나타를 들을 때 그에게 나타난 인간적 "약점"의 측면을 볼 수 없을 것이다."

위르겐 쿠친스키는 맑스주의 과학자이다. 맑스주의 과학을 우리는 일반적으로 역사적 유물론이라고 말한다. 여기서 역사적 유물론이란 일단 무엇보다 방법적인 입장을 가리킨다. 과학의 개별 영역을 연구하더라도 중요한 것은 역사적 유물론의 방법을 관철시키고자 하는 입장이다. 당연히 위르겐 쿠친스키의 과학세계도 역사적 유물론에 기초한다. 역사적 유물론이 맑스, 엥겔스 등을 통해서 역사적으로 형성되고 "역사과학"으로 발전되어 왔다면, 역사적 유물론의 진일보한 발전은 언제나 변하고 있는 역사의 현실 혹은 실재에 대한 객관적 사실연구와 기존 이론에 대한 투쟁을 통해서만 보장될 것이다. 쿠친스키는 경제사학자, 역사학자, 사회학자, 칠획자, 문학자로서 언제나 역사의 현실과 대결했고, 그의 이론과 방법 그리고 과학세계는 그러한 사실연구를 통해 구체화되었다.

쿠친스키의 과학세계는 무엇보다 그가 직접 살았던 동독과 관련해서 이해할 필요가 있지만 동시에 거기에 한정될 필요도 없다. 그리고 사회건설 과정에서 "현실사회주의"의 문제가 직접적으로 노정되면서 많은 양심적 지식인들에 의한 논쟁도 벌어졌다. 쿠친스키는 사회주의 동독의 발전을 위해 열심히 노력했지만, 그의 현실적 역할은 스스로가 평가하듯이 "노선에 충실한 반대자"였다. 그의 많은 연구와 논쟁은 동독의 많은 논쟁점을 포괄하지만, 그의 과학적 지평은 동독의 경계를 넘어서 있었고 일찍부터 국제적인 명성을 쌓았다. 1949년에 동독이 수립되었고, 이미 1953년에 DZPh(독일철학잡지)와 ZfG(독일역사잡지)의 창간호가 출간되었다. 여기서 쿠친스키는 많은 글을 통해 독단적 주장들을 비판하였고, 열띤 토론과 논쟁을 제기하는 동시에 그 한가운데 있었다. 쿠친스키는 그 당시부터 줄기차게 과학적으로 중요한, 역사적 유물론의 문제를 제기하였다. 그의 문제제기는 불붙은 토론에서 중요한 역할을 수행했다. 당시의 토론 속에는 쿠친스키가 이전에도 그랬지만 이후에 계속 진행하는 과학적 작업의 많은 중요한 요소들이 이미 포함되어 있었다고 봐야 할 것이다.

그리고 무엇보다 스스로 역사적 유물론의 방법을 구현하고자 엄청난 연구와 저술을 했다. 『노동자상태의 역사』, 『사회과학의 역사에 대한 연구』, 『독일 인민의 일상사』 등 그의 모든 저술이 다 그렇다. 이론 논쟁 자체보다도 그의 다양한 책들을 보는 것이 훨씬 유용하고 즐겁다. 바로 이론과 실천의 통일이기 때문이다. 구체적인 연구 속에서 모든 것을 보여주었기 때문이다. 쿠친스키가 40권의 『노동자상태의 역사』를 끝냈을 때 이미 70이 다 된 나이였으며, 그리고 70대에는 10권의 『사회과학의 역사에 대한 연구』를 펴내고, 80이 되어서는 6권의 『독일민중의 일상사』를 펴낸다. 논쟁도 중요하지만 스스로 연구의 모범을 보여준 것이다. 그리고 마지막으로 85세에 이 책을 집필했고 비행기 타고 한국에도 다녀갔다. 게다가 이후에도 죽을 때까지 연구를 계속하고 글을 썼다. 1904년생의 독일인으로서 당시 기대수명이 얼마나 되었을까? 아마 지금보다는 많이 적었을 것이다. 그럼에도 불구하고 이만한 일을 했는데, 지금 우리는 얼마나 더 살 수 있고 더 일할 수 있는가? 이제 내 나이 아직 50대 후반이다. 너무나 어리다. 내 안에는 여전히 아이가, 소년이, 청춘이 꿈틀대고 있다. 이제 연구에 시작인 것이다. 그래서 쿠친스키를 읽으면 나 역시 언제나 즐겁고 신이 난다. 노지식인이 아니라 청년 쿠친스키로 다가오는 것이고 나 역시 청춘이 된다. 이렇게 우리는 책을 통해 서로 교감하고 얘기한다. 멀리서 벗이 찾아왔는데 더욱 즐겁지 아니한가!

이 책은 위르겐 쿠친스키의 "역사적 유물론 연구"를 완역하고 역자의 개괄적인 서론을 붙인 것이다. 원래 이 저술은 보통의 책의 형태로 발표된 것이 아니라, 논문의 형태로 발표되었다. 발표된 곳은 그가 창간하고 지도해 온 그 유명한 잡지 *Jahrbuch für Wirtschaftsgeschichte*(경제사연보, 1989년 제2호, 11-105쪽)에서다. 충분히 책 한 권의 분량이다.

앞에서도 소개하였지만 위르겐 쿠친스키의 의미 있는 저술은 많이 있다. 비록 자료는 시간이 지남에 따라 조금 낡은 것이 될 수도 있고 그 색이 바랠 수도 있지만, 그 속에 담긴 문제의식이나 치열한 방법론은 전혀 빛을 잃지 않는다. 오히려 지금과 같이 환경적이든, 정치경제적이든, 인간적이든 전 지구적 혼란의 시기에 쿠친스키의 명쾌한 논리가 필요할지도 모른다. 그래서 앞으로도 쿠친스키의 번역작업은 계속될 것임을 약속드린다.

서 문

영원한 변화
...
시작을 마지막과 함께
하나로 수렴하게 만든다!
대상들보다 더 빨리
너 자신 지나간다.

- 괴테

1926년에 출판된 나의 첫 번째 책은 제목이 『맑스로 돌아가자 *Zurück zu Marx*』였다. 그리고 나의 마지막 책은 『역사적 유물론에 대한 연구 *Studien zum Historischen Materialismus*』이다. 하나의 연쇄가 끝난다.

간단한 머리말로서 나는 원래 과학아카데미(과학원)의 집회를 위해 준비한 노지식인에 관한 연설을 — 젊은 지식인에 대한 경고로서가 아니라 그들을 위한 즐거운 미래상으로서, 말하자면

"개인적인 역사적 낙관론"에 대한 요구로서 ― 두 배 이상으로 증보한 것을 여기에 내놓는다.

 내가 독일공산당KPD의 성원이었을 때인 1930년 내 친구이자 우리 당의 창립회원인 크리스텔 부름Christel Wurm은 1926년의 내 책에 대해 이렇게 평가했다: "우리 당의 당원이 아닌 모든 사람들에게도 나쁘지 않은 책이다." 나는 이 책에 관해 사람들이 이렇게 말하기를 희망한다: "한 노인동지에게 나쁘지 않다."

위르겐 쿠친스키Jürgen Kuczynski
1120 베를린 - 바이센제 파크가 94

노지식인

1837년 하노버의 황제는 괴팅엔대학Universität Götingen에 반대하는 독단적인 행위를 행사하러 찾아갔다. 순응하지 않으려는 일곱 명의 교수가 해고되었다. 그 중 야콥 그림Jacob Grimm이 황제에게 이렇게 설명했다: "양심에 반대해 폭력을 행사할 수 있는 남자는 여기에 없다."

그러나 황세는 이렇게 반박하였다: "몇 푼의 돈(Taler)을 원히는 교수나 오입쟁이, 무희는 도처에 얼마든지 있다."

야콥 그림과 하노버의 황제 에른스트 아우구스트 두 사람 모두 옳다. 왜냐하면 적어도 과학적이라면 지식인은, 나이가 들면 그들의 특징적인 수준에서 매우 다양하게 구성되기 때문이다. 지식인의 역사는 진정 영웅의 역사가 아니다. 지식인 중 매우 뛰어난 사람만이 인류역사의 주인공이 되고, 소수의 노지식인이 훌륭한 모습을 갖게 된다. 과거의 경험에서 보든 형편이 좋은 노령현상에서 보든, 지식인에 관해서, 무엇보다 노지식인에 관해서 관찰할 수 있는 경향과 그들의 영향수준에 관해 아래에서 얘기하려고 한다.

위대한 사상가들은 나이와 나이의 특징에 관해 아주 오래 전부터 관심을 갖고 몰두해왔다. 2,000년 전에 이미 키케로Cicero는 나이에 관해 글을 썼다. 126년 전에 야콥 그림은 이 주제에 관해 우리 아카데미에서 얘기했다. 나는 이 주제를 좀 더 좁혀서 노지식인에 관해 말하고자 한다.

수천 년 전부터, 과학적 지식인이 등장한 이래, 우리가 본업활동으로 쓰고 그리는 예술가들에 관해 듣게 된 이래, 이러한 사람들은 분명히 특별한 은총을 부여받았을 것이다: 이들은 종종 거의 중단 없이 비교적 높은 나이에도 활동에 참여할 수 있었다. 다시 말해 이들은 타고난 활동을 그만두지 않았다는 것이다.

특별한 은총을 부여받았을 것이다… 부여받았을 것이다! 왜냐하면 현실적으로 이들 지식인층의 고작 수 천 년 동안의 특별한 지위는 수 백 만 년의 공산주의를 뒤따른 것이기 때문이다. 다시 말해 모든 사람은 1, 2년 동안 생활의 토대로서 사회에 필요한 재화를 생산하는 데 요구되는 서비스를 한 뒤에, 자유시간의 생활, 즉 쓰고 그리는 예술가로서는 물론 학자로서의 그들의 능력을 계발하고 행사하기 위한 풍부한 시간이 그들에게 보장되는 자유로운 활동으로 들어가게 된다. 맑스 역시『정치경제학비판 요강 *Grundrissen der Kritik der Politischen Ökonomie*』에서 그렇게 보았듯이, 우리 역시 먼 미래에 그렇게 될 것이고 보게 될 것이다: 바로 모든 사람이 최소한 시간 동안만 지식인에 속하게 되는 사회 말이다. 왜냐하면 모든 사람은 그러는 사이에 예술가로서, 원예가로서, 혹은 여타 실질적인 활동을 하는 사람으로서 취미와 즐거움으로부터 일련의 시간을 보내게 될 것이기 때문이다.

오늘날 과학적 예술적 지식인의 생활은 노령의 활동과 관련해서 보면, 후에 전체 인류가 다시 한 번 처하게 될 관계의 선취에 불과하다. 이것은 그러한 행운이 모든 사람에게 부여되는 아마 영원한 시간, 즉 수백 만 년, 수십 억 년에 비하면 수천 년의 아주 짧은 시간대에 해당하는 예외적인 생활일 것이다.

우리가 오늘날 우리의 사회주의 관계를 관찰하면, 여전히 노동자는 늘상 일하고 있고, 연금 받을 나이가 되면 아마 육체적으로 쇠진하여 평생을 보냈던 특별한 노동과정으로부터 배제될 것이다. 익숙하지 않은 새로운 생활이 그들에게 시작된다. 그들이 사회생활로부터 배제되어서는 안 된다. 그렇다, 사람들은 너무나 많이 사회적으로 책임을 지고 싶어한다. 어떤 경우에도 그들은 자주 아름다운 감정을 가지고 사회적으로 계속 일을 할 수 있다. 그렇지만 그들이 노령에 하는 것은 새로운 생활이고, 또 그들 모두가 자신의 행복을 공동의 행복으로 활용하는 것으로 이해하지도 못하고 길을 찾지도 못한다; 그렇다고 그들을 쉽게 비난해서는 안 된다.

다만 다음에 얘기해야 하는 다른 누구와 같은 지식인이 있다. "명성을 얻은 예술가"가 종종 우리에게 지나친 평가를 받는다는 사실에서 생각해보면, 그는 자신의 과거로부터 전혀 단절 없이 이상적인 생활의 예외를 갖고 살고 있다.

하나의 예외는 대학에서의 교수활동에 해당되는데, 그들은 구시대와 같이 자유로운 주제선택을 할 수 없는 상황에서 대학에서의 직업을 구한 사람들이다. 이것은 일반적으로 대학의 교수활동이 크게 사회적 의미를 갖지 못했듯이, 19세기와 그 후에도 여전히 독일 지식인의 생활에 대한 퇴보였다. 과거에는 말하고 표현하는 예술에서 재능을 가진 위대한 선생들이 학생들과 동료들, 그리고 사회의 상류층인 위대한 예술가나 고위 공무원, 장관과 귀족층은 물론 청중들에게도 설명하던 시대였다. 위대한 선생들이 공개 강의를 하면, 참석자들은 긴장해서 경청하였다. 나는 70년이 지난 빌라모비츠Wilamowitz의 강의를 잊지 못한다. 그는 그리스 신들에 관해 고등학교 상급생인 나에게 강의했는데, 마치 그리스 신들이 직접 강의실로 들어와 우리에게 말하고 설명하는 듯한 감명을 받았다. 특별히 우리들이 과학에 몰두하는 학생동아리의 우리 젊은이들에게 말하는 것이든, 문화집단이나 우라니아Urania(단체 이름)에서 일반적인 것에 관해 말하는 것이든, 독일공산당의 우리 선전가들에게 말하는 것이든, 관계없이 우리나라에서는 많은 기회가 있었다. 그러나 많은 전직 대학선생들에게는 대학에서의 강의를 위한 어떤 대용품도 없었다.

그에 비해 몇몇 소수의 교수가 퇴직으로 그의 (조직된) 강의활동을 잃은 것에 대해 슬퍼한다면, 우리는 그와 함께 슬퍼할 이유가 없다. 연구소나 대학 그리고 아카데미에서 학문적 연구활동은 젊은 세대에게 남겨질 수밖에 없다. 동시에 우리 학문적 연구소의 커져가는 관료화로 인해 진정한 지식인은 점점 더 지도적인 위치를 맡지 않으려는 경향이 있다. 왜냐하면 이것은 그들에게 점점 더 많은 시간을 학문작업으로부터 빼앗기 때문이다. 또한 내가 생각하기에 헬름홀츠Helmholtz, 몸젠Mommsen, 하르낙Harnack과 같은 알려진 예외를 제외하고는 우리 대학의 역사에서, 노령에도 조직된 지도자로서 특별한 성과를 냈던 어떤 지식인도 알지 못한다. (이것은 정치가에게는 해당되지 않는 것 같다 — 단지 20세기만 생각해 보더라도 아데나워Adenauer, 처칠Churchill, 클레망소 Clemenceau, 울브리히트Ulbricht와 여타 많은 다른 사람들을 생각할 수 있다.)

여기서 유명한 신학자이자 빌헬름 - 황제 - 협회Kaiser - Wilhelm - Gesellschaft의 수장을 지냈던 하르낙에 대해서만 생각해보자. 1928년 긴축정책으로 과학을 위한 국가적 수단이 축소되어야 했을 때, 그는 한 기념사에서 이렇게 설명했다: "이론 분야든 실제 분야든 과학에 대한 지출을 줄인다면 기초가 침해될 것이다; 왜냐하면 여기서의 모든 축소는 우리 과학적 상태에 그대로 되돌아올 것이기 때문이다!" 77세의 신학자이자 과학의 조직가였던 그는, 맑스가 생산력으로서 과학을 정식화했던, 오래된 진리를 가지고 국가 관료들에게 꾸짖었다는 사실을 의식하지는 못했다. 79세가 막 지난 1930년 5월 21일 하르낙은 제국의회의 수위원회에서 마지막으로 정치적 공개성에 관한 말했고, 빌헬름 - 황제 - 협회를 위해 그가 제안한 수단의 승인을 관철시켰다.

그로부터 몇 주 후, 이미 병원에서, 그가 죽은 날인 6월 10일 오전에, 그는 아들과 함께 인간 인식의 단계에 관해 얘기했고, — 학문의 조직가로서! — 그에게 배당될 것으로 예정된 수업준비에 관해 얘기를 나누었다.

그러나 하르낙은 아주 소수의 예외에 속한다. 우리는 더욱이 이렇게 확신할 수 있다: 거의 모든 지식인은 퇴직과 함께 지도의 책임과 이른바 행정사무의 잡동사니가 비게 된 것에 대해 불행하다고 느낀다는 것이다. 그들은 자신의 고유한 직업에 헌신했던 연구를 넘어 일상책임을 통해 구애받지 않을 수 있다.

당연히 그들은 언제나 학문적으로 기초된 — 또한 행정적이거나 지시되고 조직화된 기능에 대립하여 — 기능을 유지하게 된다. 그들은 학생을 갖게 되고, 자문위원회에서 활동하게 된다. 그렇다. 그들은 또한 여전히 지도의 기능 속에 서 있는 지식인들과 함께 집단작업에 참여할 수 있다. 아카데미에서 그들은 퇴직 이전과 같이 자신의 분과나 전체회의에서 강연을 할 수 있다. 도서관이나 문서기록관에서, 자신의 개인적 경험이 증명하듯이, 그들은 특별히 친절한 대접과 주목을 받게 된다. 고대 중국의 역사에서와 같이, 정신적 지식인은 거기서 존경을 받는다.

작업방식과 사회적 태도

우리는 이제 지식인의 작업방식과 사회적 태도가 변하는지에 관해 살펴보자.

1. 당파성, 비당파성(객관성), 진리를 향한 추구

공정하게, 비당파적으로 진리를 추구하는 것이 언제나 지식인의 과제이다. 추구할 자신의 주제를 결정해야 하는 모든 당파성을, 자신의 연구결과의 적용에 관해 숙고할 때 그에게 충족되어야 하는 모든 당파성을, 그러나 그는 선입견 없이 공정하게 사실을 추구하고 운동과정을 검토할 때에는 모두 버려야 한다. 그래서 맑스주의-레닌주의의 고전가들 역시 그것을 요구했던 것이다 — 예를 들어 맑스가 위대한 리카도의 비당파성을 언급할 때와 또 레닌이 주제를 증명하기 위해 개별 사실을 뒤섞지 말도록 경고할 때와 같이.

동시에 우리는 또한 다음과 같이 봐야 한다: 절대적 비당파성을 위해 당파성을 버리는 것은 진리추구에서 어떤 방식으로든 가장 높은 형태의 당파성이라는 것이다. 엥겔스 역시 『루트비히 포이어바하와 독일고전철학의 종말』에서 이렇게 말했다: "냉정하게 선입견 없이 공정하게 과학이 추구될수록, 그 만큼 더욱 과학은 노동자의 이해와 노력에 일치하게 된다."[1] 얼마나 위대한 부정의 부정인가! 우리 고전가들의 이러한 교훈이 얼마나 근본적으로 중요하고, 모든 사실을 종합하여 절대적 비당파적으로 공정하게 사실들에 접근하지 않으면 얼마나 위험한지에 관해, 내 자신의 경험에서 한 가지 사례를 제시하려고 한다;

1931년에 나는 처음으로 맑스주의 학자들 중에서 1932년에 대공황의 종식이 가능하다고 예측했다. 이것은 독일에도 해당되고 당연히 1933년 이후 처음에는 천천히 이후에는 급속한 경제

---

[1] 프리드리히 엥겔스, 『루트비히 포이어바하와 독일고전철학의 종말 *Ludwig Feuerbach und der Ausgang der klassischen deutschen Philosophie*』, *Marx-Engels-Werke*(맑스-엥겔스-전집MEW) 제21권, 베를린 1956년 이후 간행, 307쪽.

활동의 증가를 평가할 때 큰 의미를 갖는 진단이었다. 우리는 나중에 정당하게 다음과 같이 지적하게 되었다: 히틀러체제를 통한 "위기의 극복"은 파시즘의 선전에 기반한 거짓이었고, 위기의 침체는 사실상 1932년 중반에 거의 끝났던 것이다.

1933년에 나는 독일공산당KPD의 비합법 제국지도부의 정보분과에서 일하고 있었다. 파시즘에 대한 완전한 증오와 이러한 증오에 상응한 당파성으로 나는 그러나 사실의 공정한 수집과 분석의 필요성에 관한 우리 고전가의 교훈에 반하는 경제발전의 평가에 빠지고 말았다. 1933년에 나는 오히려 나의 분석에서 무엇보다 경제발전에 불리한 사실만을 골라냈고, 그래서 실제 발전에 관해서는 나 자신과 당을 실망에 빠뜨렸다.

이것은 분석에서는 단순한 실수가 결코 아니었지만, "정치적으로는" 아마 이해할 만한 것이었다. 그렇지만 이것은 과학적 태도에서 근본적인 오류였고 위험한 것이었다. 이것에 대해 나는 그 당시보다 세 배나 많은 나이가 된 오늘날 자기비판적으로 판단하며, 또한 여기서 경고의 의미로 밝히는 것이다. 왜냐하면 이러한 태도는 오늘날에도 여전히 전 세계의 과학자들 사이에 드물지 않게 퍼져 있기 때문이다.

기업이든 종교공동체든 혹은 국가든 혹은 기타 어디서든 많은 지도자들은 진리를 잘 받아들이지 않는다. 그래서 소크라테스가 독배를 마셔야 했고, 지오르다노 브루노Giordano Bruno는 화형을 당해야 했으며, 우리 아카데미를 세운 라이프니츠의 무덤에는 그의 하인만 서 있어야 했다. 그리고 이것은 지금까지도 전 세계 도처에서 그렇게 이루어지고 있다.

지도자와 같은 학자의 진리에 대한 태도는 그 사회도덕의 기준이다. 학자로서 천재적이었을 뿐만 아니라 우리 시대의 위대한 정치지도자였던 레닌은 진리에 대한 태도에서 우리 모두의 모범일 수밖에 없다.

그러나 진리에 대한 우리의 태도를 검증하는 것은 바로, 세계를 두루 경험했던 괴테가 자신의 한 비극(Elpenor)에서 다음과 같이 얘기했을 때 얼마나 옳았는지를 확인할 수밖에 없게 만든다: "영주와 함께 늙는 사람은 누구나 많은 것을 배우고, 침묵해야 할 많은 것을 배운다." 그리고 영주가 그렇게 할 필요가 전혀 없었다면, 영주 밑에서 오랫동안 사는 인생도 침묵하는 것을 전혀 배울 필요가 없었을 것이다. 그래서 많은 사람들은 일찍부터 학생으로든 수습생으로든 학교에서 그것을 배웠다. 그 누구보다도 지식인은 진리, 특히 새로 발견된 진리에 대해 침묵한다면, 새로운 진리를 알거나 발견한 것을 보급하는 것이 자신의 원래 과제인 지식인에게는 용서받을 수 없는 태도가 될 것이다. 지식인들 중에서도 다시, 우리가 비겁함이나 침묵의 필요, 잘못된 공명심에서 진리를 숨긴 것에 대해 용서할 수 없는 노지식인들이 있을 것이다.

그렇지만 야콥 그림이 자신의 영웅적인 『나이에 관한 연설』에서 우리를 경고한 것은 얼마나 위대한 것인가: "우리가 무덤 가까이로 가게 될수록, 그 만큼 더 인식된 진리는 우리가 가져야 하는 두려움과 과거에 가졌던 심사숙고로부터 멀어진다. 거기서 냉정하게 고백하는 것이 문제가 되기 때문이다. 부인하는 것에는 위험하고 커다란 오류가 지속되고 널리 퍼져 있기 때문이다."

괴테가 자신의 『최대치와 반성 Maximen und Reflexionen』에서 "천재에게 요구되는 첫 번째와 마지막의 것은 진리에 대한 사랑이다"라고 말했다면, 우리는 이렇게 물어야 할 것이다: 단지 천재에게만? 우리는 중간 혹은 낮은 수준의 지식인에게도 역시 첫 번째와 마지막의 것으로서 진리에 대한 사랑을 요구해야 한다… 첫 번째와 마지막의 것으로서, 특히 마지막의 것으로서!

성실한 성격을 가진 많은 과학 분야의 간부들이 자신의 오랜 경험에 바탕을 둔 사려 깊은 판단력을 빼앗기고 진리와의 관계에서 태만하게 된다면, 용서할 수는 없지만 이해할 수는 있다. 하지만 노지식인에게는 그런 일이 결코 이해될 수 없다. 동시에 우리는 우리 친구들 중에서, 나이 때문에 자리에서 물러나와 자유롭게 공개적으로 말하기 시작하는 정치지도자들을 드물지 않게 경험한다.

우리가 구체적인 과학 분야의 진리를 생각해보면, 아마 이렇게 말할 수 있을 것이다; 자연과학자들이 오늘날 일반적으로 진리를 인식하고 진리를 보급하는 데서 이미 기술자들보다 훨씬 더, 그리고 대부분의 사회과학자들보다 더 사회적인 장애를 받지 않는다는 것이다. 여기에는 또한 자연과학의 수준이 오늘날 사회과학보다 일반적으로 훨씬 높다는 사실에도 기인한다. 예를 들어 1920년대 사회과학이 놀라울 정도로 꽃이 피었던 소련에서와 같은 예외는, 레닌과 그의 일부 위대한 제자들의 사회과학적 태도에서 생각할 수 있다. 그러나 우리는 지금 노 사회과학자들 중에서 예외로서 거론할 권리를 가지고 있지 못하다. 그래서 우리가 현재 예외로서 생각하는 많은 노 사회과학자들은 ― 예를 들어 100년 이상 된 과거에 태어났던 루카치Lukacs와 바르가Varga를 들 수 있는데 우리는 이들을 아주 정당하게 칭송할 수 있다 — 나이가 들어 예외였던 것이 아니라, 그들의 전체 과학적 인생에서 진리에 대해 진정으로 냉정한 전도사였던 것이다. 과학적 발견에서 주어진 진리에 대한 추구에서의 상승과 하강이 아니라, 이른바 사회적 가치평가에서의 상승과 하강이 문제가 된다 — 진리를 인정하기 위한 간부의 의지 혹은 불만에 따라, 그리고 정치적 상황에 따라.

어쨌든 생각을 좀 더 따라가 보자. 아주 흥미로운 책『성공을 위한 길』이라는 책에서 길데Gilde는 이렇게 문제를 제기했다: 과학자는 진리를 위해 순교자가 되어야 하는가? 그리고 그는 아니라고 했다. 내 생각에도 절대적으로 맞다.

길데는 그가 옹호하는 "갈릴레이Galilei의 번복"에서 출발한다. 갈릴레이가 번복한 것은 코페르니쿠스 우주관의 인성과 자신의 관찰에 근거해서 이끌어낸 결론이었다. 길데는 이렇게 썼다:

"과학자든 문필가든 거의 모든 저자들은 번복으로 인한 갈릴레이를 용서하려고 한다. 그들은 극단적인 강제를 지적하고, 갈릴레이의 나이와 종교적 심성을 지적한다.

내 생각에 갈릴레이는 용서를 구할 필요가 없다. 그는 망원경으로 지구를 도는 목성의 위성을 관찰했다. 그는 또한 천체가 서로 돌고 있다는 사실을 명확히 알았다. 한 과학자가 사실을 측정했다면 그는 바로 그 결과를 공표해야 한다. 갈릴레이는 그렇게 했다(그리고 이것이 교회의 비난을 산 것이다).

그렇지만 한 과학자가 과학적 인식을 위해 머리와 목을 위험에 처하게 만드는 것은 유익하지 않다."2)… "목숨을 내걸고 싸워야 하는 많은 것이 있을 수 있다. 그러나 측정할 수 있고 언제 다시 반복할 수 있는 관찰 때문에 과학자가 순교자가 될 필요는 전혀 없다."3)

　나는 갈릴레이의 경우 길데가 옳다고 생각한다. 동시에 위대한 물리학자도 일상에서는 코페르니쿠스의 체계에 관해 고민하지 않는다. 갈릴레이를 박해했던 교황과 꼭 마찬가지로 아인슈타인 역시 언제나 아침 일찍 "해돋이"에 대해, 저녁에는 "해넘이"의 찬란한 색깔에 대해 즐거워했다.

　다시 말해 갈릴레이는 자신의 연구결과를 일단 공표한(!) 후에, 그 결과가 빨리 혹은 늦게 인정받을 것이라는 사실을 확신할 수 있었다. 그리고 그가 보기에 그런 결과가 바로 혹은 50년 후에 아니면 일상적으로 일어날 것인지는 중요한 것이 아니었다. 그것을 위해 순교자가 되는 것은 유익한 것이 아니었다.

　그러나 길데와 그의 용접기술발전연구소가 발견한 새로운 진리라면 어떤가? 그 진리는 코페르니쿠스와 갈릴레이가 발견했던 진리에 비하면 큰 의미는 없을 테지만, 그러나 갈릴레이 시대의 그의 진리의 발견보다 우리 공화국과 일반 사람들에게 훨씬 더 큰 직접적인 유용함을 가진다. 이러한 진리를 위해 싸우고 어떤 상황에서든 순교자가 되는 것이 ― 예를 들어 연구소장으로서의

---

2) Gilde, Werner, 『성공과 경험, 사고, 충고로의 길*Wege zum Erfolg, Erfahrungen, Gedanken, Ratschläge*』, Halle/Leipzig, 1987, 67쪽.

3) 위의 책, 68쪽.

자리를 잃고 작은 분과장으로서 혹은 더 작은 기능인으로서 계속 일을 하는 것이 — 도움이 되는가? 여기서는 어떤 상황에서도 싸우고 또 순교자가 되는 것이 타당하다고 생각한다.

여기서 전체적으로 문제가 되고 있는 복잡함은 바로 이것이다; 즉 새로운 진리를 발견한 사람의 태도는 발견의 크기가 아니라, 그 발견을 통해 직접 인류에게 미치는 유용성에 의해 결정되어야 한다는 것이다.

또 갈릴레이의 경우, 특히 브레히트Brecht의 경우와 같이 발견자가 조용히 자신의 새로운 이념에 관해 계속 작업한다면 길데가 아마 옳을 것이라고 내가 시인하는 것이 얼마나 끔찍하고 마지못한 것인지, 나는 아주 개인적으로 말하고자 한다. 방금 말한 상황에서는 과학자의 책임을 철회하는 것이 괜찮다고 본다. 왜냐하면 그는 가능한 한 많이 새로운 진리를 발견하는 것을 걱정해야지, 동시대의 동료들 앞에서 영웅으로 나설 필요는 없기 때문이다. 당연히 그는 또한, 갈릴레이와 브레히트와 같이, 번복 혹은 철회 후에 그가 발견한 새로운 진리의 공표를 위해 고민해야 할 것이다. 소크라테스를 위한 나의 존경은 이러한 생각과 관련해서 그대로이지만, 그러나 고작 44세의 나이로 죽은 진리투쟁가 지오르다노 브루노Giordano Bruno에 대해 내가 이제까지 주저 없이 가졌던 생각에 대해서는 완전히 동의하지 않는다. 코페르니쿠스 체계와 그에 대한 계속적 발전에 대한 그의 인식을 위해 목숨을 내놓은 브루노의 죽음은 지금 나를 더욱 감동시키지만, 그렇다고 그것이 과연 필요했는가? 브루노는 한 대화에서 "역사적 열정"에 관해 썼다 — 그렇지만 이것은 그의 열정의 과장이고, 사형의 판결로 이끌었고 장작더미 위에서 화형을 당하게 이끈 인류에 대한 손해이다. 슬픈 일이지만, 길데가 나를 이끌어준 올바른 인식이다. 우리는 그 진리가 직접 인류를 위해 의미를 가질 때만 새롭게 공표할 진리의 발견을 위해 싸워야 한다 ― 소크라테스가 그렇게 했듯이, 그리고 우리 시대의 수많은 사회운동가들이 그렇게 했듯이. 하지만 별의 운동을 발견한 것을 가지고, 인정을 받는데 시간이 걸리는 또 다른 진리를 발견하는 데 발견자를 방해한다면, 그렇게 해서는 안 된다. 별의 운동에 비하면, 사회의 운동이 인류를 위해 훨씬 더 직접적인 의미를 가진다.

또한 이를 위해 나는 하나의 예외를 더 들고자 한다: 노 과학자의 사례이다.

갈릴레이가 코페르니쿠스 이론을 처음으로 번복한 것은 52세 때의 일이였지만, 그는 다음 해에 더 위대한 과학적 작업에서의 성과를 이루었다. 그리고 또한 그가 69세가 되었을 때 다시 한번 두 번째로 엄숙하게 맹세해야 했으며, 비로소 72세의 나이가 되었을 때 역학의 기초에 관한 위대한 작품을 완성할 수 있게 되었다. 그가 두 번째 번복을 하고 나서 설명한 것에 대해 전설은 이렇게 전한다: "그래도 지구는 돌고 있다" 지구가 태양의 둘레를 돌고 있다고 말이다. 역사가들은 전설이 이렇게 말했다고 전한다: "그것이 그렇지 않다면, 어떤 것도 진리가 아니다."

그러나 누가 노년의 나이에 자신의 위대한 작품을 쓰겠는가?! 노지식인은 어떤 경우에도 진리를 위한 순교자가, 진리를 위한 투쟁에서 모범이 되어야 한다. 우리는 그러한 방식이 또한 필요하다면 모범으로서 죽음에 이르기까지 영향을 줄 것을 노지식인에게서 바랄 수 있다. 그의 작업이 직접적 효용이 있느냐 없느냐에 관계없이 진리를 위한 투쟁에서 순교자로서 생을 마감하는 것은 모든 노지식인의 특권이다 ― 그런 방식으로 진리의 전체 의미를 보여주는 사람에게는 위대한 사회적이고 개인적인 특권이 주어질 것이다.

2. 위험각오

그렇지만 과학자에게는 진리에 대한 지도자의 태도에 따라서만 상승과 하강이 있는 게 아니다. 왜냐하면 그들 모두는, 그들 중에 위대한 과학자가 있을지 몰라도, 오류에 빠질 수 있기 때문이다. 즉 건강한 사회분위기에서는 무엇보다 젊은이든 나이든 사람이든 공통적인 특징을 하나 갖고 있다: 즉 위험각오이다. 젊은이는 솔직하고 냉정하게 앞으로 돌진하는 반면, 노인은 종종 진리의 인식에 대한 개인적이고 사회적인 결과에 대한 고려 없이 매우 의식적으로 결정한다. 양자는, 이것이 바로 위험각오의 본질에 속하는데, 오류에 빠지는 것을 각오한다. 그러나 똑똑한 ― 멍청한 것에 반대되는 ― 오류에 빠지는 것을 오점으로 간주하는 사회는 위험을 각오한 과학에 적대적으로 생각한다. 노지식인의 책임이 ― 그의 살 날이 얼마 안 남았기 때문에 ― 모범적으로 그의 위험각오를 더욱 크게 작용하도록 하기 위해, 우리는 그것을 해가 없이 표현하고, 그리고 그는 동시대 동료들이 생각하는 것과 독립적으로 자신의 책이 역사 앞에 존속하게 될 것을 알기 때문에 사회적 불만을 제기한다.

과학자가 더 많은 경험을 하게 될수록, 그 만큼 더 다른 과학자의 현명한 오류와 똑똑한 실수에 대해 이해하고, 또 그 만큼 더 그는 올바른 길과 올바른 해결책을 발견할 수 있게 되는 순수한 행운이 드물지 않다는 사실을 이해하게 된다. 자주 우리는 노 과학자의 그러한 이해와 만나게 된다. 그러면 우리는 노 과학자의 관대함에 관해 때로는 잘못된 방식으로 말한다. 그러나 우리는 나중에 장년의 나이가 되면 과학자를 숭상할 수밖에 없게 된다. 세네카Seneca는 노년의 아우구스투스Augustus의 관대함에 대해 정당하게 반박했다: "온건하고 관대하지만, 그러나 그는 악티움Aktium에서 바다가 로마의 피로 물들고 나서, 시칠리아에서 그와 적의 함대가 가라앉고 나서, 페르시아의 희생 장면과 유죄선고가 있고 나서는 확실히 그랬다. 어쨌든 나는 관대함으로서 표현할 수 없게, 피곤해서 화풀이할 만큼 잔혹할 수 있었다." 노지식인의 많은 장점은, 동시에 젊은 지식인이 기본적으로 너무 늦게 이해하게 되는 약점이다. 어쨌든 우리는 괴테가 『최대치와 반성』에서 언급한 것에 대해 동의할 수 있다: "사람들은 관대해지기 위해서만 늙어야 한다; 나는 내가 범하지 않았던 어떤 잘못도 범하지 않게 될 것이다." 과학의 진보를 위해 종종 요구되는 똑똑한 오류에 대한 관대함을 지식인이 젊을 때 이미 갖고 있어야, 나이가 들어서 비로소 그 정점에 도달할 수 있게 된다.

그러나 다음을 생각해보자: 가능한 한 많은 똑똑한 오류를 범하는 것이 당연히 과학자의 위험각오의 목적은 아니다. 왜냐하면 똑똑한 정확함이 같은 정도의 똑똑한 오류보다 우리에게 훨씬 유용하기 때문이다. 더욱이 이런 격언도 있다: 잘못은 인간적이다 — 그러나 다음과 같이 믿는 것은 근본적으로 오류다: 우리가 더 많이 잘못을 할수록 그 만큼 더 우리는 인간적이다.

빌헬름 폰 훔볼트Wilhelm von Humboldt가 과학자는 개별적으로 그리고 집단적으로(세미나, 심포지움에서) 작업해야 한다고 요구했다면, 집단적인 토론은 이미 과학자들이 개별적으로 범한 무수한 똑똑한 오류를, 때로는 오류의 똑똑함에 대해 느끼는 집단 구성원들의 정신적 즐거움을, 없애기 위한 것이다.

언제나 지식인들은, 또한 때로는 정치인들 역시 오류의 적극적인 의미와 특히 오류를 둘러싼 토론의 중요성을 인정한다. 바로 오류로부터, 오류를 둘러싼 기본적인 토론으로부터 우리는 많은 것을 배운다. "오류 또한 배울 만하다"라고 고리끼Gorki는 말했다. "오류가 있는 곳에 또한 경험도 있다"고 체코프Tschechow가 말했다. "어제의 오류를 분석함으로써 우리는 오늘과 내일의 오류를 피할 수 있다"라고 레닌도 말했다. 과학자집단을 위한 세 가지 금언! 그리고 또 과학자집단에서 놓치는 수많은 오류는 실천에서 밝혀질 것이다. 어쨌든 우리는 전체의 진리가 아니라, 언제나 상대적인 진리만을 파악할 뿐이다.

절대적인 진리로 가는 무한히 오랜 길은 그러나 첫 발걸음부터 위험각오를 가지고 있는 사람을 통해 놀라운 창조적 업적이 준비되는 것이다.

우리는 노지식인의 관대함을 종종 피곤한 약점으로 보기도 한다. 그러나 과학자들이 일상에서 정신적으로 피곤하고 약해지는가? 허튼 소리! 다양한 분야의 학문생활을 해온 사람은 대부분

노년의 나이까지도 자신의 정신적 신선함을 유지할 것이다. 60대 말에 빌헬름 폰 훔볼트는 샬로테 디드Charlotte Diede에게 이렇게 썼다: "나는 이 나이가 되어서도 언제나 정력적이고 이전 생애시기보다 훨씬 더 정력적이라고 생각한다. 그래서 나는 내 기대를 능가한다고 생각한다." 그리고 훔볼트는 이 편지 이후에 언어학의 문제에 관해 얼마나 많은 작업을 이루었는가!

과학자들의 노년에서는 아마 종종 본의 아니게 육체적으로 약해질 수 있다. 그러나 그가 다른 모든 과학자들과 같이, 바로 스포츠인과 같이 다양한 학문분야를 이끈다면, 나이가 먹어서도 육체적 약점은 일반적으로 크지 않을 것이다. 그리고 우리는 정신노동에서 이것을 종종 잊는다. 그래서 멋진 키케로는 노령에 관한 논문에서 이렇게 보고했다: "적어도 나에게 이 글을 마무리하는 것은 너무나 즐겁기 때문에, 이 글은 나에게 모든 노년의 어려움 뿐만 아니라 또한 노년의 나이를 쾌적하고 아주 즐겁게 만들어준다."

3. 노년의 작업근면성에 관하여

이미 고대에도 사람들은, 확실히 그리고 실제로 손에 연필을 쥐고 죽은 고령의 노인에 관해 즐겨 설명했다. 아주 즐겁게 키케로는 다음과 같이 적었다: "81세에 글을 쓰다가 죽은 플라톤과 같은 조용히 그리고 평안하게 충만한 삶을 보낸 부드럽고 즐거운 노년의 사람들이 있다.

또한 이소크라테스Isokrates는 *Panathenaicus*라는 제목의 책을 94세에 쓰고 나서 5년을 더 살았다고 하며, 그의 선생 고르기아스 폰 레온티니Gorgias von Leontini는 자신의 연구와 작업을 쉬지 않고 107년을 온전히 살았다고 전한다." 당연히 키케로는 또한 고대에 즐겨 반복되는 소포클레스Sophokles의 얘기를 설명한다: "소포클레스는 아주 늦은 노년의 나이에까지 비극을 지었다. 그러나 그는 집안일에 관해 너무나 무시한 나머지 그의 아들에 의해 법정에 불려갔다: 재판관은 그에게 처분권을 인용할 수밖에 없었고, 우리의 관습에 따라 경제적으로 무능력한 가장은 보호감독 아래 처해질 수밖에 없었다. 노령의 소포클레스는 방금 전에 써서 손에 쥐고 있던 연극 한 편 "콜로누스의 외디푸스Ödipus von Colonus"를 재판관에게 읽어주고 한 남자의 연극 한 편이 어떠냐고 물었기 때문에, 그의 정신은 더 이상 온전한 것으로 보일 리 없었다. 그래서 그는 바로 재판관의 주문을 통해 석방되었다."

많은 지식인은 고령에도 계속 자신이 할 수 있는, 그렇지만 완성할 지는 모르는, 작업을 시작한다. 이미 언급했듯이 야콥 그림은 이렇게 보고했다: "한 언어학자가, 이미 빗방울이 굵게 떨어지고 더 이상 쉽게 무엇을 할 수 없는 얼마 남지 않은 여생에 거의 마지막 목표로서, 여전히 부족한 사전을 최후의 작업으로 감히 만들려고 한다. 인간적 부족이라는 겸허한 감정에서 나오는 이러한 언급은 오해되어서는 안 될 것이다."

노지식인의 정신은 쉬지 않고 활동할 것이다 ― 그리고 그는 더 이상 창작 작업을 할 수 없다고 느낀다면 다른 일을 추구할 것이다. 영국의 위대한 철학자 홉스Hobbes는 84세가 되었을 때, 그가 전에 써두었던 전기를 라틴어 운문으로 바꾸었고, 86세에는 일리아드와 오디세이의 번역을 출간했다. 10년 전에도 그는 새로운 작업영역을 심화시켰는데, 법과 특히 영국의 지방 법률의 철학이라는 주제로 글을 썼다.

노이만Neumann이 1904년 『역사잡지』에 쓴 몸젠에 대한 추도사에서 이 위대한 지식인의 고령에 관해 보고한 것도 또한 매우 아름다운 일이다: "몸젠이 자신의 손으로 거둔 마지막 최고의 결실은 1898년의 로마형법이었다. 그는 그 당시 81세였다. 칼 폰 하제Karl von Hase가 고백했듯이, 그는 고령의 나이에도 새로운 생산적인 창조로서 편집자의 활동을 손수 맡았다고 한다; 그래서 하제는 생애의 마지막 해에 자신의 아카데미 강의에 기초해 그의 교회사의 상세한 형태를 만들 수 있었다. 동일한 종류의 기초 위에서 랑케도, 그가 80을 훨씬 지나 거의 90이 다 되었을 때, 세계사의 개요를 작업했고, 우주론에 관한 논문에서 알렉산더 폰 훔볼트A. v. Humboldt의 원래의 연구가 아니라 장기간 획득된 연구결과의 마지막 정리를 다루었다. 또한 이러한 모든 작업은 더 이상 생전의 노력 속에서 지속된 연구가 아니라는 공통점이 있다. 몸젠의 형법연구는 아주 달랐다. 이것은 몸젠 연구의 시작으로까지 되돌아갈 수 있는 것이기는 하지만, 그렇지만 전반적으로 아직 완성되지 않은 새로운 작업은 아니었다. 그리고 형법연구는 일반문제에 관해 강조된 판단을 충족시킴으로써 활기를 띠게 된 소재를 충분히 정식화했으며, 종합적으로 드러내고 형법에 거의 관심이 없는 사람들에게도 접근할 수 있게 만든 날개

달린 말들로 가득 찼다."

유명한 경제사학자이고 강단사회주의자였던 브렌타노Lujo Bretano 역시 여기서 보고할 수 있다. 1924년 80세였을 때 그는, 대영박물관의 도서관에서 영국경제사에 대한 고대 문헌과 같은 새로운 자료를 연구하기 위해, 자신의 딸과 함께 영국을 여행했다. 1917년에서 1919년에 나온 2,000쪽이 넘는 4권의 책이 이 역사를 포괄하였다. "이것으로 나는 나의 과학적인 일상의 과제를 끝냈다"라고 1930년 86세에 끝낸 자서전에서 말하고 있다.

위대한 이집트학자인 리하르트 렙시우스Richard Lepsius는 70세 때, 30년 이상 작업한 자신의 주 저작 『누비앙Nubisch(북아프리카 종족) 문법』을 끝냈다. 74세 때는 자신의 임종침대에서 『노년의 길이』에 관한 마무리 교정을 읽고 있었다. 그 역시 "연필을 손에 쥐고 죽었다."

4. 노년에는 특별한 종류의 작업을 선호하는가?

이것으로 우리는 이미 새로운 질문을 언급하였다: 노지식인은 특별한 종류의 정신적 작업을 선호하는가? 야콥 그림은 그가 다음과 같이 말했을 때 그런 의중을 나타내는 것 같다: "꾸준히 추구해온 경험을 전제하고 조용한 결말을 요구하는, 노령에 특별하게 관심이 가는 작업과 일이 있는 듯하다… 나는 내 관찰의 결말에 다가섰고, 견해의 골격에 대해 많은 것을 제시했다고 생각한다. 그래서 고령의 나이는 활력의 단순한 하강이 아니라, 오히려 고령의 특수한 법칙과 조건에 따라 발전하는 고유한 능력을 표현한다."

우리는 다시 한 번 하제와 랑케 그리고 알렉산더 폰 훔볼트의 고령의 작업에 대한 노이만의 확증으로 되돌아가 생각해보자. 노이만은 이들의 작업이 기본적으로 원래의 창작 작업은 아니라고 말했다. 이것들은 요구되는 연구와 사고의 종합의 결과라고 노이만은 생각했다. 질문: 우리는 훔볼트의 우주론과 하제의 교회사를 통해 과학적으로 풍요로워졌는가? 나는 그렇다고 본다. 노령에 창조적인 논문보다 편집에서 더 많은 것을 얻었다고 하제가 생각했다면, 나는 이것을 의심할 것이다. 그러나 나는 다음과 같이 확신한다; 편집, 정확하게는 오랜 생애 동안 연구한 과정과 진리에 대한 포괄적인 종합은 가장 의미 있는 과학적 활동이라고 말이다. 이러한 종합은 중요한 연구결과를 대부분 특별한 색깔로 채색해준다. 왜냐하면 나이가 들게 될수록 그 만큼 더 우리는 일반적인 지식과 견해에서 다양한 학문을 넘나들게 되고, 그래서 하제가 말했듯이 편집은 최소한 창조적인 미광(약한 광채)을, 종종 훨씬 더 많이 띠게 된다. 우리는 엥겔스가 『자본 *Kapital*』의 제2권과 제3권의 "편집"만을 가지고도 그 책에 대한 삽입과 설명주석에서 진정으로 창조적이었음을 알고 있다.

고령의 "원래의 창조 작업"으로 돌아가 보자. 하인츠 베르톨트Heinz Berthold가 고령의 세네카를 묘사한 것을 들어보자: "고령의 세네카가 정치가와 작가로서 충분한 삶을 영위한 다음에, 동시대인의 세계를 넘어서는 오직 문학적 효과에 관한 생각을 정리하고 구현하였다고 우리는 말할 수 있을 것이다. 자기이해와 자기방어를 요구하는 위에서 언급한 작품에 따르면, 그의 마지막 창조의 시기에 '선행에 관한' 7권의 책, '자연과학을 위한 연구'의 7권의 책, 그리고 무엇보다 20권의 아직 완성되지 않은 편지모음집 등이 나왔고, 추가적으로 우리에게 전해지지 않는 이론적 주저 외에도, 우리가 편지모음집보다 적지 않게 포괄적일 것으로 생각할 수 있는 도덕철학의 체계적 서술이 나왔다." 여기서 우리는 얼마나 세네카의 윤리와 자연관이 서로 침투하고 있는지를 보아야 할 것이다. 그리고 순수한 과학적인 것뿐만 아니라 시점의 확대와 관련되고, 또한 예술과 정치와 같은 세계관의 다른 영역에도 관련된다는 것이다. 우리는 다시 몸젠을 생각해보자. 그는 85세에 자기 생애의 마지막 해에 들어섰다. 1848년 혁명을 통해 정치적으로 영향을 받은 그는 언제나 정직한 중도좌파였고 동시에 언제나 노동자당의 정치적 반대자였다. 그래서 이 미지막 해에 그는 시회민주주의에 관헤 이렇게 썼다: "나는 결코 한 번도 사회민주주의자가 아니었고 그렇게 되려고 생각한 적이 전혀 없었다; 그렇지만 유감스럽게도 최근 사회민주주의가 정치적으로 주목해야 하는 유일한 거대 정당이라는 사실이다. 재능에 관해서는 말할 필요가 없을 것이다; 독일에 사는 사람이면 누구나 알 수 있듯이, 베벨Bebel과 같은 인물과 함께 십수 명의 엘베강 동쪽 출신의 융커들이 감탄을 자아내는 활동을 펼치고 있다. 사회민주주의 대중들의 헌신과 희생준비는 그들의 목적에 적지 않게 찬동하는 사람들에게 감명을 주고 있다. 엄청난 어려움을 감수하고 그들의 당대회를 눈앞에서 이끈 사회민주당의 규율에 대해 우리 자유주의자들은 하나의 모범으로 받아들일 수밖에 없다."

그리고 자콥 그림도 몸젠과 비슷한 것이 아닐까? 아마 그는 1837년에 6명의 그의 동료와 함께 하노버 왕의 전제체제에 저항하여 괴팅엔대학에서 파면될 수밖에 없었을 때, 왕관 앞에서 용기를 보여주었다. 그러나 그가 곧 바로 쓴 글 "나의 파면에 관하여"에는 그가 "모든 기존의 체제와 군주, 헌법을 지지"하는 것처럼 자세히 말하고 있다. 후에 1848년 프랑크푸르트 국민의회에서 선출되었을 때, 그는 전혀 부르주아 좌파에 속하지 않고 중앙파에 속했다. 하지만 다시 10년 후인 1858년 73세에 그는 이렇게 썼다: "우리 조국의 비극적인 운명이 너무나 자주 내 마음에 떠오르고 인생을 비참하게 한다. 커다란 위험과 변혁을 통해 지나가지 않으면 구할 방법이 없다고 생각한다. 가차 없는 폭력을 통해서만 구할 수 있을 뿐이다. 내가 나이를 더 먹을수록 그 만큼 더 나는 민주주의로 기운다." 예전에는 예의바르고 용기 있던 대부르주아 지식인이었던 이 위대한 지식인은, 한 영국인이 그런 종류의 유형으로 불렀듯이, 현실적인 급진주의자가 되었다.

한 사례를 더 인용해보자. 언제나 좌파 자유주의자였던 브렌타노는 전쟁 후인 1919년 75세 때, 영국의 언론인에게서 질문을 받았다. 자신의 전기에서 브렌타노는 이렇게 썼다: "*Daily Chronicle* 신문의 대표로 내게 소개한 사람으로부터 한 인터뷰가 들어왔다. 이 신문은 당시 로이드 조지Lloyd George의 영향 아래 있었다. 그는 내게 전쟁이 위대한 정치가를 배출하지 않았느냐고 물었다. 그가 바라는 대답은 분명했고, 내가 로이드 조지를 거론할 것을 기대했을 것이다. 아니, 나는 아무도 모른다고 대답했다. '그렇지만 아주 위대한 인물이 하나는 있지 않겠느냐?' 하고 다시 물었다 — '아니, 위대한 정치가도 위대한 장군도 없었다. 그렇지 않았다면 전쟁이 5년 동안이나 가지 않았을 것이고, 평화를 통해 전쟁은 끝났을 것이다.' 그러나 신사는 수그러들지 않았다; 그래서 나는 이렇게 말했다: '그렇지만 세계가 백 년 동안, 아니 그 이상 몰두할 한 정치가가 내 맘에 들었다: 바로 레닌이다.' 그리고 나서 인터뷰는 끝났다."

우리는, 우리나라에서는 고령의 부르주아 과학자들이 1945년 전쟁 이후 바로 우리 아카데미에서 그렇게 현명하게 정치적 입장을 바꾼 사례를 드물지 않게 경험했다. 우리 대통령 슈트록스Stroux, 프리드리히Friedrich와 볼머Volmer만 생각해봐도 알 수 있을 것이다.

노 과학자들의 시야가 그렇게 다양한 방향으로 확장되어 있다는 사실이 놀랍지 않은가! 아니면 그들의 젊은 시절의 급진성으로 되돌아 간 것인가? 자주 중년의 나이에 사람들은 자신의 젊을 때의 폭풍에 대해, 때로는 혼자서, 충분히 고심하는 경우가 있지만, 그러나 "진정으로 젊을 때의 철없던 오류"임에도 불구하고 이것을 다시 신중하게 받아들이는 경우도 거의 없다! 그러나 지식인 중에는, 정치인과는 반대로, 고령의 나이에도 급진주의자로 다시 돌아가거나 다시 태어나는 경우도 많다. 우리는 고령의 과학자의 한 가지 특징에 관해 더 생각해야 한다. 젊을 때 혹은 고령의 나이가 되기 전에 새로운 이론을 발전시킨 사람은 누구나 이후에 어떤 병이나 조건에도 불구하고 그것을 증명해야 하지만, 유감스럽게도 잘못된 "인간성"으로부터 너무 자주 아이를 욕조에 빠뜨려 죽이는 우를 범한다. 그래서 단지 그는 우선 정신을 깨울 수 있을 뿐이다. 나중에 나이가 들게 되면 그는 종종 빠뜨려 죽인 아이에 대한 성공적인 부활시도를 이론의 분화와 섬세한 변화를 통해 하려고 한다. 그래서 맑스와 엥겔스도, 욕조와 아이와 관련시킨다면, 유물론적 역사파악의 이론을 다루었던 것이다. 나중에 엥겔스는 자신의 고령의 나이 때 쓴 편지에서 분화와 섬세한 변화를 받아들였다. 역사적 유물론에 대하여 1890년 9월 21, 22일 요셉 블로흐Joseph Bloch에게 쓴 엥겔스의 편지는 얼마나 굉장한가: "젊은 사람들이 자주 경제적 측면을 과도하게 강조한다는 사실과 관련해서 맑스와 내가 부분적으로 책임이 있을 수밖에 없다. 우리는 적들에 반대하여 부정된 이러한 주요원칙을 강조할 수밖에 없었지만, 그러나 언제 어디서고 모든 기회에 항상 그런 것이 아니기 때문에 도처에서 상호작용에 참여하는 계기에 대해 정당하게 주의해야 할 것이다."4) 맑스와 엥겔스가 그들의 이론을 관철시키고자 한다면, 바로 이렇게 할 수밖에 없었을 것이다.

 그렇지만 엥겔스는 더 나아간다. 이것은 아주 특별히 흥미롭다: 이론을 적용하려고 한다면, 이론의 관철을 위해 이러한 올바른 태도를 가지고 이론을 현실에 알맞게 적용한다는 것이다: "그러나 하나의 역사적 순간을 서술하려고 한다면, 그래서 실제적 적용을 하려고 한다면, 사태는 변할 것이고, 또 이것은 전혀 오류

---

4) 프리드리히 엥겔스, 1890년 9월 21일 요셉 블로흐에게 보낸 편지,『전집MEW』제37권, 465쪽부터.

가 아닐 것이다."5)

그렇지만 분화되고 섬세하게 변화된 실천에도 불구하고 정당하게도 엥겔스는 많은 고령의 편지에서 또한 이론적 정식화를 분화시키고 섬세하게 변화시키는 것이 필요하다고 보았다. 언제나 다시 엥겔스는 경제적 요인이 단지 "궁극적으로만" 결정적이라고 강조하였고, 여기서 그는 "궁극적으로"를 언제나 다시 강조했다. 예를 들어 1894년 1월 25일 W. 보르기우스Borgius에게 보낸 편지에서 이렇게 썼다: "정치적, 법적, 철학적, 종교적, 문학적, 예술적 등등의 발전은 경제적인 것에 기초한다. 그러나 이것들은 모두 서로 작용하고 경제적 토대에 반작용한다. 경제적 상태가 원인이고, 오로지 능동적인 것이고, 다른 것들은 단지 수동적인 작용일 뿐이라는 것은 사실이 아니다. 오히려 이것은 궁극적으로 언제나 관철되는 경제적 필연성의 토대에 대한 상호작용이다."6)

따라서 정당하게 우리는 이론으로서 역사적 유물론이 — 그것의 실제적 적용과는 반대로 — 엥겔스의 후기 편지에서 비로소 완성된 모습으로 나타났다고 말할 수 있다.

또한 노지식인은 이론이 욕조에 아이를 빠뜨릴 수밖에 없는 상태에 처하게 될 수 있다 — 이에 대해 나의 『독일 인민의 일상사』를 참고하라.7) 2년 후에 여전히 고령인 나는 『보론 – 추가적

---

5) 위의 책.

6) 프리드리히 엥겔스, 1894년 1월 25일 보르기우스에게 보낸 편지, *MEW* 제39권, 206쪽.

인 생각』8)을 당연히 나의 주변의 동료들의 현명한 비판에 근거하여 이미 많이 분화되고 섬세하게 변화된 후속편을 출간했다. 나는 이번 경우에 아이에 대한 부활시도가 어느 정도 성공했으리라고 희망한다.

5. 노년의 창조성

우리는 다시 한 번 노년의 "고유한" 작업에 관한 신학자 하제Hase의 언급을 생각해보자: "새로운 생산적인 창조보다 더 많은 편집자의 활동." 우리는 두 가지 논평으로 이의를 제기했다: 하나는 몸젠의 사례였고(우리는 다른 연관에서 이미 소포클레스와 플라톤과 같은 또 다른 사례를 지적했다), 다른 하나는 우리 역시 창조적으로 편집할 수 있다는 것이었다.

그렇다, 나는 노년의 강점 중 하나가 바로 창조적인 편집에 있다고 생각한다. 바로 자주 구 텍스트에 현명한 주를 첨부하거나 혹은 "증보판"의 의미에서 단지 약간 변형함으로써, 창조적인 작업이 이루어지기도 한다. 따라서 자신의 구 텍스트를 모으는 노 지식인은 그것에 관해 심사숙고하고, 그것에 드물지 않게 새로운 생각을 엮어 넣는 것이다. 그는 창조적으로 작업한 것이다.

---

7) 위르겐 쿠친스키,『독일 인민의 일상사』전5권, 1980-1982.

8) 위르겐 쿠친스키,『보론 - 추가적인 생각』, 1985. 이 책은『독일 인민의 일상사』에 대한 부록으로 제6권이 되는 셈이다(역자 주).

모든 창조성의 토대는 지칠 줄 모르는 부지런함과 생생한 견해의 재능(당연히 몸에 밴)이다. 레닌의 철학적 유산을 읽어보자: "추상적 사고에 대한 생생한 견해와 실천에 대한 이러한 사고에 관하여 — 이것이 진리를 인식하고 객관적 현실을 인식하는 변증법적 길이다."9) 생생한 견해는 전승된 관점의 속박으로부터의 자유를 요구하고, 추상적 사고는 명확한 논리를 요구하며, 실천으로의 이행은 일반성의 이용을 위한 사회적 태도를 전제한다.

그러나 이 모든 것에 대해서는 직감, 외견상 갑작스런 우연, "행운의 사고", 종종 연상을 통해 얻는 그런 직감이 있어야 한다. 때로 이것은 해당 문제에 대한 집중적인 정신적 작업을 전제한다고 지적된다. 그렇지만 이것이 항상 그런 것은 아니다.

잘 알려진 얘기가 있다; 뉴턴은 사과가 떨어져 사고의 깨달음을 얻을 때까지 중력문제에 대해 오랫동안 헛되이 헤맸다. 이 얘기의 진실은 때로 논란이 많지만, 이것은 이미 언급한 의미에서 사실이다: 이것이 그렇지 않더라도, 어쨌든 이것은 사실이다.

하지만 깨달은 사고가 먼저 오고, 다음에 노력과 땀을 요구하는 그것에 대한 후속 작업이 필요할 수도 있다. 이에 대한 하나의 사례가 있다: 1926년 내가 미국으로 갔을 때, 나는 영어실력을 향상시키기 위해 미국 경제학자의 논문을 읽었다. 이 논문은 생산이 계속 실질임금보다 지속적으로 더 크게 증가했음을 통계학적으로 보여주었다. 여기서 나는 노동자의 상대적 지위, 맑스

---

9) W. I. 레닌, "『논리학』에 대한 개관. 개념의 이론", 『레닌전집』 제38권, 베를린, 1955년 이후 간행, 160쪽.

가 언젠가 한 번 언급한 적이 있는 상대임금의 개념을 갑자기 생각해냈다. 주저 없이 나는 처음으로 상대임금을 계산하기 위해 정치경제학의 역사에 뛰어들었고, 그래서 경기지수로서 상대임금의 지수를 활용하겠다는 생각에 이르렀다. 또 그래서 나는 1928년 12월에 미국노동조합의 중앙지도부에게 1929년 대공황을 예측해줄 수 있었다; 그렇게 1926년부터 나는 6년 동안 노동자상태의 문제와 경기변동연구에 몰두했다.

여기서 행운의 연상이 주요한 역할을 했다. 왜냐하면 당연히 나는 그 당시 21살로서 전혀 맑스를 몰랐고, 수준 높은 맑스주의자도 아니었기 때문이다. 또 나는 이미 언급했듯이, 어쨌든 "내 전문영역"인 생산과 실질임금의 발전에 몰두하기보다는 내 영어 실력을 향상시키기 위해 몰두한 것이었다. 그렇지만 여기서도 또한 비로소 연상과 관련해서는, 노동자상태의 이론을 연구하기 위해 지칠 줄 모르는 부지런함이 필요하였다 ― 이 경우에는 부지런한 작업이 또한 행운의 사고를 가져왔다고 볼 수도 있겠다.

우리가 노년에 관해 고찰한다면, 여기서 레닌이 지적한 진리의 인식을 위한 변증법적 길에 대한 어떤 일부 구간을 노년에 쉽게 혹은 어렵게 갈 수 있을지의 문제가 제기된다. 실천을 위한 길은 아마 어렵겠지만, 추상적 사고 즉 논리는 아마 쉽지도 어렵지도 않을 것이다. 그렇지만 생생한 견해는 더 쉬울 것이다.

이미 심사숙고를 하는 경향, 과학적 생활에서 급하게 서두르지 않는 경향은 노인에게 견해의 위대한 생생함을 가능하게 해준다. 노지식인의 관점은 자유롭고 치우치지 않는다. 당연히 취학 전 아이도 모든 것을 초월한다. 학교에 들어가면 생생한 견해가 이미 무시된다. 관점이 대부분 권위에 따르거나 그것에 의해 규정되기 때문이다. 이것은 대학까지 지속된다. 실제로 재능 있는 젊은 과학자만이 그것으로부터 다시 벗어나기 시작한다. 물론 그에게는 현재의 정치적 입장, 과학적 학파의 소속감, 이력추구의 동기나 기타 많은 사회적 요인이 견해의 강력한 부활을 방해하거나 아예 막아버리는 경우도 많겠지만 말이다.

노인이 되어서 비로소 이러한 많은 장애요인이 다시 사라지고, 견해의 생생함이 새롭게 커진다. "새 옷을 입은 황제"가 애들 앞에 서게 되고, 그리고 노인들, 특히 노지식인들 앞에서 발견된다.

우리는 아마 이와 연관해서 노년의 또 다른 현상을 기억해야 한다: 유사 창조성에 도움을 주는 노지식인의 생산적인 기억능력에 관해서 말이다. 1972년에 출간된 나의 『사회과학의 과학을 위한 연구』에서 나는 이렇게 썼다:

"경계과학, 과학의 통합, 가로지르는 과학, 집단연구 — 오늘날 이것에 관해 많은 것이 얘기되고 있다.

하지만 이미 50년 전에 이에 관해 언급한 인물이 있다. 1932년에 부르주아 사회학자 칼 만하임Karl Mannheim은 이렇게 썼다:

'우리는 이미 사회학의 새로운 종류의 발전이 모든 정신과학에서 종합적 경향으로 일치되고 있다는 사실을 지적할 수 있다. 이러한 새로운 경향은 동시에 세 방향의 노력을 보여주고 있다:

1. 우리는 정신과학의 문제를 더욱 많이 적용하고 있다. 과학의 경계영역은 더욱 장려되고 있다. 우리는 여기서 이제까지 스스로를 위해 추구된 모든 분야가 주어진 경우에 다른 분야의 보

조학문이 될 수 있다는 사실을 발견한다…

2. 이렇게 우선 전문과학에 의해 진행된 경계접촉 외에도, 더욱 자주 인접영역으로 넘어가는 일이 발생하게 된다. 그래서 현대 연구자의 선택요구가 있을 수 있다: 모든 연구자는 최소한 두 가지 분야에 걸쳐 있어야 하거나 혹은 생애의 후반기에 새로운 분야로 들어가 작업해야 한다. 왜냐하면 그래야 비로소 자신의 고유한 분야의 특징에 관해 해명할 수 있게 되기 때문이다…'

만하임이 이렇게 썼을 때(많은 연관에서 매우 올바르다), 그가 반복한 것은 다름 아닌 우리가 학생으로서 과거에 토론했던 것이다. 그리고 여기서 과학의 통합, 경계영역연구에서의 선구작업, 가로지르는 횡단연구의 모범사례로서 우리에게 전해지는 칼 맑스와 막스 베버(세계관을 떠나서)라는 우리의 선구자를 지칭하는 것이다.

우리가 ― 만하임, 아르놀트 베르크슈트레서Arnold Bergsträsser 그리고 다른 사람들 ― 이미 몇 십 년 전에 하이델베르크에서 그렇게 토론했다면, 야스퍼스Jaspers나 리케르트Rickert, 알프레드 베버Alfred Weber 혹은 군돌프Gundolf는 우리에게 친절히 웃으면서 우리가 이미 1차세계대전 이전에 이러한 토론을 계속 했다고 알려줄 것이다."10)

그러나 1945년 이후 세계 도처에서 전문화가 일반화되었다 ― 그리고 이것은 전반적으로 오늘날까지 대학에 타당한 것으로 도

---

10) 위르겐 쿠친스키,『사회과학의 과학을 위한 연구』, 1972, 베를린, 23쪽부터.

입되었다. 물론 현명한 과학자는, 앞에서 인용한 문장에서 보여주었듯이, 과거에 증명된 과학적 구성물을 새롭게 되살리는 노력을 할 뿐만 아니라, 50년 전에는 크게 신뢰했지만 지금은 잊혀진 과학자를 오늘날 되살리고 그에 대해 계속 작업을 할 것이다. 현명한 과학자에게는, 우리가 과학적 인식과 경험의 도덕적 마모(가치저하)라고 부를 수 있는 모든 것이 일어나지 않는다.

지난 50년간 그리고 그 이전의 전체 과학적 전통은 아주 자연스럽게 그들 속에 생생하게 살아 있기 때문에, 현재에도 그렇게 많이 새롭고 창조적인 문제제기로서 나타나는 많은 문제들이 그들에게는 오래 신뢰해온 것으로 보인다. 이것들은 진정한 문제의 보물창고이고, 종종 매우 잘못된 해결추구에 대해 이제까지 전혀 발표되지 않았거나 또 다른 길에서 일반적인 것을 알려주는 좋은 전문가가 된다.

이것은 모두 노지식인에게는 창조적 과학으로서 고유하게 가지고 있는 특별한 특징과 장점이다.

인간관계

1968년 아마 그를 마지막으로 보기 위해 나는 내 오랜 친구인 부다페스트의 게오르그 루카치Lukacs를 방문했을 때, 우리 중에서 무례하고 불손하게 그를 공격하는 설익은 맑스주의자가 있었기 때문에 적지 않게 화가 났다. 나는 그가 83세의 나이에도 얼마나 열심히 집중적으로 일을 하는지 알고 있었기 때문에, 20분만 지나가도록 내버려두자고 물었다. 그는 이렇게 대답했다: "아니야, 내 친구, 그러기에는 내가 너무 늙었지. 하지만 당신이 두 시간이나 있다면 나는 아주 아주 기쁠 것이네." 내가 안나 제거스Anna Seghers를 죽기 전에 병원으로 찾아갔을 때, 나는 우울한 날을 맞았다. 최근 몇 달 동안 자신의 생활이 얼마나 혼란스러웠고 밝은 순간은 거의 없었노라고 안나는 말했다. 나는 안나가 매우 피곤하다고 생각했기 때문에 15분 가량 있다가 나오려고 했는데, 갑자기 완전히 깨서 반발했다: "아직 아니야, 위르겐, 내가 얼마나 얘기를 즐기는지 당신은 알잖아." 60년대 초반 나는 모스크바로 내 오랜 스승이자 친구인 오이겐 바르가Eugen Varga를 마지막으로 찾아갔다; 바르가는 그 당시 루카치와 나중의 안나와 마찬가지로 80이 넘은 나이였다. 나는 커피를 들었고, 이어서 바르가와 부인은 저녁빵으로 나를 대접했다. 그리고 그가 말했다: "쿠친스키, 알지 않나, 나는 언제나 다른 사람과 달리 매우 늦게 사람을 알게 되고 새로운 책을 알게 되지! 그리고 비로소 당신과 같이 오랜 친구가 되지." 자주는 아니지만 인생에서 나와 루트비히 렌Ludwig Renn은 만나서 얘기했고, 우리는 언제나 서로 친구였다. 비로소 80세가 넘어 그는 나에게 장문의 편지를 보내기 시작했다. 어린 시절과 젊을 때 나는, 후에 반파시즘 문헌의 대단한 출판인이 된, 프리츠Fritz를 종종 만났다; 그런데 우리는 거의 60년 만에 다시 만났다; 그가 우리 공화국에 오면 이제는 장시간 담소를 나눈다. 그리고 우리는 서로 대단한 친구로 지낸다. 아주 명백하게 지식인은, 특히 노지식인은 사람을 보고 싶은 특별한

욕구가 있다: 신뢰할 수 있는 한담을 나누거나 또한 커다란 범위에서 말할 수 있고 토론할 수 있는 사람이 필요하다.

책은 점점 더 친근하게 인사할 수 있는 소통수단으로서 퇴장하고, 우리가 대부분 긴 얘기를 할 기회를 가질 수 없는 교제도 마찬가지로 영향력을 잃어가고 있다 — 내가 함께 있었던 루카치도 고작 20분이었다. 그렇지만 편지는 노지식인에게 다시 커다란 역할을 수행하기 시작한다. 나는 최근처럼 이렇게 편지를 많이 써 본 적이 없다 — 과학적이거나 혹은 일반 사회적인 문제에 대한 편지들이다. 전화는 소통수단으로서 별 의미가 없다; 전화는 단지 약속을 잡는 데 기여할 뿐이다. 우리의 세계적으로 유명한 한 과학자가 내게 말했다: "나는 원래 사람들이 여기저기서 보내주는 책들과 특별판을 읽을 뿐이다 — 안 그러면 무엇보다 대화를 해야 하기 때문이다." 그는 자신의 생애 동안 거의 책을 발표하지 않았지만, 상당한 수준에서 문헌을 알고 있는 지식인의 한 명이다.

노지식인은 젊은 사람들, 특히 청년들을 위해 많은 시간을 할애한다. 청년들은 젊은 나이에는 너무나 자주 성숙하지 못하고, 나이가 들어 어떤 방식으로든, 많은 관계 속에서, 자신의 한계를 분명히 보기 때문에, 스스로 이러한 미성숙을 느끼고 알게 된다; 그리스 신들이 인간의 완성에 대한 추구를 제한했듯이, 이러한 미성숙은 자주 이들을 웃음거리로 만들기도 한다. 좋은 나이 때지만 그러나 여전히 크게 미성숙한 지식인은 노지식인에게 얼마나 많이 배워야 하는지!

그에 관해 괴테 역시 약간 느꼈다. 그는 산만하고 서투른 하나

의 시에서 이렇게 경고했다:

> 나이를 부정하지 말라,
> 그러면 당신은 다른 사람을 좋게 생각할 수 있다,
> 많은 것을 장려하고, 많은 것을 이용하라;
> 이것은 파괴 앞에서 당신을 보호할 것이다.

우리는 유감스럽게도 아이들과 부모를 갈라놓는 실제 존재하는 세대차이에 관해 불편하게 말한다. 그리고 우리는 아이와 조부모가 좋은 관계에 있는 것을 자주 관찰한다. 비슷한 것은 과학의 세계에서도 만난다. 종종 연구하고 있는 청년과 같은 학생과 노지식인 사이의 특별한 신뢰관계를 볼 수 있다; 여기서는 괴테의 경고가 전혀 필요 없고, 오히려 청년의 신뢰를 통해 주어지는 노지식인의 능력을 지적해야 할 것이다. 지난 시기에 나는 일단 전혀 모르는 젊은이들로부터 편지를 받았다. 처음에는 스스로를 나의 학생이라고 했다가, 후에는 조카로 불렀는데, 오늘날에는 많은 사람들이 편지에서 스스로를 "당신의 조카"라고 부르고 있다. 그리고 나는 거의 모두를 내 생애 동안 개인적으로 알고 지냈으며, 학교나 대학에서 독선적인 선생에 관한 그들의 고민을 함께 나누었고, 새로운 인식을 즐겁게 나누었다. 그리고 우리는 우리의 대화를, 다음의 말을 확인하면서 끝맺었다: 우리는 이것을 넘어 더 생각해야 한다. 특별한 기쁨으로 당신은 내 방에 붙어 있는 경고 문구를 새겨야 할 것이다: 모든 것을 알고 있다고 생각하는 사람은 무엇을 하려든지… 우리들을 성가시게 만든다.

노년에 젊은 사람들과의 논의에서 노인은 자신의 지식과 경험을 고집하는 위험이 있다. 레닌은 한 번 그런 지식인을 자신이 알고 있는 과학적 얼간이라고 불렀다. 노년에 지식인은 절대적 진리에 대하여 모든 우리의 인식을 상대적인 것처럼 계산해야 하고, 완고한 경험체계를 세우는 것이 얼마나 위험한지를 알아야 한다. 언제나 변화하는 실천은 어떤 모델이나 어떤 이론보다 더 복잡하고 훨씬 풍부하기 때문이다. 많은 노지식인은 이것을 아마 잘 알고 있을 것이다; 그들은 젊은이를 통한 교훈에 개방적이다. 젊은이들은 어쨌든 그들 나름의 경험을 갖고 있고, 또 이 경험은 노지식인이 젊었을 때나 이 젊은이들 나이 때 겪었던 경험과 동일시할 수 없기 때문이다. 나는 내 책의 서두에서 이렇게 말했다: "나의 학생들에게, 내가 그들에게 배운 모든 것에 감사하면서 나의 정년퇴임과 관련하여 헌사한다."[11] 이러한 태도만이 노지식인으로 하여금 칼리닌Kalinin의 경고를 따르게 하도록 만들 것이다: "실제적인 공산주의자가 되려는 사람은 죽는 날까지 젊어야 한다." 실제적인 공산주의자 대신 우리는 실제적인 지식인으로 바꿀 수 있다. 우리는 여기서 피카소Picasso의 언급 또한 생각하지 않을 수 없다: "우리는 젊게 되기 위해서 많은 시간을 필요로 한다."

아마 오랜 토론에 이어서 짧은 강연에 대한 종종 증가하는 즐거움은 또한 사람과의 이러한 커다란 소통욕구와 직접 관련된다. 나는 오랫동안 매년 50번 이상의 30분이 넘는 강연을, 당연히 우

---

11) 위의 책, 7쪽.

리 시대의 문제와 특별히 우리 사회에 관해서 자유롭게 그리고 매우 개방적으로 해왔다. 강연 다음에는 토론이 뒤따르는데, 나는 대부분 단지 나의 피곤함을 이유로 한 시간가량 쉴 수밖에 없다. 강연의 절반 이상은 우리 대학생들이나 자유독일청년단 Freie Deutschen Jugend의 일반인, 때로는 고등학생들의 행사모임에 할애한다. 대부분 행사의 개최자는, 특히 주로 성인 청중들을 대상으로 하는 경우라면, 강연 전에 "실제적인 토론"이 있는지의 여부에 신경 쓴다. 그러나 토론은 언제나 있다. 노지식인은 박학다식으로 청중들에게 감명을 주거나 집게손가락을 들어 강조하려고 하지 않는다. 노지식인은 우선 청중들, 특히 젊은이들과 주체적이고 ― 신뢰의 관계, 즉 조부모와 손자들과 같은 관계를 만든다.

그리고 아주 다른 관계에서는 노지식인은 인간적 관계를 장려할 수 있다. 맑스는 『자본』에서 이렇게 썼다: "일반노동은 모든 과학적 노동이고, 모든 발견이고, 모든 발명이다. 일반노동은 부분적으로는 살아 있는 사람들의 협력을 통해서, 또 부분적으로는 이전 사람들의 노동의 이용을 통해서 조건지어진다."12) 노지식인에게는 그러나 살아 있는 사람들과 과거의 죽은 많은 사람들 사이에 중간층이 있다: 살아 있는 사람으로 인식되고 언제나 계속 상상의 대화를 이끌 수 있는, 노년을 유지하는 놀라운 재능을 가진 죽은 이들이 있다.

그렇지만 노지식인의 살아 있는 사람들과의 관계는 어떠한가?

---

12) 칼 맑스, 『자본』 제3권, 『전집』, 제25권, 114쪽.

여기서 많은 것을 고려해야 할 것이다. 오래된 아카데믹한 말이 있다: 신이 교수를 창조한 이후 악마를 동료로 창조했다는 것이다. 노동자는 연금생활자로서 더 이상 직장의 오랜 동료들로부터 노동동료의 의미에서 나란히 설 수 없다. 노지식인은 더 이상 기관의 동료가 아니라, 아마 연구동료 혹은 지식인동료로서 교제할 수 있다. 따라서 더 이상 전체 과거의 관계가 아니라, 단지 절반의, 그렇지만 아마도 더 중요한 절반의 관계가 유지된다. 기관에서 명예를 가졌던 사람은, 자신의 기관에서의 지위를 더욱 발전시키려는 사람은, 경쟁자로서 노지식인과 분리되어야 기관과 연결된 동료들에 대한 더 나은 관계를 두 가지 측면에서 가능하게 해줄 것이다.

아니면 당연히 노지식인은 학파를 만들 수 있다. 늘 그런 것처럼 다른 학파에 대한 오래된 경쟁이 있기 때문이다. 그러나 이것은 기관의 자리다툼과 달리 과학을 발전시키는 좋은 경쟁이다. 비록 주요 투쟁가가 이제는 늙은 제자들이겠지만, 이러한 좋은 경쟁은 피하지 말고 오래 지속되어야 할 것이다. 노지식인은 계속 전략적으로 자문해주고, 자신의 작업과 함께 학파를 더욱 지지하게 된다. 그러나 전략은 젊은 동료들에게 넘겨주게 된다. 현명한 부드러움이 그의 주요한 덕망이 될 것이다 — 그러나 언제나 그런 것은 아니다: 몸젠은 자신의 조악함을 유지했다.

그리고 다시 동료들에 대한 그의 관계가 모든 세계에서 달라진다. 종종 사람들은 단지 학회에서만 만나거나 이 대학 저 대학의 강연에 짧게 방문하거나, 각자의 국제회의에서 만나기도 한다. 그렇지만 그러한 교제가 드물지 않게 수십 년간 지속되고,

만난 지 오랜 시간이 지난 후에 비로소 원래 그랬던 것처럼 친해지기도 한다. 인쇄된 논문을 계속 서로 주고받으면서 관계가 원래의 개인적인 만남보다 더 친밀해지기는 경우도 자주 있다. 지식인은 나이를 먹을수록 그 만큼 더 그러한 접촉의 범위가 고령의 나이까지, 오늘날에는 아마도 75세까지 커지고, 죽음과 함께 급속히 사라진다. 물론 후진들이야 당연히 계속 관심을 갖겠지만, 이것도 과거의 신뢰관계는 아니다. 당연히 흥미로운 논문을 발표하는 모든 지식인은 오늘날에도 저술의 교환과 짧은 만남을 통해 국제적인 교류를 가진다; 그렇지만 언제고 다시 만났던 노지식인 공동체의 오랜 시간에 걸쳐 이루어진 "뗄래야 뗄 수 없는" 협력이 주었던 신뢰성은 여기에 결여되어 있다. 즉 단지 노지식인만이 유지해왔던 관계. 당연히 모든 지식인은 오늘날 국제적 수준에서 좋은 친구를 갖고 있겠지만, 그러나 바로 이러한 관계가 단순한 친구의 관계가 아니라, 노지식인이 서로 가질 수 있었고 오랜 공통의 과거를 위해 특별하고 언제나 다시 친해질 수 있는 계기에 결정적인 역할을 했던 그런 고유한 관계는 아니다.

　노지식인의 자신의 제자들과의 관계는 아주 특징적으로 변한다. 제자들 중 연장자는 이미 할아버지가 되었고, 노지식인은 막내가 여전히 학생이었던 그들의 학생시절부터 잘 알고 지냈고, 그에 상응하여 제자들에 대한 관계도 분리된다. 막내와 노지식인은 그가 아직 상대적으로 젊었을 때보다, 오랜 시간 이전보다 더 좋은 친교를 나누게 된다. 그러나 중년 혹은 노년 세대의 제자들과는 관계가 변한 것처럼 느낀다. 제자들은 그들의 노선생의 학문적 업적을 알고 있지만, 개별적으로 제자들은 선생의 업적을 능가하기도 한다. 이것에 대해 노지식인은 즐거워한다. 이것이 없었다면, 노지식인이 학문에 실제로 기여했을지라도, 옛 관계는 깨졌을 것이다. 반대로: 높은 성과와 인식은 그에게 그들보다 더 큰 의미를 가져오고, 선생보다 그의 작업으로 그를 존경하게 만든다. 동시에 그들의 선생에 대한 제자들의 아주 새로운 태도가 강력하게 만들어진다. 제자들은 이제 선생을 진정으로 정확히 알게 되고, 그의 모든 특징을 알게 된다. 그리고 과거에 제자들 중에 많은 이들이 선생에 의해 방해받거나 화를 냈던 반면, 이제 이것은 노 선생에 대해 친절하게 그리고 황송하게 웃어넘기는 하나의 지혜로서 보이게 된다. 여기서 제자들과 선생의 인간적 관계가 어떤 방식으로든 반대가 되고, 제자들이 현자로 된다. 그렇다, 비슷한 전도가 과학적 가치평가에서도 일어날 수 있다. 오늘날 제자들 중 연장자가 아직 젊었을 때 과거에 신생으로서 지식인이 그렇게 자주 제자들이 이미 이룬 것에 관해 자주 기뻐했다면, 지금은 제자들 중 연장자가 그들의 노선생이 이룬 것에 대해 기뻐 놀라면서 머리를 마구 흔들어댄다. 그리고 이것을 느낀 노선생은 약간 생각하다가 크게 한마디 할 것이다: 예끼, 무엄한 놈 같은 이라구! 그렇게 노지식인의 그의 제자들 중 연장세대나 중년세대에 대한 관계는 변한다. 그렇지만 제자들 중 젊은 세대에 관해서는, 대부분 제자들의 제자들인 사람들에 대해서는, 노지식인 역시 직접적인 "학생"관계가 더 이상 없고 다만 "한담하는" 정도의 관계만 있을 뿐이다. 아니면 "다른 데서 온", 단지 편지로나 그의 연구의 방향 혹은 방법 및 절차에 대한 강연

후에 알게 된 개별적인 학생들이라면, 그는 이 학생들을 자신의 나이 든 제자들과의 접촉을 배려해주고 자신은 아주 느슨한 교류만을 유지하면서, 그들이 어려움을 호소하면 용기를 주고, 간헐적으로 그들에게 조언을 해주고, 때로 그들의 문제를 설명해 줄 것이다. 커다란 학생강당에서 토론 중에 나는 모르는 학생으로부터 질문을 받았다: "나는 우리 사회주의 사회에 관해 논의한 『증손자와의 대화』13)라는 제목의 당신의 책을 갖고 있다. 그리고 나는 우리 사회에도 비적대적 모순이 존재한다는 당신의 주장에 동의한다" ― 잘 알다시피 나는 이 모순문제에서 우리의 모든 철학자들과 대립되는 견해를 갖고 있고 그래서 그들은 모두 나를 공격했다. 반면 소련에서는 몇몇 지도적인 철학자들이 내 견해가 사회주의 나라에도 해당된다고 찬동을 표했다 ― "그러나 나의 교수는 당신에게 심히 반대했고 나를 자제시켰다. 내가 어떻게 행동하면 좋겠는가?" 나는 나의 위대한 친구들에게 일반적으로 하듯이 박수를 치면서 대답했다: "당신에게 행동의 문제는 없어 보인다. 오히려 문제는 당신의 교수에게 있다."

이 문제제기는 동시에 두 가지를 더 생각하게 한다: 하나는 교수의 그의 학생들, 일반적으로 학문적인 후진들에 대한 관계이다. 다른 하나는 의견대립의 논쟁문제이다. 2차세계대전 이후 전세계적으로 대학의 교육체계가 아주 한심해졌는데, 대학에서 교수가 자신의 지식, 특히 자신의 기관에서의 지위에 따라 권위를

---

13) 위르겐 쿠친스키, 『증손자와의 대화』, 베를린 - 바이마르, 1983 참고 (역주).

갖게 되었다. 학생들은 책임조교로 과중한 부담을 갖고 있으며, 학업과정에서 자신의 생각을 밀고 나가 발전시키고 교수와 의견 논쟁 속에서 검증할 자유가 전혀 없다. 이것은 부르주아 나라들의 대학뿐만 아니라 사회주의 나라의 대학도 마찬가지이다. 그렇다면 이것은 또한 과학적 교류에서 지식인에게도 마찬가지일 것이다: 또한 여기서 이전 시대의 진정으로 공개적이고 즐거웠던 의견논쟁이 퇴색한 것이다.

단지 고령의 맑스주의 지식인만이, 레닌이 그들에게 자신의 전력을 통해 직접적인 혹은 그 많은 간접적인 제자(학생)들을 통해 의견논쟁과 관련하여 가르친 교훈을 오늘날 여전히 즐겨 기억할 것이다. 날카롭고 근본적인 레닌의 정식화는 이렇다: "맑스주의자는 맑스주의 이론에서 선입견 없이 단지, 그것 없이는 사회적 관계를 해명할 수 없는 가치 있는 방법만을 차용해 오며, 따라서 사회관계의 판단을 위한 차원을 전혀 추상적 도그마니 그와 비슷한 불합리에서가 아니라 이러한 판단이 옳은가의 여부와 실재와 일치하는가의 여부에서 본다."14) 이것은 당연히 레닌이 언제나 조언했고 모범으로 보여주었던 것, 즉 우리가 사회생활의 문제에 부딪혔을 때 맑스와 엥겔스를 "참고할" 것을 배제하지 않는다. 그렇지만 우리는 너무나 많은 사회적 과정을 다양하게 해석할 수 있기 때문에, 최종적인 판단은 언제나 자주 매우 생산적인 의견논쟁이 되는 의견교환을 전제할 수밖에 없다.

---

14) 레닌, "'인민의 친구'란 무엇이고 그들은 사회민주주의자와 어떻게 싸우는가?" 『전집』, 제1권, 189쪽.

생애 동안 언제나 사회관계를 관찰해 온 노지식인은 또한, 실재가 항상적으로, 부분적으로는 바로 혁명적 변화를 겪고 있다는 사실, 그리고 이전 시기에 실재였던 것이 그의 나이에서는 더 이상 실재로 볼 필요가 없다는 사실을 잘 알고 있다. 그래서 그는 "추상적 도그마"와 작업하려는 시도를 감행하지 않을 뿐만 아니라, 또 실재를 언제나 새롭게 연구할 것이다. 이전에 의견논쟁 속에서 해결되었던 문제는 자신의 계속되는 새로운 경험에 근거하여 그에게는 "언제나" 해결된 것이 아니고, 단지 항구적인 의견논쟁 속에서 실재를 계속 검증하는 것이 자신의 작업을 위해 올바른 방향이 될 것이다.

당연히 청년 시절에 진정한 그리고 광범한 의견논쟁을 경험한 것은, 이것을 사회주의 사회에서는 나이가 아주 많은 노지식인만이 오늘날 여전히 갖고 있는데, 나중에 사회주의 사회에서 다시 공공자산이 될 것이다. 여기서 관계되는 것은, 노지식인의 특별한 특징으로서 과학적 생활의 전반적 발전과 함께 다시 사라진 20세기의 마지막 4분기의 노지식인의 특징이다. 그렇지만 전부 사라졌는가? 실제로 다음 세기에는 좀 더 젊은 지식인이 그들의 학생들에게 잘못된 권위감을 부과하지 않게 될 것인가? 지식인이 학생들의 의견을 성실하게 받아들이고 의견논쟁 속에서 검증해야 한다는 사실을 충분히 이해할 것인가? 최소한 노지식인은 더 쉽게 그렇게 할 것이다.

더 쉽게 그렇게 한다면, 많은 노지식인은 쓰는 것보다 차라리 토론하려고 하거나, 젊은 지식인보다 토론하는 데 더 많은 시간을 쓰게 될 것이고, 그러면 공개적 의견논쟁에 대한 준비자세가 더 적을수록 그 만큼 더 자신을 둘러싼 젊은 지식인의 범위가 작아질 것이라는 사실을 경험하게 된다. 그에 반해 여전히 "근무하고" 있는 지식인은 학생들을 잃지는 않을 것이다. 왜냐하면 그는 학생들에게 아무 도움이 안 되는 시험, 궁극적으로 의견논쟁 준비자세의 결여를 나타내는 시험을 위임받았기 때문이다.

어떤 경우이든 우리는 이렇게 말할 수 있다: 지식인이 자신의 지식과 자신의 사고와 권위에서 전제적일수록, 그 만큼 더 젊은 사람들과의 의견논쟁을 위한 자신의 준비자세는 작아진다. 이것은 학문적으로 후진양성을 위한 학생들 중에서 상위 수준의 학생들에게 특히 중요하지만 오히려 이들과의 의견논쟁이 이미 더 작아지고 있다. 그러한 권위의 전제는 오늘날 후학 세대에서보다 노지식인에게서 더 자주 발견된다.

이러한 권위의 전제는 노지식인이 의미 있는 새로운 사고를 더 이상 갖지 못하면 더욱 그에게 나타나게 된다. 그의 창조성이 죽더라도, 그는 여전히 자신의 학생들을 위한 지지대가 될 수 있다. 이것은 헤르메스Hermes의 사도 아버지가 자신의 『헤르메스의 목자』(2세기 중엽)라는 글에서 설명한, 오래 되어 쓸모없는 느릅나무와 같은 것이다: 땅에 떨어진 포도나무줄기의 과일은 모두 죽었지만, 포도나무는 스스로 술책을 부려 나무에 달려 있는 포도송이로 사람을 살렸다는 얘기다. 어떤 포도송이냐는 질문에, 천사는 "느릅나무"라고 대답하였다.

아돌프 폰 하르낙Adolf von Harnack이 54년 동안 죽 이어왔던 자신의 마지막 교회사 세미나를 마무리할 때, 후에 파시스트에 의해 살해되는 디트리히 본회퍼Dietrich Bonhoeffer는 학생들을 위해 이렇게 얘기했다. 참으로 아름다운 말이다: "당신은 많은 시간 동안 우리의 선생님으로 지냈다. 우리는 영원히 당신의 학생으로 불릴 것이다." 자신의 선생님을 위해 한 학생이 얼마나 아름다운 고별사를 했는가!

과학자와 자신의 저작

마지막으로 노지식인의 자신의 초기 저작에 대한 태도로 넘어가보자. 몸젠이 자신의 위대한 초기 저작인 『로마사』의 제3권에 이어, 나이가 들어 황제시기를 다룬 제4권을 계속 써야 할지를 다시금 고민하고 있었을 때, 그는 그의 딸 마리에게 이렇게 썼다: "나는 원래 내가 나이가 들어 허약해지지는 않았지만 청춘의 성스러운 환각이 있다고 생각하지는 않았다. 그리고 나는 이제 유감스럽지만, 내가 얼마나 잘 모르는지를 알고 있고, 신적인 뻔뻔함이 나에게서 사라진 것을 안다 — 내가 언제나 몇 가지는 부담할 수 있었던 신적인 조악함은 빈곤한 대용품이다." 일반적으로 관찰하면 노지식인은 자신의 젊을 때의 저작에 대해 겸손해한다. 시인과 작가는 자신의 판단에서 종종 훨씬 더 비판적이다. 이런 기억이 난다: 내가 1946년 한 고서점에서 베커Becher의 표현주의 시절에 쓴 시모음집 5권을 발견했을 때, 바로 그에게 전화로 알리면서, 실제로 이미 믿을 수 없을 만큼 마음에서 우러나오는 겸허함과 함께 그 중 2권을 그에게 주기로 약속했다. 그런데 그의

반응은 이랬다: "아이고, 그 증거를 태워버려라."

예술가들의 경우에 우리는 종종 구 저작을 개정하려는 욕구를 본다. 보스네젠스키Wosnessenski는 파스테르나크Pasternak에 관해 이렇게 보고했다: "후기에 파스테르나크는 자신의 문체에 대해 크게 손을 대고 싶어했다. 자신의 초기 시에서 그는 'Manteau'(망토; 불어)를 'Mantel'(외투; 독어)로 대체했다. 또한 그는 'Improvisation'을 바꾸어서 이제는 'improvisation auf dem Klavier'(피아노 위의 즉흥연주)라고 말한다…"

새로운 판이 나왔고, 이어서 보스네젠스키는 이렇게 논평했다: "얼마나 새롭고 멋진가! 또한 표현도 이제 더 강해졌다. 그렇지만 시구가 조금 손상되었다. 아마 예술가들은 자신의 창작에 대한 고유한 권리를 갖고 있지 않을까? 미켈란젤로가 자신의 고상한 예술정신을 따라서 다비드David를 개선하려고 했다면, 어떻게 되었을까?

예술가들은 자주 자신의 초기 창작품으로부터 멀리한다. 그것은 과오가 많고 잘못되었다고 생각하기 때문이다. 이것은 정신의 강고함을 말하지만, 그러나 창작품은 결코 없어지지 않는다. 이것은 톨스토이도 마찬가지다. 후기 자볼로츠키Sabolozki의 고행이 이것을 증명한다. 노년은 제2의 탄생을 갈망한다. 르노아르Renoir가 1889년 '프랑스 회화 백 년' 전시회에 참여를 초대받았을 때, 그는 이렇게 거절했다: '나는 당신에게 아주 간단하게 설명하려고 한다: 내가 이제까지 만든 모든 작품을 나는 한심하다고 간주하며, 전시되는 것을 본다면 아주 수치스러울 것이다.' 르노아르는 언제나 핑크녹색의 Samary를, Anna의 진주색 등을,

'그네'를, 그리고 '전체 르노아르'를 '한심한' 것으로 간주했다. 다행히 그는 그림을 전혀 없애지 않았고, 바다로 혹은 적갈색의 새로운 풍으로 다시 그렸다.

파스테르나크는 초기의 파스테르나크와 싸웠다 — '스스로의 힘으로, 스스로와 함께."

이것은 지식인에게는 좀 다르다. 지식인은 문체에서의 새로움과 싸울 뿐만 아니라, 언제나 그 대상에 대한 깊은 이해와, 진리를 향한 최대한의 접근과 싸운다. 맑스의 전체 과학적 삶은 그러한 싸움이다. 따라서 그러한 노력의 많은 것이 언제나 자주 상실된다. 맑스가 쓴, 그렇지만 거의 50년이 지나 초고가 발견된,『정치경제학 비판을 위하여 Zur Kritik der politischen Ökonomie』의 '구' 서문에 나오는 많은 것은 얼마나 유일하게 위대한 것으로 보이는가. 그리고 그 초고를 쓴 지 80년 후에 비로소 알려지게 된『정치경제학 비판 요강 Grundrissen der Kritik der Politischen Ökonomie』의 많은 문장은 우리에게 바로 공산주의 세계를 위해 얼마나 근본적인 것인가! 자연과학자의 노력은 이와는 다르다. 그들은 특정한 인식을 수학적으로 더욱 간단하게, 혹은 위대한 화학자 디락 Dirac이 말했듯이 미학적으로 더 만족스럽게 정식화해야 한다. 따라서 그들은 규정된 모순을 해결하기 위해 항상적인 노력을 경주해야 한다. 비극적이지만 위대한 사례는 아주 늙어서까지 계속된 언제나 새로운 시도, 부분적으로는 통일적인 장이론을 둘러싼 발표 시도를 했던 아인슈타인의 싸움이다. 아마 이것이 또한 노지식인의 특징일 것이다: 지치지 않고 언제나 자연과 사회가 우리에게 부과하는 수수께끼를 해결하고자 새로운 반격을 통해 언제나 새로운 길을 추구하는 것이다. 왜냐하면 노지식인은, 우리가 생애 동안 해결할 수 있는 새로운 수수께끼를 인생이 부과한다는 확신을 갖고 있기 때문이고, 또 그가 지식의 장애에 부딪치더라도 젊은 과학자들이 자주 그러듯이 다른 주제로 전환하려고 하지 않기 때문이다. 어떤 장애에 부딪치더라도, 그는 자신의 노력에서 어떤 성공도 거두지 못한다면 그의 과학적 계승자가 최소한 그가 범한 많은 오류로부터 뭔가를 증명해낼 것이라는 영감을 갖고 있는 것이다.

우리는 다시 한 번 보스네젠스키의 논평으로 돌아가 보자: "아마 예술가들은 자신의 창작에 대한 고유한 권리를 갖고 있지 않을까? 미켈란젤로가 자신의 고상한 예술정신을 따라서 다비드 David를 개선하려고 했다면, 어떻게 되었을까?" 나는 보스네젠스키가 여기서 매우 정당한 문제, 수 천 년 동안의 고대 예술의 역사에서 예술의 가치에 관한 문제를 제기했다고 생각한다; 맑스는 여기에 대해 이렇게 대답했다. 과거의 위대한 예술작품은 일단 창조된 그대로 고전적이고, 반복될 수 없고, 수정될 수 없는 자신의 고유한 가치를 가진다는 것이다. 나 역시 우리가 이러한 평가를 위대한 개별적 예술가의 생애과정에도 적용할 수 있다고 생각한다. 괴테가 베르테르를 노년에 수정하고 모든 기존의 초기작품의 판본을 없애려고 했다면 얼마나 끔찍스런 일이겠는가.

여기서 많은 관계 속에 서 있는 과학자의 상황은 좀 다르다. 몸젠이 그렇게 빛나는 청년시절에 쓴 『로마사』를 노년에 수정하려고 했던 생각의 경우 우리를 불편하게 하지만, 그러나 초판 이후에 출간된 매우 많은 과학적인 저작에서의 새로운 인식과 자신의 고유한 경험과 심사숙고에 근거하여 개선된 수정판에 대해서는 우리는 기꺼이 받아들일 수 있다. 우리가 에두아르트 쩰러 Eduard Zeller의 『역사적 발전에서 본 그리스 철학』 제2부 후반부의 제3절의 논평에 있는 "독일문헌보고"(그 당시 1903년이었고 파울 힌네베르크 Paul Hinneberk가 썼다)를 읽으면, 감사하지도 않고 동의할 수도 없다: "초판이 나온 지 50년이 지나고, 3판이 나온 지 21년이 지나, 현재 90세의 나이가 된 존경하는 편자는 자신의 위대한 저작의 완결판을 네 번째로 '최고의 능력을 들여 완성하고 개정하여' 새로 편집한 다음, 그의 평생의 친구인 테오도르 몸젠과 쿠노 피셔 Kuno Fischer에게 헌정할 수 있는 '놀라운 경험'을 하고 있다. 이것을 특별한 행운으로서 감사하는 기쁨으로 인사하는 것에 대해 지식계는 모든 이유를 갖고 있다."

정말이다! 지식계는 모든 이유를 갖고 있다.

그러나 여전히 질문이 있다: 피디아 Phidia의 제우스상이나 괴테의 파우스트와 같이 예술작품이 창조된 그대로의 고유한 가치를 가질 수 있다면, 우리가 동일하게 말할 수 있는 과학적 저작이 있지 않겠는가? 나는 그렇다고 생각하지만, 그러나 그 수는 매우 적을 것이다. 우리가 과학적인 가치에 대해 생각한다면, 당연히 『공산당선언』이나 뉴턴의 『수학의 자연철학 원리』와 같은 정도여야 할 것이다.

하지만 예술작품의 고유한 가치와 과학적 저작의 고유한 가치 사이에는 커다란 차이가 있다. 예술작품은 당연한 것이지만 과학적 저작에서와 같이 그 내용적 언급 때문에 고유한 가치를 갖는 게 아니다. 왜냐하면 예술작품은 그 예술에 대한 "영원성"으로 인해 판단되는 것이다. 그러나 과학적 저작도 그 언급의 예술성 때문에 고유한 가치를 가질 수는 있다 — 언어의 아름다움 때문에 — 플라톤의 대화를 생각해보라 — 혹은 사고의 날카로움 때문에 — 맑스로 하여금 한 번 시민의 자유시간에 대한 국가의 유산을 계산하는 위대한 사고로 이끈 익명의 과학적으로 전혀 의미가 없는 영국의 작은 소책자 때문에 — 혹은 우리가 헤겔에게서 자주 볼 수 있는 과학적으로 완전히 잘못된 전제에 근거한 증명의 놀라운 논리 때문에.

무엇보다 젊은 과학자들과 노지식인은 과학적인 저작에 대해 비과학적인 요소를 평가하고, 그것을 언제나 새로운 세대에게 구해주려는 아름다운 경향을 가지고 있다. 우리의 영향력 있는 철학자가 플라톤이 우리에게 더 이상 아무 것도 말해주는 게 없다고(그렇다. 과학적 진리의 전달이라는 측면에서는 대부분 동의하지만) 설명한다면, 이것은 나에게 얼마나 고통스런 것인기. 1949년 소련의 노지식인과 소련공산당 최고당학교의 선생이 스탈린이 헤겔을 반동가로 깎아내린 것은 잘못되었다고 나에게 말했을 때, 나는 얼마나 행복하던지.

노지식인은 차라리 학제간으로 연구할 뿐만 아니라 또 총체적으로 발전된 교양인으로서 보려 하고 판단하려는 경향이 강하다. 이것은 아마 노지식인의 오늘날 다른 많은 장점과 마찬가지로 시대현상일 것이다. 사회과학의 역사에서 소련의 20년대의 유일한 빛나는 시절을 알고 있는 사람은, 또한 이러한 관계에서 노지식인의 장점이 오늘날 단지 후속 세대의 일면적 교육으로 후퇴하고 있음을 잘 알 것이다. 오늘날 노지식인에 대하여 잘 생각해 본다면, 20세기 후반의 노지식인의 시대 조건적인 특징과, 아마 어떤 식으로든 영원히 고유한 것으로 남았고 또 앞으로도 남게 될 그러한 특징 사이에서 구별해서 배워야 할 것이다.

노지식인은 또한 자신의 사고를 형태화(작품으로의 형상화)하는 데 가치를 두는 경향이 있다. 고령의 하르낙은 이렇게 말했다: "나는 생산의 능력이 내게 남아 있는지 말할 수 없다. 그 전보다 훨씬 적을 것이다. 그러나 나는 형태를 부여하기 위해 이전보다 더 많은 시간을 보낸다. 이것은 고령의 나이에는 이마에 주름이 늘어가고 해마다 변해가는 모습을 더 평가하는 것과 관련된다." 나에게도 그렇게 생각되며, 그에 관해 나로서도 기쁘다. 적지 않은 지식인이 비로소 고령에 자신의 모국어를 실제로 신뢰하게 되고 그것을 보호하고 장려하게 된다.

계속해서 우리는 여기서 또 다른 생각으로 끝을 맺자. 새로 생긴 독일의 도르파트Dorpat대학의 오랜 동안 학장이자 교수였고 러시아법률사의 초안자인 구스타프 에버스Gustav Ewers가 1830년 죽었을 때, 대학의 목사는 그의 묘지에서 이런 말을 남겼다: "그의 정신의 업적은 죽지 않는다; 그 업적은 관 속에 들어간 것이 아니라 우리와 함께 머물러 있으며 도처에서 영원한 현재로 증언할 것이다."

창조적인 생활을 보냈고 이것저것 작든 크든 진리를 발견했으며 이러한 토대를 되돌아보는 모든 노지식인은, 이러한 진리가 나중에 그의 이름과 결합되든 아니든 상관없이 결코 소근거릴 것이 아니라는 사실을 확신한다. 노지식인은 얼마간 거의 죽은 상태로 고생할 수도 있지만, 그는 계속 다시 살아나고, 비록 그의 이름으로는 아닐지라도, 그의 정신은 역사를 통해 전달된다.

자신의 작업을 회고하면서 그렇게 말할 수 있는 사람은, 나이가 들어서도 계속 행복하게 실현할 수 있었던 시대의 모든 격랑에도 불구하고, 그에게 익숙하고 유쾌한 독립성에 대해 또 자신의 생활과 저작에 대해 모든 빛을 비출 것이다.

노지식인의 삶과 죽음은 얼마나 다양하고 다면적인가. 종종 과거와 현재 그리고 미래에 적용되고 ― 공평무사한 과거와 대치시키면서, 혼자서 그렇게 자주 강요되어 들어가거나 혹은 자발적으로 들어가는 사람은, 단지 외견상의 현재의 책임에 대하여, 그리고 그가 분명히 보고 있지만 더 이상 경험하지 않게 될 미래에 대하여, 수많은 더 중년의 동시대 동료들보다 더 잘 꿰뚫어 볼 수 있다 ― 그래서 그는 이상적인 인상으로서 나타나는 것이 아니라, 역사와 현재에서 우리 앞에 다양하게 실현되는 것이다.

어쨌든 우리는 이렇게 역사적이고 생생한 현재의 경험 속에서 고령이 된 지식인을 보게 된다.

제1장

과학적 방법, 과학체계와 세계관

"'인민의 친구'란 무엇이고 그들은 사회민주주의자와 어떻게 싸우는가?"에서 레닌은, 이미 위에서 인용했지만 드물게 인용했던, 그리고 깊은 인상을 주었고 아주 중요한, 맑스의 방법을 선입견 없이 받아들일 수 있는, 이러한 언급을 했다. 이것에 대해서는 아마 맑스 자신도 동의할 것이다.[1]

그렇다, 우리는 선입견 없이 맑스로부터 변증법적, 역사적 유물론의 방법을 유일한 과학적 방법으로서 받아들인다. 이 방법으로 우리는 세계를 자기화한 것에 기초한 우리의 세계관을 변증법적으로, 유물론적으로 규정된 세계를 자기화aneignen(전유)할 수 있다.

(당연히 세계에 대한 과학적 자기화 외에 또 다른 형태의 자기화가

---

1) 위의 책.

있다. 맑스는 『정치경제학 비판을 위한 서문』에서 또한 예술적, 종교적, 실천적·정신적 자기화를 지적했다.2) 우리 맑스주의자는 종교적 자기화를 불충분한 것으로서 버린다. 그러나 버린다고 해서 종교적 자기화가 과거에 의미가 없었다는 것은 아니다. 엥겔스는 정당하게 이렇게 언급했다: "이러한 저 세상의 환상에 대한 믿음이 강력하고 생생하다면, 사람은 이러한 우회로에서 적어도 어떤 것을 획득하게 될 것이다. 중세의 확고한 믿음은 이런 방식으로 전체 유럽에 물론 의미 있는 에너지를, 그렇지만 외부에서 온 것이 아니라 비록 무의식적이고 미발전적이었지만 이미 인간 본성에 있는 에너지를 제공했다."3) 또한 종교는 많은 사람들에게 자신의 비참한 지상에서의 생활에 위안을 주고 자신의 일상을 견디도록 만든다… 물론 지배계급에 의한 착취로서 자신의 역사적 손상에 대하여 참도록 만든다.)

우리는 역사적 유물론과 변증법적 유물론의 방법을 무조건적으로 받아들인다. 또 맑스가 『정치경제학 비판을 위하여』의 "서문"에서 "그 존재를 결정하는 것은 인간의 의식이 아니라, 반대로 의식을 결정하는 것이 인간의 사회적 존재이다… 경제적 토대의 변화와 함께 전체 거대한 상부구조가 천천히 혹은 급속하게 변혁된다."4)라고 말했다면 ― 우리가 상부구조에서 중요한 변화를 발견한다면 ― 우리는 예를 들어 종교나 법, 국가, 예술, 과학에서 우선 선행하는 변화를 경제적 토대에서 찾을 수 있을

---

2) 칼 맑스, 『정치경제학 비판을 위한 서문』, 『전집』 제13권, 615-645쪽.
3) 프리드리히 엥겔스, 『영국의 상태』, 『전집』 제1권, 543쪽.
4) 칼 맑스, 『정치경제학 비판을 위하여』 "서문", 『전집』 제13권, 9쪽.

것이다. 그럴 때만이 우리는 그러한 의미 있는 변화에 접근하게 된다.

여기서 우리는 어떤 상황에서든 변증법을 언제나 쉽게 파악할 수 없다는 것을 계산해야 한다. 변증법은 때로는 작용하기 위해 엄청나게 많은 시간을 가지기도 한다. 『자연변증법』에서 엥겔스는 다음과 같은 예를 든다:

"마찰에 의한 불과는 다르다. 사람들이 다른 종류의 불을 만든 후 오래 지나서 모든 신성한 불이 대부분의 민족들에게 마찰을 통해 만들어지게 되었다. 그러나 오늘날까지 대부분의 유럽 나라들에는, 놀라운 힘을 가진 불(예를 들어 독일민족의 영험 있는 불 Notfeuer)이 오직 마찰에 의해서만 붙을 수 있다는 민족의 미신이 남아 있다. 그래서 우리 시대까지 자연에 대한 인간의 첫 번째 위대한 승리에 대한 고마운 기억이 민족의 미신 속에, 세계에 만들어진 민족이라는 이교도적·신화적 기억의 잔재 속에 — 반무의식적으로 — 계속 남아 있다.

마찰에 의한 불을 만드는 과정은 일면적이다. 이것은 기계적인 운동을 열로 전화시키는 것이다. 과정을 충분히 이해하기 위해서 운동은 반대로 열이 기계적인 운동으로 전화되어야 한다. 그러면 비로소 순환의 과정에서 창조되는 과정의 변증법이 이루어진다 — 최소한 우선적으로. 그러나 역사는 자신의 고유한 과정을 가지고 있고, 그래서 이것은 결국 변증법적으로 진행될 수밖에 없기 때문에, 따라서 변증법은 종종 충분히 오랜 시간 역사를 기다려야 한다. 마찰에 의한 불을 발견한 이래, 알렉산드리아의 영웅이(120년 경) 기계에서 나오는 증기를 회전운동으로 바꾸는 기계를 발명할 때까지 수 천 년 이상의 시간이 걸렸다. 그리고 다시 열을 실제로 이용할 수 있는 기계적 운동으로 전환하는 첫 번째 장치인 첫 번째 증기기관을 발명하기까지 거의 2천 년의 시간이 걸렸다."[5]

그렇지만 우리는 바로 맑스와 엥겔스의 이론에 근거하여 사회에서의 변증법을 훨씬 짧게 기다리게 할 수 있다고 믿을 모든 권리를 갖고 있다.

또한 우리는 때때로 마치 상부구조가 토대를 규정하는 것처럼 보는 데 익숙해져 있다 ― 예를 들어 상부구조가 토대를 폐기했을 때. 엥겔스는 『반-뒤링』에서 다음과 같은 경우를 말했다: "이에 따르면 폭력이 역사에서 경제적 발전에 대해 어떤 역할을 하는지가 분명하다. 첫째 모든 정치적 폭력은 원래 경제적 사회적 기능에 기초하고, 원래의 공동체를 파괴함으로써 사회구성원들을 사적 생산자로 전화하는 정도에 따라 증가하고, 그래서 공동·사회적 기능에 대한 관리자는 더욱 소외된다. 둘째 정치적 폭력이 여성하인에서 남성주인으로 전화된 사회에 대해 독립적으로 된 이후에, 그것은 두 가지 방향으로 작용한다. 정치적 폭력은 합법칙적인 경제발전의 의미에서, 방향에서 작용한다. 이 경우 양자 사이에는 어떤 논쟁도 없으며, 경제발전은 가속화된다. 그러나 한편으로 정치적 폭력은 경제발전에 반작용하고, 그래서 약간의 예외는 있지만 경제발전을 규칙적으로 저해한다. 이러한 약간의 예외는 개별적인 경우의 정복이다. 야만적인 정복자는

---

5) 프리드리히 엥겔스, 『자연변증법』, 『전집』 제20권, 392쪽.

한 나라의 주민을 근절하거나 추방하고, 그것과 함께 아무 것도 새로 시작할 수 없도록 생산력을 파괴하고 황폐하게 만든다."6)

문화적으로 동등한 위치에 있는 두 민족 중에서 한 민족이 다른 민족을 정복하고, 정복한 민족의 정치가 경제적(그리고 도덕적) 힘을 강하게 요구한다면, 경제적으로는 물론 문화적으로 "승리하는" 경우도 있을 수 있다. 또 이 경우에도 외견상 상부구조는 토대에 대한 단지 피러스의 승리(기원 전 280/279년에 로마를 공격한 Pyrrhus von Epirus(319-272)왕의 손실이 아주 큰 승리에서 유래, 즉 많은 희생으로 얻은 유명무실한 승리 — 역자)보다도 더 못한 것을 이룰 것이다.

어쨌든 레닌도 상부구조의 토대에 대한 외견상의 승리의 가능성 — 사회주의에서조차 — 을 위한 사례를 들었다:

"정치는 경제의 집중화된 표현이다. 나는 내 말을 반복하고 있다. 왜냐하면 나는 이미 이전에 이것을 완전히 불합리한, 나의 '정치적' 접근 때문에 한 맑스주의자의 입에서 완전히 금지된, 비난에 속하는 것으로 간주했다. 정치는 필연적으로 경제에 대해 우위를 가진다. 다시 말해 이것은 맑스주의의 ABC를 망각한 것이다.

아마 나의 정치적 평가가 잘못된 것일까? 그렇다면 당신이 얘기하고 증명해보라. 정치적 접근이 '경제적인 것'에 동등하고, 우리가 '하나와 다른 하나'를 같이 받아들이는 것은 맑스주의의 ABC를 잊는 것이라고 말해보라(아니면 단지 간접적으로

---

6) 프리드리히 엥겔스, 『반-뒤링』, 『전집』 제20권, 169쪽.

생각해보라).

다른 말로 하면 정치적 접근은 다음을 의미한다: 즉 우리가 노동조합에 대해 잘못 접근하면, 소비에트권력, 프롤레타리아 독재는 근거를 잃는다. (당은 올바르지 않았고, 소비에트권력은 러시아와 같은 농업국가에서는 분명히 무너질 수밖에 없다는 전제 아래, 당과 노동조합 사이의 분열.) 우리는 이러한 언급을 사태의 본질에 따라 검토할 수 있고(해야 한다). 즉 주어진 경우에 접근이 올바른지 잘못된 것인지 여부를 연구하고 고심하고 결정할 수 있다. 그러나 말한다: 나는 문제에 대한 당신의 정치적 접근을 '평가'하지만, '그러나' 이것은 단지 정치적 접근에 불과하고, 우리는 이에 대해 '또한 경제적 접근'도 필요하다 — 이것은 우리가 이렇게 말하는 것과 똑 같다: 나는 당신이 점차적인 행동을 취할 때 결딴이 났다는 당신의 언급을 '평가하지만' 그러나 당신은 굶주리고 헐벗은 것보다 배부르고 옷을 입은 게 낫다고 생각한다."[7]

여기서 언급된 모든 경우에 상부구조는 토대에 기초한다. 그러나 상부구조는 토대의 이러한 몰락에 살아남을 수 없다. 토대는 종국적으로 한 민족, 한 사회질서의 몰락을 결정하고, 정치의 우위는 정치의 우위에 속하는 불행을 가져올 수 있다. 그러나 정치는 불행의 결과를 결정하지 않는다. 왜냐하면 정치는, 토대에 대한 정치의 행위가 불행을, 정치의 몰락을 가져오게 되었고 가져올 수밖에 없었다는 것을 포함(이해)하지 않는다. 존재는 상부

---

[7] 레닌,『다시 한 번 노동조합에 관하여, 현재의 상태와 트로츠키와 부하린의 오류』,『전집』제32권, 73쪽.

구조의 운명이고 그와 함께 정치도 마찬가지이다.

이것은 관념론을 피하는 결정적인 요인이다. 이와 관련하여 레닌은 이렇게 생각했다: "철학적 관념론은 변증법적 유물론의 관점에서 보면, 과정의 하나의 발전을, 측면의 하나의 발전을, 인식경계의 발전을, 즉 일면적이고, 과장되고, 지나친 발전(과장, 부풀림)을 물질과 자연의 하나로 해소하고, 신격화한 절대주의이다."[8] 그래서 레닌은 또한 이렇게 정식화할 수 있었다: "현명한 관념론은 멍청한 유물론보다 현명한 유물론에 더 가까이 서 있다… 현명한 관념론 대신 ― 변증법적인 (관념론); 멍청한 대신에 ― 형이상학적, 미발전된, 죽은, 조악한, 비운동적인."[9] 그래서 관념론자 칸트나 피히테, 무엇보다 헤겔이 역사적, 변증법적 유물론, 즉 맑스주의 원천의 하나일 수 있었던 것이다. 물론 우리는 우리에게 실재를 충분히 이해하도록 하지 못하고 심한 불행을 가져올 수 있는 관념론에 맞서 싸워야 한다.

마지막으로 존재와 의식 사이의 관계의 고유한 특징 중 하나에 대해 더 생각해보자. 우리는 이렇게 문제가 제시된다고 상정할 수 있다: 예를 들어 독일에서 경제적 토대의 중요한 진보적인 변화를 어디서 말할 수 있는가? 1730년에서 1760년까지의 위대한 진보를 이룬 아름다운 문학의 성과나 1750년에서 1780년까지의 레싱과 칸트의 철학을 설명할 수 있는가? 그러나 역사적 유물론의 방법으로 이러한 종류의 모든 연구에 접근하는 것은

---

[8] 레닌, 『변증법의 문제를 위해』, 『전집』 제38권, 344쪽.

[9] 레닌, 『헤겔의 『철학사 강의』에 대한 개관』, 『전집』 제38권, 263쪽.

올바른 것이지만, 상부구조가 모든 경우에 자신의 토대에 의해 규정될 수밖에 없다고 생각하는 것은 오류일 것이다. 위에서 주어진 사례에서는 그렇다면, 영국에서 16, 17세기에 토대에서의 커다란 변화가 일어났고, 이것은 상부구조에서 상응하는 변혁으로 귀결되었으며, 그리고 이러한 영국의 상부구조에서의 변혁에 의해 독일에서의 상부구조가 — 아름다운 문학과 철학에 해당되는 — 크게 영향을 받았다고 할 수 있다. 이 경우에 독일의 상부구조에 영향을 준 것은 외래의 토대와 외래의 상부구조였다.

여기서 또한 상부구조가 국제적으로 토대보다 더 많이 운동하고 동시에 더 영향을 미치는지 여부의 문제가 제기된다. 나는 그렇다고 생각한다. 그것의 기본규정을 가진 변증법적 유물론과 역사적 유물론의 방법이 과거와 현재 그리고 미래의 시대를 위해 우리에게 세계의 실재를 과학적으로 자기화할 수 있도록 해주지만, 반면에 이것은 "과학의 몸체", 즉 방법의 적용 결과에 대해서는 당연히 해당되지 않는다(타당하지 않다). 맑스주의의 방법론은 우리에게 침해할 수 없는 것이다. 이것은 우리가 세계를 자기화하려는 우리 노력의 토대이다. 이것은 "새로운 사실과 경험"에 근거한 보충도, "심화"도 필요로 하지 않는다. 이것은 언제나 역사로부터 새로운 사례를 표현함으로써 더욱 자세하게 되지만, 그러나 맑스와 엥겔스가 발전시킨 그대로, 언제나 생생하게 표현되고 언제나 타당한 그 자체대로 남는다. 가령 사회주의에서 모순의 변증법을 배제함으로써 맑스주의의 방법론을 "더욱 발전시키려고 생각하는 사람은 난파할 것이다. 가령 그 안에 속하지 않는 이론을 도입함으로써 맑스주의의 방법을 "보충하"려는 사람은 그 방법을 설득력이 없는 것으로 만들거나 위험하게 만들 것이다."

맑스와 엥겔스, 당연히 과거의 강력한 성과 위에서 그리고 언제나 첨예하고 현명한 관찰 위에서 발전된 변증법적 유물론과 역사적 유물론은 하나의 완결된 방법론이다 — 그리고 이 방법론만이 모든 현대적인 첨가물 없이, 우리가 레닌과 마찬가지로 "무조건 그대로 전용할" 수 있는 것이다.

레닌이 이 방법을, 무조건 그대로 받아들일 수 없는 맑스이론의 "나머지"와 대립시켰다면, 그는 이것으로 동시에 과학의 방법과 과학의 몸체 사이의 근본적인 구별을 우리에게 설명한 것이다.

과학의 몸체로 넘어가기 전에, 에릭 한Erich Hahn의 언급에서 유래한 몇 가지 문제점을 고려해보자. 그가 알지 못하는 나의 논문들과 함께 그가 어디서 이해하고 있기 때문에, 나는 약간 감시하면서 언급할 뿐이다.

우리의 선결문제는 이렇다: 방법론은 원래 과학의 몸체로부터 그렇게 분명하고 확실하게 분리할 수 있는가? 나는 그럴 수 있을 뿐만 아니라, 그래야 한다고 생각한다. 맑스 자신도 『자본』 제1권 제2판의 "후기"에서 이러한 구별을 하고 있다: "편자가 나의 실제적 방법이라고 부른 것을 그가 그렇게 이해하면서, 그리고 내가 개인적으로 적용한 것을 고찰한다면, 그는 그가 변증법적 방법과 다르게 묘사한 것을 호의적으로 묘사할 것인가?"[10]

---

10) 칼 맑스, 『자본』 제1권, 『전집』 제23권, 27쪽.

하나는 방법이고, 다른 하나는 적용이다. 따라서 여기서 적용은 맑스의 경우에서와 같이 매우 클 수도 있지만, 많은 맑스주의자들에서와 같이 작고 빈약할 수 있다.

적용의 결과는 내가 여기서 과학의 몸체로 부른 것이다. 과학의 몸체의 질은 과학자에 의한 방법의 적용능력에 달려 있다. 방법은 한꺼번에 주어지는 것이고, 맑스가 정식화했듯이 "개인적인 적용"은 개별 과학자의 개인적인 능력에 의존하며 언제나 다시 수정되는 것이다.

방법의 모든 구별에도 불구하고, 이론과 경험적 인식에서 오는, 당연히 결국 다시 밀접하게 서로 결합되는 이러한 연관과 자연히 구별할 수 없는 과학의 몸체가 여기서 주어진다. 실재를 통해 검증되는, 실재의 구체적 분석에 확실히 근거하지 않은 타당한 이론은 있을 수 없으며, 실재의 이론적인 이해 없이 실재에 대한 현실적이고 깊은 인식도 없다.

그리고 방법에 대한 가장 날카로운 대립 속에서 과학의 몸체가 실재와 같이 지속적인 변동에 내던져진다. 맑스와 엥겔스에 의해 만들어진 맑스주의 과학과 그 이론 및 그 경험적 인식을 가장 위대하게 적용한 사람은 레닌이었다. 레닌은 당연히 엥겔스와 완전히 일치한다. 엥겔스는 아주 놀랍게도 건방진 뒤링에 맞서 과학자로서 매우 겸손한 태도로 정당하게 이렇게 논평했다: "어쨌든 우리는 오늘날 서 있는 인식수준이 모든 지나간 과거에 비해 결코 최종적이 아니라는 사실에 관해 전혀 놀랄 필요가 없다. 우리의 인식수준은 이미 엄청난 통찰의 자료를 포괄하고 있고, 원래 어떤 분야에 속하려고 하든 모든 사람에게 연구의 엄청난 전문화를 요구한다. 그러나 사안의 본성에 따라 수많은 세대에게 상대적으로 남아 있고 부분적으로 보완되어야 하는 인식에 대해, 혹은 우주론이나 지질학, 인류역사에서와 같이 이미 역사적 자료의 부족으로 인해 언제나 틈이 많고 불완전하게 남아 있는 인식 그 자체에 대해 진정한, 변치 않는, 궁극적인 진리의 기준을 최종적으로 제시하려는 사람은 — 따라서, 비록 여기서와 같이 개인적 무오류성에 대한 요구가 고유한 배경을 형성하지 않는다고 하더라도, 자신의 무지와 전도만을 증명할 뿐이다. 진리와 오류는, 양극적 대립으로 운동하는 모든 사고규정과 같이, 바로 극히 제한된 영역에 대해서만 절대적 타당성을 가진다; 우리가 이것을 방금 보았듯이, 그리고 뒤링씨도 알게 되겠지만, 바로 모든 양극적 대립의 불충분성에 관해 다루는 변증법의 첫 번째 요소에 대해 몇 가지 알게 되는 경우에도 그렇다."11)

이것이 바로 방법과 과학의 몸체 사이의 결정적 구별이다. 어떤 과학적 저작도 최종적일 수 없다면, 비록 이것이 여전히 절대적 진리의 수많은 낱알, 아니 전체의 낱알주머니를 간직하고 있더라도, 우리는 그 자체로서 무조건 받아들일 수 있다. 진리는 언제나 새로운 인식을 통해, 과거에서 새로운 사실의 발견을 통해서든 혹은 현재의 과정과 함께 재생을 통해서든, 역사적 과정의 진보를 통해서든, 완전히 새로운 세계에 대한 과학적 자기화를 통해서든, 보충되거나 심화된다(이것은 세계 도처에서 혹은 지구의 심연에서 혹은 과학분야의 통합을 통해서 혹은 새로운 과학분야

---

11) 프리드리히 엥겔스, 『반-뒤링』, 84쪽.

의 형성을 통해 발견된다).

방법은 어떤 의미에서는 절대적으로 타당할 수 있다. 이것은 어떤 방식에서는 아주 비슷한 논리학이나 수학과 마찬가지이다.

(또한 예술도 마찬가지로 — 기준으로서 종국적으로는 진리가 아니라 미학이 타당성을 가진다. 예술에서는 진리도 당연히 큰 의미를 갖지만 어디까지나 미학적 기준이 최종적인 기준이다. 호머나 렘브란트 혹은 횔더린을 보충하거나 심화하려는 시도는 모두 하찮은 것이 될 것이다. 우리는 그들을, 레닌이 말했듯이, "무조건" 향유한다. 그렇다, 우리는 그들로부터 여전히 배울 수 있다. 정당하게 앙드레 다스프레Andre Daspre는, 피카소가 아프리카 종족의 예술로부터 영향을 받은 반면, 아인슈타인은 과학자로서 당연히 그것으로부터 아무 것도 배울 게 없었다고 지적했다.[12])

오늘날 "맑스-레닌주의"라고 불리는 것의 몸체, 즉 학문체계가 변증법적 유물론 및 역사적 유물론과 자주 혼동된다. 따라서 맑스주의를 거부하지만 그러나 그들의 전문분야에서는 자연과 사회의 영역에 기초하여 (관념적이고 비변증법적일 수 있는 그들의 세계관에서는 아니지만) 유물론자로서 그리고 변증법적으로 접근하는 과학자들이 현명한 성과를 낼 수 있다는 사실에 관해 때로 정당하게 이해를 하지 못하는 것이다.

그리고 바로 과학적 작업에서 실재를 이러한 방법으로, 의식하든 안 하든, 자기화하는 이러한 과학자들은, 그들이 실재를 그

---

12) Daspre, Andre, 『문학사서술의 역사와 기능』, 베를린, 1982, 57쪽. 또한 당연히 맑스 『정치경제학 비판을 위하여』, "서문", 640쪽 참고.

전체성에서(예를 들어 철학적으로) "과학적으로" 실천적·정신적으로 혹은 예술적으로 자기화하려는 순간, 완전히 실패할 수밖에 없다 ― 정치적 사고와 행동으로서든 혹은 가족관계에서든 혹은 다른 어떤 것이든. 왜냐하면 그들에게는 역사적 유물론과 변증법적 유물론의 방법이 결여되어 있기 때문이다.

그러나 우리 맑스주의자는 모든 우리의 세계관, 모든 우리의 세계를 자기화하는 활동의 토대로서 변증법적 유물론과 역사적 유물론의 방법을 갖고 있다. 소유하고 있다는 의미에서 가지고 있다 ― 그러나 당연히 우리가 이것을 이해하고 언제나 올바로 정확히 적용하는 것을 의미하지는 않는다.

그러므로 고전가들을 따라서 지금까지 수 세대의 과학자들이 발전시키고 있는 맑스-레닌주의의 몸체, 즉 과학적 학문체계는 물론 ― 변증법적 유물론과 역사적 유물론이라는 변치 않는 방법과 함께 ― 또 전체로서 우리의 세계관은 언제나 개선되어야 한다. 그렇지만 이러한 지속적으로 필요한 개선은 ― 당연히 악화될 수도 있고 때로는 심각한 후퇴도 있을 수 있지만 ― 역사의 거대한 흐름 속에서 언제나 진행되는 것이다.

우리 과학자들이 변증법적 유물론과 역사적 유물론의 방법을 지속적으로 증가하는 사실의 수집과 경험적 연구 위에서 주어진 이론으로부터 적용하려고 계속 의식적으로 노력한다면, 우리의 과학적 수준은 계속 높아질 것이다.

우리가 과학적이든 혹은 예술적이든 혹은 실천적·정신적이든 세계를 의식적으로 변증법적 유물론과 역사적 유물론의 방법에 적용하고 자기화한다면, 우리는 행복하게 행동하고 행복하게 살 수 있는 인간이 될 것이다.

　논문을 읽은 젊은 맑스주의자가 내게 질문을 했다: 레닌이 맑스의 방법만을 무조건 받아들이고 과학을 언제나 확대와 심화 그리고 정정과정에 맡겼다면, 레닌은 자신의 고유한 행동으로 우리에게 맑스와 엥겔스와 "상의해야 한다"고 재차 경고했는가? 그에 대한 대답은 간단하다: 변증법적 및 역사적 유물론의 방법을 적용한 표준 위에서 엄청난 절대적 진리나 절대적 진리와 아주 유사한 것을 발견할 수 있는 사회과학의 분야에서 맑스와 엥겔스의 저작만한 것이 없기 때문이다. 예를 들면 계급투쟁의 이론과 잉여가치이론이다. 당연히 계급투쟁은 언제나 새로운 형태를 가지며, 그 원인도 개별적으로 변한다. 그러나 맑스의 기본이론은 착취 및 계급사회가 여전히 존재하는 한, 계급투쟁에 타당하게 적용될 수 있다 ― 19세기 초반의 위대한 프랑스 역사가들의 계급투쟁이론과 반대로. 당연히 자본가는 잉여가치를 창출하기 위한 새로운 방식을 계속 찾겠지만, 맑스의 잉여가치에 해당하는 기본이론은, 자본주의가 지배하는 한, 타당하다. 자본주의가 1825년과 1870년 사이에 몰락단계에 있었다고 맑스와 엥겔스가 믿은 것은 확실히 잘못된 것이다 ― 이러한 견해에 대해 엥겔스는 1895년 자신의 마지막 논문에서 정정하였다. 그렇지만 자본주의가 몰락할 수밖에 없는 원인의 분석을 맑스와 엥겔스는 우리에게 제시하였고 충분히 정식화해 주었다.

　내가 여기서 간단히 논의하려는 두 번째 문제는, 1983년 4월 11일부터 16일까지 맑스의 100주기를 기념하여 베를린에서 열린 국제적 학술회의에서 선보인 일련의 논문들에서 분명하게 드러났다. 많은 연설자들이 맑스 이론의 심대한 인본주의, 맑스의 위대한 인간성을 강조하였다. 여기서 질문: 맑스의 인본주의는 우리가 맑스의 과학적 몸체라고 부른 것의 일부인가? 맑스는 세계에 대한 과학적, 예술적, 실천적·정신적 자기화를 구별하였다. 맑스는 세계를 단순히 과학적으로만 자기화하려고 했는가? 우리가 맑스주의를 과학적 세계관이라고 말한다면, 우리는 너무 좁지 않은가? 맑스는 또한 예술적이고 실천적·정신적 관점도 말하지 않았던가, 혹은 이러한 관점도 맑스주의의 또 다른 측면으로 병치시켜야 하지 않는가? 우리가 맑스주의 혹은 맑스-레닌주의를 단지 과학으로서만 본다면, 우리는 너무 제한된 것이 아닌가?

맑스주의자로서 우리는 이렇게 말할 수 있다: 우리에게 인간은, 추상적 유적 존재 Gattung이거나 구체적 공동체가 아니라 개별 인간인, 우리 세계관의 중심에 서 있다 — 그리고 이것은 이미 『공산당선언』에서, "모든 개인의 자유로운 발전이 모두의 자유로운 발전의 조건이"라고 얘기되었다.13) 그렇다면 이것은 세계의 실천적·정신적 관점이 아니라 과학적 관점인가? 과학적으로 교육받지 않고도 세계를 인간적으로 자기화할 수 있는 능력을 가진 사람이 이 세계에는 많지 않은가? 혹은 『머리와 가슴 Kopf und Herz』이라는 맑스의 생애로부터의 일화를 다룬 영화를 보러가는 것은 바람직하지 않은가? 나는 이것이 바람직하고 옳은 일이라고 생각한다.

---

13) 칼 맑스/프리드리히 엥겔스, 『공산당선언』, 『전집』 제4권, 482쪽.

그럼에도 불구하고 나는 맑스주의를 과학적 세계관으로 특징 짓는 것이 옳다고 생각한다. 왜냐하면 예술적, 실천적·정신적으로 활동하는 사람만이 세계를 심오하게 자신의 예술적, 실천적·정신적 방식 위에서 보는 사람으로서, 다시 말해 예술가로서 혹은 실천적·정신적으로 활동하는 사람으로서 심오하게 파악할 수 있고, 세계를 변증법적으로, 역사적·유물론적으로 파악할 수 있기 때문이다. 맑스주의는 과학적 세계관이다. 그것은 맑스주의가 세계를 단지 맑스-레닌주의 과학의 몸체와 함께 자기화할 수 있기 때문에서가 아니라, 변증법적 유물론과 역사적 유물론의 방법과 함께 세계를 파악할 수 있기 때문이다. 또한 세계에 대한 예술적 파악, 또한 세계에 대한 실천적·정신적 파악은, 우리가 이러한 방법에 의식적 혹은 무의적으로 — 가령 렘브란트나 토마스 뮌쩌와 같이 무의식적으로 — 기여할 때, 실제로 이룰 수 있다.

그러므로 우리가 변증법적 유물론과 역사적 유물론의 방법을 내 것으로 만들고(자기화하고) 배우고 그것을 적용할 수 있다면, 우리는 과학자든 간호사든 시인이든 정원사든 기중기기사든 우리의 특정한 활동을 마찬가지로 이 세계에서 정당화할 수 있고, 모든 개인의 행복을 위해 그리고 모든 사람의 행복을 위해 세계를 변화시킬 수 있을 것이다.

제 2장

프리드리히 엥겔스의 역사적 유물론에 관한 "노년의 편지"

프리드리히 엥겔스가 1890년에서 1895년까지 독일 사회민주주의자들과 좌파 부르주아 지인들에게 역사적 유물론의 문제에 대해 쓴 편지들은 맑스주의의 역사에서 중요한 자리를 차지한다. 그 의미와 중요성은 점점 더 알려지게 되었다. 1979년 디츠Dietz 출판사는 이 편지들을 하나의 특별판으로 출판하였고, 이것은 완전히 정당한 일이었다. 역사적 유물론의 기초 위에서 역사를 서술하는 실천은 매우 일찍이 완성되었지만 ― 엥겔스는 그 최초의 사례로서 『루이 보나파르트의 브뤼메르 18일』을 재차 거론하였다 ― 역사적 유물론의 이론에 관한 서술은 비로소 이 편지들을 통해 높은 수준에 이르렀다. 방금 위에서 증명했듯이, 이론 서술의 발전과 이론의 실천적 적용 사이의 이러한 필연적 불균형성은 충분히 주목을 받지 못했고, 따라서 엥겔스의 위대한 성과도 여전히 충분히 높은 평가를 받지 못하고 있다.

이론의 서술

우리는 유물론적 세계관을 인간 사고의 역사를 훨씬 거슬러 올라가 추적할 수 있다 ─ 더욱이 변증법과 결합된 형태로, 예를 들어 기원 전 500년 경에 살았던 그리스 철학자 헤라클리토스 Heraklit의 경우. 역사적·유물론적 사고의 최초의 시작, 역사적 유물론의 작은 초석을 우리는, 예를 들어 몽테스키외나 투고 Turgot와 같은 18세기 프랑스의 몇몇 사회과학자들과 18세기 후반의 스코틀랜드 사상가들에게서 발견한다. 그렇지만 역사적 유물론의 성숙한 이론은 맑스와 엥겔스에 의해 창조되었다.

엥겔스가 1893년 7월 14일에 이론의 전체 발전에 대한 자신의 실행에 관해 메링 Mehring에게 다음과 같이 쓴 것은 아마 정당한 것이다: "내가 어떤 것을 약속한다면, 그것은 당신이 내가 한 것보다 더 많은 기여를 나에게 했다는 것이다 ─ 비록 내가 가능한 한 독자적으로 시간과 함께 발견한 모든 것을, 또 맑스가 급속한 자신의 일별 coup d'oeil 속에서 그리고 계속적인 조망에서 많은 것을 더 빨리 발견한 모든 것을 포함하더라도. 우리가 맑스와 같은 한 사람과 40년 동안 함께 작업하는 행운을 가졌다면, 우리는 그의 생애에 익숙하여 기여했다고 생각하는 것만큼 인정하지 않을 것이다; 거대한 인물이 죽게 되면, 작은 것도 쉽게 과도하게 평가된다 ─ 그래서 이러한 평가는 바로 이제 내 경우일 것 같다;

역사는 이것을 모두 마침내 질서 안으로 가져가게 될 것이고, 그때까지 우리는 운 좋게 슬쩍 가져가고, 아무 것도 없는 것으로부터 더 이상 아무 것도 알지 못하게 될 것이다."[1]

그러나 우리가 그의 업적인 이론의 완성을 학습연극으로서 생각한다면, 확실히 엥겔스는 옳지 못했다. 역사적 유물론의 이론은 맑스와 엥겔스에 의해 하나의 독일에서 그리고 우선 독일을 위해 발전되었다. 동시에 독일에서는 칸트와 피히테, 헤겔을 통해 관념론의 위대한 대표자들이 그리스 고대 이후 막 등장하였다. 게다가 맑스는 이러한 관념론의 일관된 대표자의 하나로서 정신적으로 성장하였다 ─ 대단한 일관성을 위해 맑스의 박사학위논문을 참고하라.

우선 당연한 것이고 그리고 역사적 유물론의 새로운 이론을 사고 속에서 구성하고 관철하기 위해, 맑스와 엥겔스는 아이를 욕소에 빠뜨려 죽여야 했다. 다시 말해 그들은 사회발전을 위한 경제적 요인의 의미를 과장해야 했다. 그러한 필연성은 사고의 역사에서 종종 그런 경우가 있으며, 이것은 이론가들에게는 이러한 필연성에 대한 통찰이 없다면 하나의 한계이고 소홀함일 것이다.

역사적 유물론의 확대와 함께 이러한 필연성이 누락되었을 때도, 그렇지만 아이는 계속 이제 성장하는 맑스주의자에 의해 빠져 죽을 수밖에 없었고, 엥겔스가 관여했다.

---

1) 프리드리히 엥겔스, "1893년 7월 14일 프란츠 메링에게 보낸 편지", 『전집』 제39권, 96쪽.

이미 위에서 인용했던 1890년 9월 21일 블로흐Bloch에게 보낸 편지에서 엥겔스는 경제적인 것에 대한 초기의 이론적 과장에 관해 다음과 같이 계속한다: "그러나 유감스럽게도 자주 있는 일인데, 사람들은 주요 명제를 갖게 되자마자 새로운 이론이 완성되었다고 생각하고 더 이상의 조작을 할 수 없는 것으로 믿는데, 이것이 언제나 옳은 것은 아니다. 그리고 나는 이러한 비난을 많은 새로운 '맑스주의자들'로부터 면책케 하지 않으며, 그러면 이것은 또한 놀라운 증거가 될 것이다."2)

그리고 3년 후에 엥겔스는 메링에게 "레싱‐전설Lessing‐Legende"에 대해 썼다: "그러나 또한 맑스와 나의 사안에서 자주 충분히 강조되지 않았던, 그리고 우리와의 관계에서 모두에게 책임이 있는, 그밖에 단 하나의 측면이 결여되었다. 즉 우리 모두는 우선 정치적이고, 법적이고, 그 밖에 이데올로기적인 관념의 구분에 주안점을 가졌고, 이러한 관념을 통해 매개된 행동을 경제적 기본사실로부터 파악했고 파악해야 했다. 따라서 우리는 내용적인 측면을 위해 형식적인 측면을 무시했다: 이러한 관념들이 이루어지는 종류와 방식을 무시했다."3)

엥겔스는 이제 "노년의 편지"에서 욕조에 빠뜨려 죽인 아이에 대한 성공적인 부활시도를 하고, 맑스와 자신에 의해 발전된 역사적 유물론의 이론을 섬세하고 차별화된 위대한 방식으로 표현

---

2) 프리드리히 엥겔스, "요셉 블로흐에게 보낸 편지", 위의 책, 465쪽. 주4와 주5를 비교.
3) 프리드리히 엥겔스, "프란츠 메링에게 보낸 편지", 위의 책, 96쪽.

하였으며, 변증법을 최고의 수준에 도달하도록 했다. 1894년 1월 25일 발터 보르기우스에게 보낸 편지에서 엥겔스는 우선 이렇게 언급했다: "우리가 역사와 사회의 결정적 토대로서 간주한 경제적 관계 하에서, 우리는 특정한 사회의 인간이 자신의 생계를 생산하고 생산물을 서로 교환하는(노동분업이 존재하는 한) 종류와 방식을 이해한다. 그래서 생산과 유통의 전체 기술이 거기에서 파악된다. 이러한 기술은 우리의 이해에 따르면 또한 교환, 나아가 생산물분배의 종류와 방식을 결정하고, 따라서 씨족사회의 해체 후에는 또한 계급의 분할과 함께 지배 및 종속관계, 더욱이 국가와 정치, 법 등을 결정한다. 또 나아가 경제적 관계 하에서는 이것이 반영하는 지리적 토대와, 그리고 종종 전통이나 관성을 통해 유지되고 있는 이전의 경제적 발전단계의 사실상 전승된 잔재도 파악할 수 있다."4)

그래서 엥겔스는 이렇게 차별화하고 심세하게 했다: "정치적, 법적, 철학적, 종교적, 문학적, 예술적 등등의 발전은 경제적인 것에 의존한다. 그렇지만 이것들 모두는 경제적 토대에 반응하고 서로 작용한다. 경제적 상태가 원인이고 적극적인 모든 것이고, 다른 것들은 단지 수동적인 작용만 하는 것은 아니다. 오히려 그것들은 결국 최종적으로 언제나 관철되는 경제적 필연성의 토대에 상호작용하는 것이다… 사람들이 여기저기서 편안하게 생각하듯이, 그것은 경제적 상태의 자동적인 영향이 아니라, 오히려 인간이 자신의 역사를 스스로 만드는 것이다 ― 그렇지만 주

---

4) 프리드리히 엥겔스, "보르기우스에게 보낸 편지", 위의 책, 205쪽.

어진, 인간을 조건짓는 환경Milieu에서, 이미 주어진 실제적인 관계, 그 중에서도 경제적 관계 위에서. 더욱이 인간은 또한 그 밖의 정치적이고 이데올로기적인 영향을 받을 수 있지만, 그러나 최종적인 것은 그리고 통과하여 오직 관계로 귀결되는 주된 것을 형성하는 것은 그것이다."5)

자주 엥겔스는 경제적 관계가 전체 사회적인 것을 단지 최종적으로만 규정한다고 썼고, 대부분 그는 "최종적으로"를 강조했다.

그러나 동시에 엥겔스는 "최종적인 것"의 역할을 지나치게 줄이는 것을 경계했다. 사실 그는 이미 1890년 8월 5일 콘라트 슈미트Conrad Schmidt에게 보낸 편지에서 분명히 이렇게 썼다: "우리가 다양한 사회구성(체)에 상응하고 그것들로부터 이끌어낼 수 있는 정치적, 사법적, 미학적, 철학적, 종교적 등등의 견해방식을 연구하기 전에, 다양한 사회구성(체)Gesellschaftsformation의 존재조건을 개별적으로 고찰해야 하는 전체 역사는 새롭게 연구되어야 한다. 거기에는 이제까지 단지 아주 적은 것만이 이루어져 있다. 왜냐하면 그것에 관해서는 단지 아주 적은 것만이 성실하게 고찰되었기 때문이다. 거기서 우리는 많은 도움이 필요하고, 분야는 무한히 크며, 성실하게 작업하려는 사람은 많은 것을 이룰 수 있고 뛰어나게 될 것이다. 그러나 그 대신 역사적 유물론의 구절은(사람들은 모든 것을 구절로 만들 수 있다) 단지 많은 독일의 젊은 이들에게 그들의 상대적으로 빈약한 역사적 지식을 — 경제사

---

5) 프리드리히 엥겔스, 위의 책, 206쪽.

역시 기저귀를 차고 있다! ― 황급한 체계로 만들고 그래서 매우 좋지 않은 결과를 낳는 데 기여할 뿐이다. 그러면 그의 주변에서 물론 단순한 구절로 폄하되고 있는 사안 자체가 비판받을 수 있다.

그래서 이것은 모든 것을 이미 차이가 없게 만든다."[6]

오늘날 우리가 어떤 나라보다도 경제사, 독일민주주의공화국에서 특별히 당과 국가가 요구하는 경제사에서 아마 많은 것을 이미 성취했고, 오랜 동안의 기저귀를 찬 상태에서 성장하여 크게 발전하고 있다고 나는 자랑스럽게 주장할 수 있다.

그러나 또 다른 측면에서 엥겔스는 때로 경제가 최종적인 국면에서 일단 설명력을 가질 수 없다는 사실을 보여주었다. 1890년 10월 27일 콘라트 슈미트에게 보낸 편지에서 엥겔스는 이렇게 언급했다: "여전히 높은 공기 중에서 떠다니는 종교나 철학 등등과 같은 이데올로기 분야에 관해서 보면, 이것들은 역사의 시기에 의해 발견되고 전승되어온 역사 이전의 상태를 ― 우리가 오늘날 멍청한 것으로 부르는 것 ― 가지고 있다. 이러한 자연에 관한, 인간 자신의 창조에 관한, 정신과 마술력 등등에 관한 다양하고 잘못된 관념은 대부분 단지 부정적인 경제(경제적으로 낮은 상태)에 기초한다; 역사 이전 시대의 낮은 경제적 발전은 보충을 위해, 또한 곳곳에 조건과 자신의 원인을 위해 자연에 관한 잘못된 관념을 가졌다. 그래서 비록 경제적 욕구가 지속적인 자

---

6) 프리드리히 엥겔스, "콘라트 슈미트에게 보낸 편지", 『전집』 제37권, 436쪽부터.

연인식의 주요동기였고 계속 더 많이 그랬지만, 어쨌든 사람들은 모든 이러한 이해할 수 없는 우둔함을 위해 경제적 원인을 추구했다. 과학의 역사는 이러한 우둔함을 서서히 없애고, 새롭지만 계속 더 적게 불합리한 우둔함을 통해 자신을 보충하는 역사였다."[7]

이러한 설명과 관련하여 두 가지가 의미 있을 것이다. 하나는 경제적 원인을 추구하거나 혹은 더 많은 것을 확정하는 것이 불합리할 것인 상부구조의 현상이 있다는 것이다: 경제적으로 덜 발전될수록, 그 만큼 더 쉽게 인간의 정신은 오류에 빠지게 된다. 최소한 마찬가지로 중요한 것으로 종종 불충분한 주목을 받는 지적이 있다: 즉 토대와 아주 가까이에 나란히 있는 상부구조의 영역도 있지만, 토대로부터 멀리 떨어진, "높이 공기 중에서 떠다니는" 상부구조의 영역도 있다는 것이다. 토대에 아주 가까이 있는 영역은 당연히 법, 특히 소유법과 노동법이다. 종교와 음악은 토대로부터 아주 멀리 떨어져 있다. 여기서 질문: 토대에 대한 상부구조의 반작용은, 토대에 의해 강력하게 영향을 받는 상부구조의 부분에서보다 토대로부터 멀리 떨어진 부분에서 더 강력하지 않은가?

방금 인용한 콘라트 슈미트에게 보낸 편지에서 엥겔스는 예를 들어 상부구조의 현상, 국가의 역할에 대해 설명한다:

"사태는 (노동)분업의 관점에서 가장 쉽게 파악된다. 사회는 없어서는 안 되는 어떤 공통의 기능을 창출한다. 이를 위해 지명

---

[7] 프리드리히 엥겔스, 위의 책, 492쪽.

된 사람들은 분업의 새로운 영역을 사회 내부에 형성한다. 분업의 새로운 영역은 그렇게 해서 그 위임자들에 대해 특별한 이해를 가지며, 그들에 대해 자립화한다 — 이것이 국가이다. 그리고 이제 비슷한 것이 상품교환에서도 일어나고 나중에는 화폐교환에서도 일어난다: 새롭게 자립화된 권력은 전체적으로 그리고 크게는 생산의 운동에 뒤따르지만, 그러나 자신의 내적인, 즉 그에게 일단 위임되고 점차 계속 발전된 상대적 자립성에 기초하여, 생산의 조건과 과정에 다시 작용한다. 이것은 두 가지 불균등한 힘의 상호작용이다. 한편의 경제적 운동은 가능한 한 자립성을 추구하는데, 일단 도입되면 또한 자신의 고유한 운동으로써 새로운 정치적 힘을 장악한다; 경제적 운동은 전체적으로 그리고 크게 관철되지만, 이것은 또한 경제적 운동 자체에 의해 도입되고 상대적 자립성을 부여한 정치적 운동에 — 정치적 운동은 힌편에서는 국기권력이고, 다른 한편에서는 국가권력과 동시적으로 형성된 반대파 — 의한 반작용을 감수해야 한다…

국가권력의 경제적 발전에 대한 반작용은 세 가지 종류일 수 있다: 반작용이 동일한 방향으로 진행되면 급속히 일이 이루어진다. 반작용이 반대로 진행되면 오늘날까지 계속 거대한 민족을 망한 상태로 가져간다. 아니면 반작용이 경제적 발전을 특정한 방향으로 자르거나 규정하는 것이다 — 이 경우에는 결국 위의 두 경우 중 하나로 환원된다. 그렇지만 두 번째 경우와 세 번째 경우에 정치권력이 경제적 발전에 커다란 손해를 입히고 대량의 힘과 소재의 낭비를 낳을 수 있다는 것은 확실하다."[8)]

그렇다, 그러한 의미에서 엥겔스는 상부구조가 강력한 힘으로서 증명될 수 있다는 사실을 주장한 것이다: "게다가 무엇보다 이전에는 전체 경제적으로 지역발전과 민족발전에 근거해 나아갈 수 있었던 경제적 원천에 대한 정복과 잔인한 절멸의 경우도 있을 수 있다."9)

이러한 철저한 사고의 일관성, 또한 역사의 경험에 기초한 사고는 얼마나 위대한가!

따라서 『변증법의 문제를 위하여』에서 관념론의 "일면적 올바름"에 관한 레닌의 언급 역시 얼마나 위대한가.10)

이러한 의미에서 엥겔스는 상부구조의 현상 역시 자신의 고유한 운동을 가진다는 사실을 언제나 재차 강조하였다. 이미 위에서 인용한 1890년 10월 27일 콘라트 슈미트에게 보낸 편지에서 엥겔스는 국가와 관련하여, 경제에 반대하는 운동을 국가가 가질 수 있음을 지적하였다. 그렇다, 고유한 운동의 이러한 사실에 "과학적 선구"에 대한 우리의 요구가 근거한다.

상부구조의 다양한 부분의 이러한 고유한 운동은, 엥겔스가 같은 편지에서 다음과 같이 언급한 현상을 포함한다: "그러나 분업의 특정한 영역으로서 철학은 모든 시대에, 자신의 선구자로부터 전승받아 자신이 출발한 전제를 위한 특정한 사고재료를 갖고 있었다. 따라서 경제적으로 낙후된 나라에서도 철학에서는 첫 번째 바이올린을 연주할 수 있었던 것이다: 그래서 18세기에

---

8) 프리드리히 엥겔스, 위의 책, 490쪽부터.

9) 프리드리히 엥겔스, 위의 책, 491쪽.

10) 레닌, 『변증법의 문제를 위하여』, 344쪽; 주20 참고.

프랑스가 영국에 대해서 철학에서는 우위에 설 수가 있었던 것이고, 후에 독일이 프랑스와 영국에 대해 철학에서 우위에 서게 되는 것이다."11)

그렇지만 상황은 여전히 복잡할 수 있다. 왜냐하면 엥겔스는 동일한 곳에서 이렇게 언급했기 때문이다: "이들 영역들에 대한 경제적 발전의 최종적 우위는 나에게 확실해 보이지만, 그러나 이러한 우위는 개별 영역 자체를 통해 주어진 조건 내에서만 일어날 수 있다: 철학에서는 예를 들어 선행자가 전승해준 기존의 철학적 재료에 대한 경제적 영향(대부분 다시 그것의 정치적 등등의 위장 속에서 비로소 작용하는)의 작용을 통해. 경제는 여기서 새로운 것을 아무 것도 창출하지 않지만, 그러나 경제는 주어진 사고소재의 변화와 재교육의 종류를 규정하고, 또한 대부분 간접적으로 규정한다 — 한편 사고소재는 철학에 직접 크게 작용하는 정치적, 법적, 도덕적 반사이다."12)

1985년(모스크바에서는 1981년) 우리에게 선보인 철저히 흥미롭고 매우 많은 문제를 처음으로 상세하게 취급한 책『역사과정의 맑스 - 레닌주의 이론』에서 또한 그와 관련하여 매우 올바른 측면이 지적되었다: "비록 예를 들어 자본주의 생산이 바로 자본주의의 정신적 생산에, 중세의 생산이 중세의 정신적 생산에 상응하지만, 각각 이 시대의 정신적 생활의 특징과 특수성은 그것에 상응하는 각각의 물질적 생산의 단계로부터 직접 이끌어낼

---

11) 프리드리히 엥겔스, "콘라트 슈미트에게 보낸 편지", 493쪽.
12) 프리드리히 엥겔스, 같은 곳.

수는 없다."13) 또한 이어서 이렇게 언급하고 있다: "과학과 도덕, 예술의 역사적 발전은, 그 과정이 사회의 생산력 발전과 생산활동에서의 진보와 완전히 일치하는 과정으로서 서술될 수 없다. 경제성장은 정신적 진보를 촉진할 수 있지만, 그러나 정신적 하강을 의미할 수도 있다. 그래서 맑스는 강조하였다(『정치경제학 비판 요강』에 대한 '서문'에서): 예술에서의 '특정한 번영기는 사회의 일반적 발전을 위한 관계에서의 번영과, 즉 물질적 토대와 그 조직의 **뼈**대의 번영과 결코 일치하지 않는다. 예를 들어 그리스인들과 현대인 혹은 셰익스피어와 비교해보라.' 물질적 생산은 사회의 정신적 역사를 직접, 순수한 형식으로 결정하지 않으며, 또 이러한 결정은 경제적 요인의 발전으로 환원될 수 없다. 결국 중요한 것은 복잡한 상호의존성인데, 이것의 의미와 내용은 우리가 전면적으로 분석할 때만 이해될 수 있다."14)

그러나 어떻게? 또한 이렇게 이어진다: "이념의 발전은 내적 연속성을 나타낸다. 이를 위한 근거는 이념이 인간적인 것 일반을 표현할 수 있는 데 있다. 따라서 우리는 이들 작품에서 우리 자신의 감정과 우리 자신의 세계감응을 다시 발견하기 때문에 소포클레스Sophokles, 페트라르카Petrarca, 푸시킨Puschkin 사이의 연관을 이끌어내는 데 전혀 어렵지 않을 뿐만 아니라, 또한 선과 악, 아름다움과 추함, 윤리적인 것과 비윤리적인 것에 관한 이 천재들의 관념이 표현되기 때문에 한마디로 인류의 모든 세대에

---

13) 『역사과정의 맑스 - 레닌주의』, 베를린, 1985.

14) 위의 책, 274쪽.

보편타당한 인간적인 것 일반의 이상이 체현되는 것으로 받아들인다."15) 가령 선과 악, 윤리적인 것과 비윤리적인 것에 관한 우리의 개념이 소포클레스, 페트라르카, 푸시킨의 개념과 내용적으로 동일하다는 데 실제로 동의하지 않는가? 내가 생각하기로는 아니라고 본다. 최소한 우리는 진보, 인간의 행복, 그리고 무엇보다 역사에서의 경제 등의 개념에 대해 내용상의 통일을 전제했어야 했다. 우리가 예를 들어 시간의 경제나, 원재료의 이용과 같은 노동의 효율성이 물질적 생산의 기본범주라고 생각한다면, 나는 위의 질문에 대해 반박할 것이다. 중국의 노동자가 비취작업장에서 드물지 않게 오랜 시간 동안 하나의 형상에 대해 작업하거나 혹은 우리가 공산주의에서 자유와 여유 속에서 작업하기를 바란다면, 자본주의에는 해당되지만 화려함과 낭비의 성향을 가진 봉건시대에는 전혀 해당되지 않고 노예노동과 또 원시공동체에 대해서는 확실히 규정할 수 없는, 시간의 경제와 효율성과 같은 범주는 선과 악의 영구적인 윤리에 기초하는 확실히 영구적인 경제적 토대를 파악할 수 없을 것이다.

그러면 토대에 대한 상부구조의 반작용이라는 우리의 문제틀로 되돌아가보자. 다시 말해 상부구조가 토대에 반작용한다면, 상부구조의 개별 영역들이 서로 작용한다면, 마침내 상부구조의 다양한 부분들이 고유한 운동을 한다면, 이론은, 모델은 결코 실재와 정확히 일치하지 않는다. 엥겔스는 그가 죽기 몇 달 전인 1895년 3월 12일 콘라트 슈미트에게 보낸 역사적 유물론에 대한

---

15) 같은 곳.

그의 마지막 위대한 편지에서 이것을 분명히 했다. 즉 그는 "개념과 실재" 사이의 차이에 관해 이렇게 말했다:

"당신이 가치법칙에 던진 비난은 실재의 관점으로부터 고찰되는 모든 개념에 해당한다. 헤겔식으로 표현하면 사고와 존재의 동일성은 원과 양극에 관한 당신의 예와 일치하지만, 사태의 개념과 그 실재라는 양자는 두 점근선과 같이 서로 나란히 달리며, 언제나 서로 근접하지만 결코 합쳐지지는 않는다. 이러한 양자의 차이는 개념은 오직 직접 이미 실재가 아니고, 실재는 직접 자신의 개념이 아니라는 바로 그 차이이다. 개념이 개념의 본질적인 성격을 갖고, 개념이 또한 개념이 추상되어야 하는 실재와 확실하게 일치하지 않는다는 사실 때문에, 개념이 언제나 더욱 하나의 가상으로서 존재한다는 사실 때문에, 당신은 모든 사고 결과를 허구로 설명한다. 실재는 사고와 커다란 우회로에서만 상응하고, 그래서 점근선과 같이 비슷하게만 일치하기 때문이다.

일반적 이윤율에서는 다른가? 그것은 모든 시점에서는 단지 비슷하게 존재한다. 이윤율이 두 회사에서 한 번 아주 작은 점 i에까지 실현되었다면, 두 회사가 주어진 해에 정확히 동일한 이윤율을 이루어냈다면, 이것은 순수히 우연일 것이다. 현실에서 이윤율은 기업에 따라 그리고 시간에 따라 다양한 상황에 의해 변할 수밖에 없다. 그래서 일반적 이윤율은 많은 회사와 일련의 시간의 평균으로서만 존재한다."[16]

---

16) 프리드리히 엥겔스, "1895년 3월 12일 콘라트 슈미트에게 보낸 편지", 『전집』 제39권, 431쪽.

"봉건성은 언제고 그 개념에 상응하여 존재했는가? 서부 프랑크왕국에서는 기초가 세워졌고, 노르망디에서는 노르웨이 정복자를 통해 더욱 발전되었으며, 프랑스 노르만을 통해 영국과 남부 이탈리아에 이식되었고, 그래서 봉건성은 그 개념에 가장 가깝게 되었다 — 예루살렘의 재판에서 봉건질서의 고전적 표현을 남긴 예루살렘의 일시적인 왕국에서와 같이. 따라서 봉건성이 단지 팔레스타인에서만 완전한 고전성을 가진 일시적인 존재로, 더욱이 대부분 단지 종이 위에서만 이루어졌기 때문에, 이러한 질서는 하나의 허구였는가?

아니면 개념이 실재와 결코 일치할 수 없기 때문에 자연과학에서 지배적인 가상의 개념인가? 우리가 진화론을 받아들이는 순간부터 유기적 생명에 관한 우리의 모든 개념은 실재와 근사적으로만 상응한다. 그렇지 않으면 변화는 없을 것이다; 개념과 실재가 유기적 세계에서 절대적으로 일치하는 날, 발전은 끝이 날 것이다."[17]

우리는 역사적 유물론에 관한 기본 사고와, 이에 대한 실재가 이론보다 훨씬 복잡하고 풍부하다는 레닌의 결정적 언급을 분명히 하기 위해 이렇게 자세하게 인용하였다. 엥겔스의 계속되는 언급에 대하여 항상 생각하지 않으면, 우리는 결국 과거 및 현존의 사회에 대한 해석자로서 그리고 더 나은 사회를 위한 전위로서 우리의 과제를 충족할 수 없을 것이다.

1890년 6월 5일 파울 에른스트 Paul Ernst에게 보낸 첫 번째 노

---

17) 위의 책, 433쪽.

년의 편지에서도 엥겔스는 이렇게 썼다: "사태를 유물론적으로 다루려는 당신의 시도와 관련하여, 나는 무엇보다 이렇게 말할 수밖에 없다. 유물론적 방법을 역사연구에서의 실마리로서 다루지 않고, 역사적 사실을 어중간하게 만드는 획일적인 완성된 틀로서 다룬다면, 유물론적 방법은 그 반대로 뒤집힐 것이다."[18]

또한 1892년 3월 16일 아우구스트 베벨에게 보낸 편지에서도: "유물론적 역사파악이 대부분 20년 동안 당의 젊은 인물들의 작업에서 허풍떠는 문구로서 역할을 하다가, 마침내 그 본래의 고유한 성격으로써 ― 역사의 연구에서의 실마리 ― 활용되기 시작한 것을 우리들이 본다면, 얼마나 기쁜 일인가."[19]

그리고 1895년 3월 11일 베르너 좀바르트에게 보낸 편지에서: "그러나 맑스의 전체 파악방식은 도그마가 아니라 방법이다. 그것은 어떤 완성된 도그마도 제공하지 않으며, 더욱 연구를 진행하기 위한 출발점과 이 연구를 위한 방법을 제공한다."[20]

이미 언급했듯이 레닌이 나중에 정식화한 것과 꼭 같다.[21] 연구가 언제나 과거의 사회에 대한 새로운 인식을 제시하고,

---

[18] 프리드리히 엥겔스, "파울 에른스트에게 보낸 편지", 『전집』 제37권, 411쪽.

[19] 프리드리히 엥겔스, "아우구스트 베벨에게 보낸 편지", 『전집』 제38권, 308쪽.

[20] 프리드리히 엥겔스, "베르너 좀바르트에게 보낸 편지", 『전집』 제39권, 428쪽.

[21] 레닌, 『인민의 벗이란…』 위의 책, 189쪽과 주12 참고.

또 각각의 사회는 계속 변화하고 더욱이 사회주의 사회도 변화한다면, 우리는 상당히 다르게 접근해야 할 것이다. 엥겔스는 1890년 8월 5일 콘라트 슈미트에게 보낸 편지에서, 사회주의 사회에 관한 『인민 - 연단Volks - Tribüne』의 토론과 관련하여 이렇게 썼다: "그렇지만 참가한 모든 사람들에게 '사회주의 사회'는 지속적인 변화와 진보 속에 있는 하나의 사회로서 파악된 것이 아니라, 단번에 고정된 분배형식을 가져야 하는 안정되고 한꺼번에 고정된 사태로서 나타났다."[22]

인류의 역사의 연구에서 역사적 유물론의 입장을 서술하려는 시도보다, 인간 생활의 다양성에서, 그리고 발전의 커다란 과정은 물론 아주 작은 통일성에서 드러나는 일상의 구체적인 사건들 속에서, 더 생생하고, 더 신나고, 더 깊이 감동적인 것은 결코 없다.

실 천

방금 앞에서 우리는 노년의 편지에서 역사적 유물론의 이론을 서술하는 데서 엥겔스를 통해 그 기초가 완성된 반면, 역사 자체의 서술(당연히 과정을 개별적으로 서술하는 게 아니라!)을 실천하는 것이 우선 실행되어야 한다는 사실을 지적하였다. 이것은 어떻게 설명되어야 하는가?

---

22) 프리드리히 엥겔스, "콘라트 슈미트에게 보낸 편지", 436쪽부터.

우선 주어진 근거로부터 한 요인을 강제적으로 과장하는 이론의 서술에 관해 언제나 말해왔다는 사실에 주의해야 한다. 아마 이론 자체는 이론의 머리 속에서 이미 아주 일찍 완성되어 있다. 왜냐하면 우리는 놀라운 사실을 잊지 말아야 하기 때문이다: 맑스와 엥겔스는 사회적 실재에 대해 믿을 수 없을 만큼 민감성을 갖고 있었다. 이것은 커다란 재능을 가지고 있는 젊고 생기발랄한 두 부르주아 아들이 노동자계급의 상태와 역할을 생생하게 인식하고 받아들였다는 사실과, 그래서 그들이 역사에서 노동자계급의 역할에 관해 오랫동안 분명하게 파악해왔다는 사실을 설명하는 것과 다르지 않다. 이것은 두 젊은이의 놀라운 민감성이다. 이들은 마찬가지로 그들의 머리 속에서 이론이(서술에서가 아니라, 이론의 가르침에서!) 이미 아주 일찍 완성되어 있었던 것에 관계없이, 그들로 하여금 실제의 역사를 그렇게 전형적으로, 그렇게 유일한 방식으로 파악할 수 있게 해주었던 것이다 ─ 더욱이 실천적으로는 그들에 의한 성실한 역사적 작업을. 엥겔스는 계속해서 여러 번 전형적인 사례로서 맑스의 『브뤼메르 18일』을 언급했다. 그래서 엥겔스는 요셉 블로흐에게(1890년 9월 21일 편지) 역사적 유물론의 이론을 원 저작으로 읽어야 한다고 경고했던 것이다: "더욱이 나는 당신에게 이 이론은 관련 저술이 아니라 원래의 저작으로 읽어야 한다고 요청한다. 이것이 사실 읽기에 더 쉽다. 맑스는 이론이 역할을 수행하지 않는 어떤 것을 쓴 적이 없다. 그러나 특별히 『루이 보나파르트의 브뤼메르 18일』은 이론의 적용에 대한 아주 탁월한 사례이다. 마찬가지로 『자본』에는 많은 지적이 있다. 그렇다면 나는 당신에게 내 저작을 증거로 내

세워도 괜찮을 것이다:『뒤링씨의 과학의 변혁 — 반뒤링』과『포이어바하와 독일고전철학의 종말』인데, 여기서 나는 내 지식이 허락하는 한 역사적 유물론의 상세한 서술을 남겼다."23) 아니면 1890년 10월 27일 콘라트 슈미트에게 보낸 편지에서: "우리가 경제적 운동의 반영인 정치적인 것 등등의 경제적 운동 자체에 대한 모든 그리고 각각의 반작용을 거부한다고 바르트Barth가 생각한다면, 그는 단순히 풍차와 싸우는 꼴이다. 그러나 그는 맑스의『브뤼메르 18일』만 보아도 괜찮을 것이다. 여기에는 정치적 투쟁과 결과가 수행하는 특별한 역할이, 당연히 이것은 경제적 조건에 일반적으로 의존하지만, 잘 다루어져 있다."24) 아니면 또 1894년 1월 25일 보르기우스에게 보낸 편지에서: "내가 생각하기에, 어쨌든 당신은 맑스가『브뤼메르 18일』에서 보여준, 이것은 실제적인 사례이기 때문에 이미 당신의 질문에 대부분의 안내를 해 줄, 멋진 사례를 참고해야 할 것이다. 또한 내가 생각하기에,『반-뒤링』제Ⅰ부의 9-11장과 제Ⅱ부의 2-4장, 그리고 제Ⅲ부의 1장과 서론에,『포이어바하』의 서론과 마지막 장에 대부분의 논점이 이미 언급되어 있다."25)

엥겔스는 자신의 저작을 실천을 위한 사례로서 언급하는 데 전혀 망설이지 않았다. 따라서 엥겔스가『브뤼메르 18일』이전에 이미 그가 쓴『독일 농민전쟁』을 거론하지 않은 것은 특이한

---

23) 프리드리히 엥겔스, "요셉 블로흐에게 보낸 편지", 464쪽.
24) 프리드리히 엥겔스, "콘라트 슈미트에게 보낸 편지", 493쪽.
25) 프리드리히 엥겔스, "보르기우스에게 보낸 편지", 207쪽.

것이다. 그러나 『브뤼메르 18일』은 엥겔스에게, 역사적 유물론의 이론이 그 모든 다양성에서 처음으로 적용되었고 그가 사실상 정당하다고 인정한, 전형적인 저작이다. 우리는 『브뤼메르 18일』을, 한 맑스주의자가 역사적 서술을 구성할 수 있었던 것처럼 이러한 1852년의 비범한 진전과 관련하여 제시된, 모든 역사가를 위한 첫 번째 필수교재로서 도입해야 한다. 그에 반해 엥겔스가 『독일농민전쟁』(1850년)에서 그렇게 했듯이, 그리고 우리 대부분이 그렇게 하듯이(나 역시), 경제적 관계와 함께 시작하는, 방식에 관해서는 아무 것도 말하지 않았다. 이것은 확실히 변증법적으로 현명한 것이다. 그러나 다루어야 하는 시대에 관해 흥분과 활기 속에서 독자를 감싸고 옮기려는 사람은, 상부구조와 함께 시작한다. 『브뤼메르 18일』의 그 유명한 처음 부분으로부터 인용해보자:

"인간은 자신의 역사를 만들지만, 그들이 바라는 대로 만드는 것은 아니다. 인간은 스스로 선택한 환경에서가 아니라 이미 존재하는, 주어진, 물려받은 환경 속에서 역사를 만들어간다. 모든 죽은 세대들의 전통은 악몽과도 같이 살아 있는 사람들의 머리를 짓누른다. 현 세대는 자신과 만물을 개조하고 이제까지 없던 무엇인가를 창출해내는 데 몰두하는 것처럼 보이는 시기에도, 바로 그와 같은 혁명적 위기의 시기에도, 자신의 일을 도와달라고 노심초사 과거의 망령들을 주술로 불러내고, 이 망령들로부터 이름과 전투구호와 의상을 빌려, 이 유서 깊은 분장과 빌린 언어로 세계사의 새로운 장면을 연출한다. 그래서 루터는 사도 바울로 가장했고 1789년부터 1814년까지의 혁명은 로마공화국과 로마제국의 의상을 번갈아가며 몸에 걸쳤고, 1848년의 혁명은 때로는 1789년의 혁명전통을, 또 어느 때에는 1793년부터 95년까지의 혁명전통을 서투르게나마 모방할 도리밖에 없었다. 이렇게 새로운 언어를 배우기 시작한 초보자는 항상 외국어를 일단 모국어로 번역하지만, 새 언어를 사용할 때 모국어를 떠올리지 않은 채 그 언어 속에서 나름대로의 길을 찾고 자신의 모국어를 망각할 정도가 될 때에만, 그는 새로운 언어의 정신에 동화되고 그래서 그 언어로 자신을 자유롭게 표현할 수 있게 된다.

  세계사에서 이처럼 망령들을 주술로 불러낸 경우를 자세히 살펴보면, 바로 어떤 큰 차이가 드러난다. 옛 프랑스혁명의 당파들과 대중들 뿐 아니라 주역들이었던 까미유 데물랭, 당똥, 로베스피에르, 생쥐스트, 나폴레옹 등은 로마인의 의상을 입고 로마인의 언어를 사용하면서 자신들 시대의 임무, 즉 근대 부르주아사회를 해방하고 창출하는 임무를 수행하였다. 어떤 사람들은 봉건제의 토대를 산산조각내고 그 토대 위에서 성장한 봉건적 지도층을 소탕하였다. 또 어떤 사람들은 자유경쟁이 발전할 수 있고, 분할된 소유지가 이용될 수 있고 국민의 무한한 산업생산력이 활용될 수 있는 그러한 여건을 비로소 프랑스 국내에 창출하였다. 그리고 그들은 프랑스의 부르주아사회에 적합하고 시대에 알맞은 환경을 유럽대륙에 만들기 위해, 필요하다면 프랑스 국경 너머 어느 곳에서나 봉건적 상태를 없애버렸다. 일단 새로운 사회구성체가 확립되면 태고적 거인들은 사라지고, 그들과 함께, 다시 살아났던 로마의 과거, 즉 브루투스 가문, 그라쿠스 형제,

푸블리콜라와 같은 사람들, 호민관들, 원로원 의원들, 그리고 바로 케사르 자신이 사라졌다. 부르주아사회는 냉정한 현실 속에서 자체의 해석자와 대변인을 세이, 꾸쟁, 루아이에꼴라르, 뱅쟈맹 꽁스땅, 귀조와 같은 사람들 속에 잉태시켰다. 부르주아사회의 실질적인 사령관들은 회계사무실의 탁자 뒤에 자리잡고 있었고, 돼지머리 루이 18세가 부르주아사회의 정치적 우두머리였다. 부의 생산과 평화적인 경쟁에 전적으로 몰두한 나머지 부르주아사회는 로마시대의 유령이 이 사회의 요람을 보호하고 있다는 사실을 더 이상 간파하지 못했다. 그러나 부르주아사회가 비록 비영웅이라고 하더라도, 부르주아사회는 스스로를 탄생시키기 위해 영웅주의와 희생과 테러와 내전과 인민들 간의 전투를 겪었다. 그리고 부르주아사회의 투사들은 로마공화정의 고전적이고 엄격한 전통 안에서 이상과 예술형식들, 즉 자기기만을 발견해 냈다. 그들은 자신들의 투쟁의 내용에서 드러나는 부르주아적 한계를 은폐하고, 그들의 열정을 위대한 역사적 비극의 높은 차원에서 계속 유지하기 위해 이러한 자기기만의 요소를 필요로 했다. 마찬가지로 한 세기 이전, 또 다른 발전단계에서 크롬웰과 영국 국민들은 그들의 부르주아 혁명을 위해 구약성서로부터 어법과 열정과 환상을 빌려 왔다. 사실상의 목적이 달성되었을 때, 다시 말해 영국사회가 부르주아사회로 변형되었을 때, 로크는 하박국Habakuk을 밀어내고 그 자리를 대신했다.

그러므로 이와 같은 여러 혁명에서 망령을 깨어나게 하는 것은 과거의 투쟁을 서투르게 흉내 내기 위해서가 아니라 새로운 투쟁을 예찬하기 위해서였고, 주어진 임무를 실질적으로 해결하는 데서 도피하기 위한 것이라기보다는 그러한 임무를 실질적으로 상상 속에서 위대한 것으로 만들기 위한 것이었으며, 지나가 버린 시대의 유령으로 하여금 다시 배회하도록 하기 위한 것이 아니라 혁명의 정신을 재발견하기 위한 것이었다."26)

"19세기의 사회혁명은 과거로부터가 아니라 오로지 미래에서 영감을 얻는다. 과거와 관련되어 있는 모든 미신을 벗어버리고서야 비로소 19세기의 사회혁명은 시작될 수 있다. 과거의 혁명들은 자신의 내용에 눈을 감아버리기 위해 지나가버린 세계사의 추억을 필요로 하였다. 19세기의 혁명은 그 자체의 독특한 내용을 얻기 위해서 죽은 자들로 하여금 자신들의 시신을 묻어버리도록 해야만 했다. 과거의 혁명에서는 형식이 내용을 압도했지만, 19세기의 혁명에서는 내용이 형식을 압도한다."27)

엥겔스는 첫 번째 문장을 자주 직접 혹은 간접적으로 인용한다 — 상부구조의 서술을 위해서가 아니라, 무엇보다 토대의 역할을 강조하기 위해서다. 예를 들면 1894년 1월 25일 보르기우스에게 보낸 편지에서도: "인간은 자신의 역사를 스스로 만들지만, 그러나 이제까지 전체계획에 따른 전체의지로 만들지는 못했고, 일정하게 제한된 주어진 사회에서도 그러지 못했다. 인간의 노력은 좌절되고, 모든 그러한 사회에서는 바로 그런 이유 때

---

26) 칼 맑스, 『루이 보나파르트의 브뤼메르 18일』, 『전집』 제8권, 115쪽부터.

27) 칼 맑스, 위의 책, 117쪽.

문에 필연성이 — 이것의 보충과 현상형태는 우연성이다 — 지배한다. 여기서 모든 우연성을 통해 관철되는 필연성은 다시 결국 경제적인 것이다."28)

맑스는 그러나 우선 상부구조 - 전통의 영향을 해명하기 위해 서술하였다. 그 현상의 처음에는 경제가 상부구조 - 전경의 아주 작은 측면들만 관계한다: "전자가 봉건적 토양을 조각내고, 거기서 성장했던 봉건적 머리를 파괴한다." 머리, 상부구조는 봉건적 토양에서 성장하였다! 그렇지만 바로 다음에 경제의 발전을 위한 조건을 창출하는 상부구조가 다시 이어진다 — 왜 상부구조가 그렇게 다루어지고, 누가 상부구조를 추동하는 지, 아직은 불분명하다. 그러나 몇 줄 더 내려가서, 중간쯤에 장문의 유물론적 설명이 나온다: "부르주아사회의 실질적인 사령관들은 회계사무실의 탁자 뒤에 자리 잡고 있었고," 바로 그 다음에 다시 토대로부터 전환하여 맑스는 직접 계속 나아간다: "돼지머리 루이 18세가 부르주아사회의 정치적 우두머리였다." 더 나아가면: "부의 생산과 평화적인 경쟁에 전적으로 몰두한 나머지" — 그러나 왜 이러한 경제적 활동을 언급했는가? "잊어버린 것"을 해명하기 위해서, 문장은 계속 이어진다: "부르주아사회는 로마시대의 유령이 이 사회의 요람을 보호하고 있다는 사실을 더 이상 간파하지 못했다."

모든 상세한 설명은 기본적으로 죽은 망령을 깨우고 혁명 이후의 새로운 종식을 해명하는 것이다. 또한 후자는 여기서 앞서

---

28) 프리드리히 엥겔스, "보르기우스에게 보낸 편지", 206쪽.

의 설명에서 이루어진 멋진 결론을 인용하였다.

전체는 교양 있는 독자라면 즉각 받아들일 수밖에 없고, 독자를 드물고 진기한 그리고 흥분되게 2월혁명과 브뤼메르 18일의 전사로 이끌어 주는 비범한 서론이다. 더욱이 "역사적·유물론적 도식"은 전혀 뒤따르지 않으며, 매우 신선하고 생생하게, 토대에 대한 몇 가지 아주 짧은 기억과 함께 상부구조로 날카롭게 도약하고 있다.

한 페이지 더 나아가 정당의 태도와 관련하여, 더욱이 두 왕당파와 관련하여 유일하게 역사적·유물론적 논술이 나온다: "앞에서 언급한 바와 같이, 정통 왕조파와 오를레앙파가 질서당의 양대 분파를 형성하고 있었다. 이들 분파가 서로 자기파의 왕위 계승권자를 고집하고 상호간에 선을 긋는 것은 단지 백합과 삼색기의 차이, 부르봉가와 오를레앙가의 차이, 다시 말해 서로 다른 색깔의 왕조주의 때문인가? 그것은 일반적인 왕조주의의 신앙고백인가? 부르봉왕가 시기에는 대토지소유가 자신의 성직자들과 그들에게 충성을 맹세한 자들과 함께 통치하였고, 오를레앙왕가 시기에는 금융귀족, 대산업, 대상업 등 한마디로 자본이 변호사, 교수, 달변가 등을 그 하수인으로 삼아 통치하였다. 정통파 왕정은 대지주들의 세습지배의 정치적 표현에 불과했고, 7월왕정은 부르주아 졸부들이 찬탈한 권력의 정치적 표현에 불과했다. 이와 같이 이 두 분파를 구분짓는 것은 이른바 원칙이 아니라 그들 존재의 물적 조건, 다시 말해 상이한 두 종류의 재산이었고, 도시와 농촌 사이의 오랜 대립, 자본과 토지소유 사이의 경쟁이었다. 동시에 과거의 기억, 개인적 원한, 공포와 희망, 편견과 환상, 동정과 혐오, 신념 및 신조와 원칙 등, 이 모든 것을 두 분파가 이런저런 왕가에 결부시켰다는 사실, 이 사실을 누가 부정하겠는가? 서로 다른 부의 형태와 사회적 존재조건, 그 위에 본능과 독특한 형태의 감정, 환상 그리고 사고방식과 인생관이라는 상부구조가 놓여 있는 것이다. 계급 전체는 이러한 상부구조를 자신의 물질적 기초와 이에 상응하는 사회관계로부터 만들어내고 구성한다. 전통과 교육을 통해 이 상부구조를 흡수한 개인은 이 상부구조가 자신의 행위의 진정한 동기와 출발점을 이룬다고 상상할지도 모른다. 오를레앙파와 정통 왕조파, 이 두 분파는 스스로에게 그리고 남들에게, 그들을 분리시킨 것은 두 왕가에 대한 충성심이었음을 곧이듣게 하려 했지만 이후의 사실들은 두 왕당파의 단합을 방해한 것은 오히려 그들의 상반된 이해관계였다는 점을 증명해 주었다. 그리고 사생활 문제에서 한 개인이 자신에 대해 생각하고 말하는 것과 실제로 그가 어떤 사람이고 그가 행하는 바가 무엇인가 하는 것이 구분되듯이, 역사상 여러 투쟁에서 각 정파들이 내건 구호 및 이상과 그들의 실제 구조와 현실적 이해관계가 더욱 구분되어야 하고, 그들이 스스로에 대해 갖는 여러 관념들과 실제 모습은 구분되어야 한다. 오를레앙파와 정통 왕조파는 공화정 체제 하에서는 동일한 요구를 하면서 어깨를 나란히 했다. 만일 어느 한쪽이 다른 한쪽에 대항하여 자기 편 왕가를 복고시키려 한다면, 그것은 토지재산과 자본으로 나뉘어져 있는 부르주아지의 두 가지 거대한 이해관계 중 어느 하나가 우월성을 확보하고 다른 한쪽을 종속시키려 하는 것에 불과하다는 사실을 의미할 뿐이다. 우리는 지금 부르주아지의 두 이해관계에 대해 말하고 있는데, 그것은 대토지소유가 봉건적인 짙은 화장과 혈통적 자부심에도 불구하고 근대사회가 발전함에 따라 철저하게 부르주아화했기 때문이다. 그래서 영국의 토리당은 위기의 시대가 자신들로 하여금 그들의 열광적인 관심대상이 오직 지대일 뿐이었다는 사실을 고백하도록 만들기 전까지 오랫동안 자신들은 왕권과 교회와 구 영국헌법의 아름다움에 심취해 있었다고 상상했던 것이다."29)

상부구조의 묘사, 언제나 토대에 아주 구체적으로 근거한 두 정파의 묘사가 어떠한가! "서로 다른 부의 형태와 사회적 존재조건, 그 위에 본능과 독특한 형태의 감정, 환상 그리고 사고방식과 인생관"에 놓여 있는 상부구조는 "금융귀족, 대산업, 대상업 등 한마디로 자본"에 맞서는 "대토지소유"로 환원된다. 동시에 그 수행원은 "변호사, 교수, 달변가 등"에 대한 "수다와 하수인이다."

상부구조 고찰의 이론은 이렇게 아주 중요하다. 다시 한 번 반복해보자: "전통과 교육을 통해 이 상부구조를 흡수한 개인은 이 상부구조가 자신의 행위의 진정한 동기와 출발점을 이룬다고 상상할지도 모른다. 오를레앙파와 정통 왕조파, 이 두 분파는 스스로에게 그리고 남들에게, 그들을 분리시킨 것은 두 왕가에 대한 충성심이었음을 곧이듣게 하려 했지만 이후의 사실들은 두 왕당파의 단합을 방해한 것이 오히려 그들의 상반된 이해관계였다는

---

29) 칼 맑스, 위의 책, 138쪽부터.

점을 증명해 주었다. 그리고 사생활 문제에서 한 개인이 자신에 대해 생각하고 말하는 것과 실제로 그가 어떤 사람이고 그가 행하는 바가 무엇인가 하는 것이 구분되듯이, 역사상 여러 투쟁에서 각 정파들이 내건 구호 및 이상과 그들의 실제 구조와 현실적 이해관계가 더욱 구분되어야 하고, 그들이 스스로에 대해 갖는 여러 관념들과 실제 모습은 구분되어야 한다."30)

얼마나 대단한 가르침인가! 또한 진정 확증된 정치적 범죄자가 있을 수 있다! 그들은 스스로도 알 수 없고, 그들이 규정하는 경제적 동기도 알지 못한다. 단지 역사적 유물론의 방법을 다루는 맑스주의자만이 이것을 꿰뚫어 볼 수 있고, 그래서 맑스주의자만이 정파의 의미와 목표를 실제로 깊이 인식할 수 있다. 그러면 다시 한 번 상부구조로 돌아가보자: "동시에 과거의 기억, 개인적 원한, 공포와 희망, 편견과 환상, 동정과 혐오, 신념 및 신조와 원칙 등, 이 모든 것을 두 분파가 이런저런 왕가에 결부시켰다는 사실, 이 사실을 누가 부정하겠는가?"31)

그렇다, 우리는 역사를 역사적 유물론의 입장으로부터 서술해야 한다 — 그리고 맑스는 이미 1852년 『루이 보나파르트의 브뤼메르 18일』에서 그렇게 서술하였다. 엥겔스는 역사적 유물론이 무엇인가를 파악하려고 했던 것을 여기서 언제나 다시 읽을 거리로서, 교재로서 추천하였다.

---

30) 칼 맑스, 위의 책, 139쪽.
31) 칼 맑스, 위의 책, 139쪽.

몇 가지 또 다른 시사점

독일 파시즘의 지배 동안 우리는 독일 역사를 일반적으로 잘못된 길, 불행으로서 보았다 — 당연히 몇 가지 시점을 가지고.

이후, 50년이 지나서, 우리는 그러나 주로 섬광을 강조하는 차별화된 역사상을 시작했고, "불행 - 이론"을 보급하는 책과 논문들이 잘못된 상으로서 주어진 것으로 보았다.

내가 다른 사람보다 더 강하게 섬광을 강조했다면, 나는 독일 파시즘 시기에 "불행 - 이론"을 대표한 것이다. 그러나 파시즘 종식 이후에도 나는 나의 견해에 그대로 머물렀다 — 그래서 나의 『노동자상태의 역사』의 마지막 판(1961년) 제1권에서도 그랬다. 거기서 나는 바로 맑스와 엥겔스의 젊은 시절의 저적을 인용했다 — 엥겔스의 『독일의 싱횡』과 맑스의 엥겔스의 『독일 이데올로기』. 그 당시 사람들은, 나의 "잘못된 입장"을 세우기 위해 내가 맑스와 엥겔스의 젊은 시절의 저작, 즉 맑스와 엥겔스가 독일 역사를 아직 충분히 연구하지 못했던 시절의 저작을 인용했다고 나를 비난했다. 유감스럽게도 나는 엥겔스가 죽을 때까지 자신의 이러한 입장을 견지했다는 것에 관해 그 당시 기억하지 못했다. 1893년 7월 14일 프란츠 메링에게 보낸 편지에서 엥겔스는 이렇게 썼다: "독일 역사의 연구에서 — 유일하게 지속된 불행을 서술하는 — 나는 상응하는 프랑스의 시기와 비교하는 것이 마침내 정당한 기준을 제공할 것이라는 사실을 계속 발견했다. 왜냐하면 프랑스에서는 바로 우리의 역사와는 반대되는 것이 일어났기 때문이다. 프랑스에서는 민족국가의 형성이 봉건국가의 몸체분열disjectis membris로부터 일어났지만, 바로 우리에게는 총체적 붕괴로서 일어났다. 프랑스에서는 과정의 전체 진행에서 드문 객관적 논리가 있지만, 우리에게는 언제나 황폐한 파괴만이 있었다. 프랑스에서는 영국의 정복자가 중세에 북부 프랑스 민족성에 대해 프로방스 민족성을 기초로 한 자신의 관여 속에서 이방인 관여를 대표했다; 영국전쟁은 이른바 30년전쟁을 의미하지만, 그러나 외국의 관여를 추구하고 북부 아래 남부를 지배하는 것으로 끝났다. 그래서 외국 소유지에 기반한 부르고뉴 가신과의 중앙권력의 투쟁이 일어나고, 부르고뉴 가신은 브란덴부르크 - 프로이센의 역할을 수행하지만 중앙권력의 승리와 민족국가의 형성으로 귀결되었다. 그래서 바로 이 순간에 독일에서는 민족국가가 완전히 마련되었고 (그런 의미에서 우리는 '독일왕국'을 신성로마제국 내부에서의 민족국가로 부를 수 있다), 거대한 규모에서 독일 영토의 약탈이 시작되었다. 이것은 독일에게는 높은 정도에서 부끄러운 비교이지만 그러나 그와 관련하여 배울 게 많으며, 우리 독일의 노동자가 다시 역사적 운동의 첫 번째 대열에 서게 되면, 우리는 과거의 굴욕을 약간 덜 삼킬 수 있다."[32]

독일의 역사 — "유일하게 지속적인 불행." 노동자계급의 위대한 행동과 함께 가장 최근의 시대를 더 강하게 강조하기 위해 당연히 아이는 욕조에 빠져 있다. 가볍게 우리는 오늘날 차별화되고 섬세하게 세련될 수 있지만, 그러나 기본 음조는 유지되어

---

32) 프리드리히 엥겔스, "프란츠 메링에게 보낸 편지", 99쪽부터.

야 한다.

또한 나는 이 편지에서 믿을 수 없는 문장을 발견했다. 엥겔스는 레싱의 시대에 관한 메링의 작업을 확대하도록 격려하고 있다: "우리는 당신이 동시에 비스마르크에까지 지속적 발전을 함께 다루지 않는다면 유감일 것이고, 당신이 다른 기회에 선제후 프리드리히 빌헬름에서부터 죽은 빌헬름까지(빌헬름 1세) 연관된 전체상을 서술하기를 바란다. 당신은 일단 예비연구를 했고, 최소한 주요 사항에 대해 잘 끝냈다. 그래서 잡동사니상자를 마련하기 전에 한 번 해봐야 할 것이다; 군주적·애국적 전설의 해소는, 비록 계급지배를 감춘 군주정의 타파가 바로 필요한 전제는 아니지만(왜냐하면 군주정의 타파가 이루어지기 전에, 순수한 부르주아 공화국이 독일에서는 시대착오적이기 때문에), 그것에 대한 가장 유력한 실마리의 하나이다."[33]

괄호 안의 부수적 언급에 나타난 예견은 정말 믿을 수 없는 것이다: 바이마르공화국의 사형선고를 25년 전에 예견한 것이다.

당연히 우리는 역사적 유물론의 기본이론에 확고히 서서, 역사의 개별 사건은 물론 또한 아마 한 민족의 거대한 역사국면을 다양하게 평가할 수 있다. 다양한 평가의 대표자들 사이에서 — 가령 불행 - 이론과 같은 — 하나의 의견논쟁이 주어진다. 여기서 누구도 다른 사람에게 "반 - 맑스주의" 등으로 비난할 필요가 없다. 우리가 의견논쟁을 통해 과학적으로 더 나아가고자 한다면, 이것을 이해하는 것이 아주 중요하다. 이것은 나에게 필수적인

---

33) 프리드리히 엥겔스, 위의 책, 98쪽부터.

것처럼 보인다 — 그러나 이것은 실제로 한 번도 일어나지 않는다: 우리가 역사적 유물론의 토대에 서서, 깊이 있는 연구나 새로운 사실에 근거하여 맑스와 엥겔스 그리고 레닌 중 어느 하나에 어긋나는 평가에 이르렀다고 생각한다면, 이것은 단호하게 고발될 수 있다.

이것을 넘어 바로 역사적 유물론의 이론을 적용할 때, 1894년 1월 25일 보르기우스에게 보낸 편지의 다음과 같은 언급은 나에게 중요한 것으로 보인다: "당신이 얘기했듯이, 기술이 거의 대부분 과학의 상태에 의존한다면, 과학 역시 기술의 상태와 필요에 더욱 의존할 것이다. 사회가 기술적 필요를 가지고 있다면, 이것은 과학에게 10개 대학 이상으로 더욱 도움이 될 것이다. 전체 유체역학은(토리첼리Torricelli 등) 16세기와 17세기 이탈리아에서 산악폭풍을 제어하려는 필요를 통해 발견되었다. 전기에 관해서 우리는 전기의 적용가능성을 발견한 이후 비로소 합리적인 것을 알게 되었다. 그러나 독일에서 우리는 유감스럽게도 과학의 역사가 마치 하늘에서 떨어진 것처럼 서술하는 데 익숙해 있다."[34]

우리가 하나의 결과순환인 과학 - 기술 - 생산을 구성하는 데 관해 생각해보면, 거꾸로 생산의 필요에서 출발하는 대신, 그러면 우리는 이러한 엥겔스의 상세한 얘기를 진정 생각해야 할 것이다. 당연히 과학의 선구를 통해 반대의 길도 가능하다 — 그러나 관례적이고 일반적인 규정은 엥겔스에 의해 제시되었다.

---

34) 프리드리히 엥겔스, "보르기우스에게 보낸 편지", 205쪽.

엥겔스는 자신의 노년의 편지에서 여러 번 원인과 결과의 전도에 관한 이러한 문제틀을 제시했다. 그에게 이것은 "잘못된 허위의식"이고, 그는 이것을 또한 이데올로기로(우리의 언어사용에서 이데올로기 개념은 또한 올바른 의식을 포함한다), 매우 관례적인 관념론적 형상으로 명명했다. 그래서 그는 1893년 7월 14일 경 프란츠 메링에게 보낸 편지에서 이렇게 썼다:

"이데올로기는 이른바 사상가에 의해서 의식을 가지고 수행되지만, 허위위식을 가지고 수행되는 과정이다. 그것을 움직이는 원래의 추동력이 그에게는 알려져 있지 않다. 그렇지 않다면 그것은 이데올로기적 과장이 아닐 것이다. 말하자면 그는 허위적 혹은 외견상의 추동력을 상상한다. 그것은 사고과정이므로 그는 그 내용뿐 아니라 그 형식도 순수한 사고로부터, 자기 자신의 사고나 선조의 사고로부터 도출한다. 그는 자신이 검사하지 않고 사고에 의해 산출된 것으로 받아들일 뿐, 그 밖에는 사고와는 독립된, 더 멀리 떨어진 기원에까지는 더 이상 탐구하지 않는 단순한 사유재료로서 작업한다. 이것이 그에게는 자명한 것인데, 왜냐하면 모든 행동이 사고에 의해 매개되므로 그에게는 궁극적으로 사고에 근거하는 것으로 현상하기 때문이다.

역사적 이데올로그(여기서 역사적이란 말은 정치적, 법적, 철학적, 신학적, 간단히 말해 단순히 자연에 속하는 게 아니라 사회에 속하는 모든 영역을 간단히 요약해서 나타내는 말이다)는 과거 세대의 사고에 의해 자립적으로 형성되고 이것을 계승된 세대의 머리 속에서 자체의 자립적인 발전순서를 거친 그런 소재를 각 과학영역에 갖고 있다. 물론 이런저런 영역에 속하는 외적 사실들이 이러한 발전에 공동 규정적인 영향을 미치지만, 이들 사실 자체도 암묵적 전제에 따라 다시 한 사고과정의 단순한 결과일 뿐이고, 그러므로 우리는 가장 단단한 사실조차도 겉보기에는 행복하게 소화된 단순한 사고의 영역에 여전히 머물고 있다.

대부분의 사람을 현혹시키는 것은 무엇보다 국가제도, 법률체계, 각 특수영역에서의 이데올로기적 표상들이 자립적인 역사를 가지는 듯한 이러한 겉모습이다. 루터와 캘빈이 공식적 가톨릭교를, 헤겔이 피히테와 칸트를, 루소가 그의 공화주의적『사회계약론』으로 입헌주의적 몽테스키외를 직접 "극복한다면", 이것은 신학, 철학, 국가학 안에 머물러 있고 이들 사고영역의 역사에서 한 단계를 이루며 사고영역에서 전혀 벗어나지 않는 과정이다. 그리고 자본주의적 생산의 영원성과 궁극성에 관한 부르주아적 환상이 덧붙여진 이래로 중농주의자들과 스미스에 의한 중상주의자들의 극복이 사유의 단순한 승리로서, 즉 변화된 경제적 사실들의 사유반사로서가 아니라 끊임없이 도처에 존재하는 사실적 조건들에 대해 마침내 달성된 올바른 통찰로서 간주된다. 리하르트 뢰벤헤르츠Richard Löwenherz와 필립 아우구스트Philippe Auguste가 십자군원정에 끼어들지 않고 자유무역을 도입했더라면, 우리에게는 500년 간의 빈곤과 우매함이 절약되었을 것이다."35)

---

35) 프리드리히 엥겔스, 위의 책, 98쪽.

이에 관해서는 우리의 설명의 처음으로 되돌아가는 아주 흥미로운 정식화가 있다: "이데올로그들의 다음과 같은 당치도 않는 상상도 이와 관련된다: 우리는 역사에서 어떤 역할을 수행하는 다양한 이데올로기 영역들의 자립적인 역사적 발전을 부인하므로, 또한 그들의 어떤 역사적 효력도 부정한다는 것이다. 여기서는 원인과 결과를 서로 경직되게 대립해 있는 극으로 생각하는 평범한 비변증법적 상상, 상호작용의 절대적 망각이 기초가 되고 있다. 한 역사적 계기는 그것이 일단 다른 원인들, 궁극적으로는 경제적 원인에 의해 세계에 정립되자마자 반응하며, 자신의 주위와 자신의 원인에까지도 반작용할 수 있음을 이 신사분들은 자주 그리고 거의 고의적으로 망각한다."36)

아주 흥미롭다. 또 우리에게는 자립적인 역사적 발전과 역사적 효력 사이의 구분이 완진히 불충분하게 연구되었다. 과학적 선구는, "고유한 운동을 가진 재능 있는 새로운 정치권력"37)은 단지 역사적 효력에 의한 것인가? 과학적 선구는 어떤 자립적인 역사적 발전을 갖지 않는가? 고유한 운동과 역사적 발전 사이의 차이는 무엇인가? 아직까지 설득력 있게 대답되지 않은 많은 문제들이 있다.

마지막으로 엥겔스의 개인적인 고백을 인용해보자. 이것은 세

---

36) 같은 곳.
37) 프리드리히 엥겔스, "1890년 10월 27일 콘라트 슈미트에게 보낸 편지", 490쪽.

계의 관찰자로서 그리고 사회의 행동가로서 그의 감정과 그의 느낌을 좀 더 가까이 알기 위해 중요하다.

1893년 4월 11일 조지 윌리엄 람플루그George William Lamplugh 에게 보낸 편지에서 나타난다:

"나는 당신이 측량기사로서 당신의 생활에 놀랄 만큼 적합하다는 사실에 기쁘다. 그것은 당신에게, 지겨운 사무실에서의 일이나 이스트 라이딩East Riding의 곡물거래소에서의 일에 비하면, 커다란 위안이 될 수밖에 없다. 나는 그것에 관해 마음을 쓸 시간이 별로 없을 것이다. 나는 짧은 시간밖에 없다. 당분간 나는 대도시의 운동 없이는 지낼 수 없다. 나는 언제나 대도시에서 살아왔다. 자연은 웅대하고, 역사의 운동의 변화로서 나는 언제나 즐겨 자연으로 돌아왔지만, 그러나 역사는 나에게 자연보다 더 웅대한 것처럼 느껴진다. 자연은 의식적인 생명체를 낳기 위해 수백만 년 지내왔고, 의식적으로 함께 행동하기 위해 이러한 의식적인 생명체를 수천 년 동안 가져왔다; 의식적으로 개인으로서의 의식적인 생명체의 행동뿐만 아니라 또한 대중으로서의 행동을 가져왔다; 함께 행동하고 공동으로 이미 원했던 하나의 공통목표를 추구하는. 이제 우리는 거의 도달했다. 그리고 이러한 과정을 관찰하는 것은, 어떤 것의 가까이 다가오는 이러한 형성이 우리 지구의 역사에서 아직까지 실존하지 않은 것은, 나에게는 관찰할 가치가 있는 연극처럼 보인다. 그리고 전체 지나간 나의 생애 동안 나는 눈을 거기서 돌릴 수 없었다. 그렇지만 이것은, 이러한 과정에 우리가 상호작용하기 위해 소환된다고 특별히 생각한다면, 피곤할 것이다; 그러면 자연연구는 거대한 경감으로서 그리고 치유수단으로서 증명할 것이다. 왜냐하면 결국 자연과 역사는, 우리가 살고 운동하고 존재하는, 양대 구성요소이기 때문이다."38)

엥겔스의 이 문장에 대해서는 얼마나 아름답고 — 주석이 필요 없이 — 단순하게 즐거운가.

---

38) 프리드리히 엥겔스, "조지 윌리엄 람플루그에게 보낸 편지", 『전집』 제39권, 63쪽.

제 3 장

의식과 존재

우리는 의식에서 시작하였다. 왜냐하면 의식은 여기서 무엇보다 의식의 발전과, 존재에 대한 의식의 일반적 영향과 관련되기 때문이다. 의식 - 존재의 문제는 고전가들에 따르면 맑스주의 문헌에서 중요한 의미를 가졌고, 또한 『역사과정의 맑스 - 레닌주의 이론』이라는 매우 흥미롭고 멋진 책에서 상세히 다루어지고 있다.

우리는 먼저 의식과 존재에 관한 이 책의 일반 종류의 확신을 살펴보자.

우리는 다음과 같은 언급으로 시작해보자: "인식론적이고 사회학적인 분석측면의 적용은 사회적 의식과 사회적 존재의 상호작용에 관한 깊은 인식으로 귀결된다. 그것의 가장 중요한 기능법칙과 발전법칙은 사회적 의식과 사회적 존재의 일치에 관한 법칙이다. 법칙의 본질은 사회적 존재에 대한 사회적 의식의 항상적인 적응에 있다. 이 과정에서 사회적 의식은 변하고, 사회적 존재의 변화를 촉진한다. 이러한 객관적 법칙의 실존에 대해 레닌은 자신의 책 『유물론과 경험비판론』에서 지적했다. 레닌은 항상 변화하는 사람의 사회적 존재에 대해 의식이 비판적으로 적응해야 한다고 강조하였다."1)

우리는 이러한 정식화에 동의할 수 있다. 다음과 같은 문장에 대해서는 다르다: "사회적 존재에 대한 사회적 의식의 일치 법칙은, 존재에 대한 의식의 뒤처짐과 같은 그런 경향으로, 의식의 개별 측면의 불균등한 발전으로, 사회적 존재에 대해 진보적인 의식이 '선행하는' 것으로 나타난다."2) 여기서 법칙이 법칙으로부터의 이탈을 통해 증명된다고 주장한다. 이러한 법칙이 당연히 다른 모든 사회적 법칙과 마찬가지로 단지 경향으로서만 작용하고 법칙으로부터의 이탈은 철저히 무시할 수 있다고 우리가 말한다면, 전체는 이해할 만하다.

그러나 다음의 문장은 나에게 완전히 혼란스럽게 보인다: "역사적 과정은, 적대적인 경제적 사회구성(체)의 사회적 의식에서 사람의 사회적 존재는 단지 불완전하고, 적절하게 표현할 수 없음을 보여주고 있다; 거기에는 언제나 무수한 환상과 오류가 들어 있다. 이러한 사실의 사회적 원인은, 고루한 계급이해의 표현인 지배적인 착취계급의 의식이 다른 계급을 강요하는 데 있다. 이것이 그들에게는 유리한 측면이라면, 착취계급은 철학적, 종교

---

1) 『역사과정의 맑스 - 레닌주의 이론』, 415쪽.
2) 같은 곳.

적, 법적, 도덕적 등등의 구호로 사람들 사이의 현실적 관계를 감춘다. 이에 대한 사례는 관념론적 역사파악의 선전인데, 이것에 따르면 이념이 역사과정의 본질을 만들고, 국가가 '부르주아 사회'를 규정하고, 사회적 규범은 신에게서 기원한다는 등과 같이 주장한다."[3]

당연히 의식은 "적대적인 경제적 사회구성(체)" 이래로 부적절했을 뿐만 아니라, 또한 이제까지의 인류의 모든 역사에서도 그랬다. 그 원인은 계급사회에서 근로대중에게 강요하는 착취자의 의식에 있을 뿐만 아니라, 또한 지배계급 스스로 세계를 자기화하여 세계를 실제로 파악할 수 있도록 변증법적 유물론과 역사적 유물론의 방법을 적용할 수 없었다는 데 있다. 당연히 착취자는 이에 덧붙여 자신의 환상과 오류를 또한 근로 대중에게 보급하였다. 그러나 일단 지배자 스스로 근로 대중을 종속시켰고, 또 일반적으로 사회적 의식이 사회적 존재를 적절하게 파악하지 못했다고 확인할 수 있다. 그래서 근로 대중에게 해당되는 것은, 또한 어떤 착취자도 자신의 의식을 날조할 수 없었던 원시공동체사회에서도 그대로 적용되는데, 거기서도 존재를 적절하게 파악할 수 없었다는 것이다.

다음의 문장이 동일하게 사회주의에 관해 다룬다면, 여기서는 금지된 사고의 도약이 일어나고 있다. 문장은 맑스주의의 근본 입장에서 형성된 자본주의의 근로자의 사회적 의식을 다루었어야 했다. 다시 말해 자본주의에서는 사회적 존재의 토대에 대한

---

3) 같은 곳.

파악으로서 사회적 의식이 역사에서 최고점에 달한다; 사회적 존재의 기반에 해당하는 모든 것은, 당연히 사회적 존재와 함께 계속 변화하면서, 단지 양적으로만 넘어설 수 있다.

이어서 다음과 같은 문장이 시작된다: "사회적 존재에 비해 사회적 의식의 뒤쳐짐 경향은 또한 사회주의에서도 나타난다. 그러나 경향은 사회적 존재와 사회적 의식의 상호작용에서 지배적인 것이 아니다. 사회주의에 대해서는 바로 사회적 존재와 사회적 의식 사이의 일치가 특징적이다. 새로운 사회제도로서 사회주의의 형성은 새로운 사회적 존재와 새로운 사회적 의식이 형성되고, 양자의 일치가 구성되는 시대이다. 이러한 일치의 실현은 사회적 존재에서 과학적 공산주의의 이념이 실현되는 것을, 다시 말해 물질적 사회관계가 과학적으로 근거지어진 정책의 영향 아래 발전하는 것을 의미한다."4)

여기서 우리가 인용한 두 문장의 불일치가 특히 분명히 나타난다. 첫 번째 문장은 단순히 "일치의 법칙"에 관해 말했지만, 다음 문장은 일치의 법칙이 사회적 존재에 비해 사회적 의식의 "뒤쳐짐과 같은 그런 경향"으로 나타난다는 것을 보여준다. 이제 이 문장에서는 그렇지만, 한편으로는 사회주의에서도 의식의 뒤쳐짐이 존재한다고 말하고 있는 반면, 다른 한편으로는 그것이 지배적이 아니라고, 다시 말해 오히려 지배적인 것은 "사회적 존재와 사회적 의식 사이의 일치가 특징적"이라고 말하고 있다.

그렇다면 실재에서의 관계는 어떠한가?

---

4) 위의 책, 415쪽부터.

실제로 사회적 존재와 사회적 의식의 일치의 법칙이 있다. 그러나 이 법칙은 모든 사회법칙과 마찬가지로 대부분 경향으로서만 작용하고, 이러한 작용은 "경향으로서만" 모든 사회질서에 타당하다. 그러나 맑스주의 지식인은 자본주의 사회에서는 물론 사회주의 사회에서도, 그들의 의식이 비맑스주의자보다 존재에 더 잘 일치한다는 사실을 통해 특징지어진다. 그들은 첫 번째로 존재의 파악에 가까이 감으로써, 사회적 의식을 통해 존재의 근거파악 혹은 토대파악에서의 일치에 실제적으로 도달하게 된다. 그렇지만 사회적 존재의 전체 파악에서는, 사회적 의식이 언제나 뒤쳐진다. 왜냐하면 전체 진리를 절대적으로 파악할 수 있는 사람은 없기 때문이다.

그래서 우리는 아마 이렇게 정식화해야 할 것이다: 맑스주의 지식인은 ─ 당의 지도자든 단순한 노동자든 ─ 사회적 존재의 토대를 자본주의에서든 사회주의에서든 사회적 의식과 충분히 일치(경향으로서뿐만 아니라) 속에서 파악한다. 그러나 그것을 넘어 사회적 의식은 맑스주의자에게도 언제나 사회적 존재에 비해 뒤처지게 된다. 사회적 존재의 토대에 대한 사회적 의식은, 고전가들과 그들의 제자들에 따르면, 사회주의에서는 단지 양적으로만 확대될 수 있는 반면, 사회적 존재의 전체에 대한 파악은, 그렇지만 인간인 한, 언제나 질적으로 증가될 수 있다.

여기에 인용하는 책은 또한 상부구조의 다양한 부분이 토대로부터 멀어지는 문제와 함께, 상부구조에 대한 토대의 작용의 상응하는 강도와 속도의 문제를 다룬다. 이런 설명이 나온다: "사회적 의식의 다양한 측면은 불균등적이다. 이러한 경향의 원인은 사회적 의식과 사회적 존재의 체계의 구성요소들 사이의 연관관계의 다양한 성격에 있으며, 무엇보다 하나가 직접 존재와 결합해 있고 그것에 상응하여 반영하는 반면, 다른 것은 단지 최종적으로 사회적 존재를 통해 결정된다는 사실에 있다. 그것에 대한 사례는 정치적 의식과 철학적 의식이다. 정치적 의식은 경제생활과 강하게 결합되어 있는 반면, 철학적 의식은 자신의 물질적 토대로부터 떨어져 있다. 그러므로 사람의 철학적 의식에서의 변화는 계급사회에서는 보통 이러한 정치적 의식의 변화와 함께 시작한다. 사회적 의식의 발전에서 불균등성은 또한, 사람들의 다양한 활동종류와 특정한 정신적 구성물과 결합되어 있는 사회관계의 차이나는 발전정도를 통해 조건지어진다. 과학의 발전은 예를 들어 높은 정도로 사회의 물질적·기술적 토대의 상태에 달려 있고, 사회관계의 성숙정도에 달려 있다. 이것이 그러한 발전을 자극하거나 방해한다."[5]

  정치적 의식이 철학적 의식보다 존재에 훨씬 더 가까이 접근한다고 믿고 있으니 얼마나 순진한가! 정치와 경제정책이 동일하다는 입장에 명백히 근거한 것이다. 예를 들어 마치 문화정책이나 교회정책이 전혀 없는 것처럼 말이다. 또 여기서는 철학이 과학으로서 고찰될 수 없는 것처럼 보인다. 아니, 여기서는 훨씬 더 많은 것이 연구되어야 할 것이다.

  선행하는 문제는 이렇게 언급된다: "사회적 의식의 사회적 존재에 대한 일치는, 존재에 대한 의식의 '선행하는' 경향으로 나

---

5) 위의 책, 416쪽부터.

타난다. 이러한 경향은, 다른 것과 마찬가지로, 다양한 사회에서 차이나는 종류와 방식으로 현상 속에서 나타난다. 모든 적대적인 사회구성에서는 단지 진보적 계급의 의식만이 사회적 존재에 '선행하여 앞서 갈' 수 있었고, 이 계급의 이해가 역사적 필연성에 상응하는 한에서만 '선행하여 앞서 갈' 수 있었다. 그러므로 사회적 의식의 발전에서 선행하는 경향은 비정상적인 것으로 제한적이었다. 사회주의적 조건 아래서 계급들의 이해는, 일반적으로 모든 사회집단과 전체로서 사회의 이해는 역사적 필연성과 일치한다. 따라서 사회적 존재에 대한 사회적 의식의 '선행하는' 경향은 넓게 발전될 수 있다. 사회적 의식은 역사과정의 발전을 예견할 수 있고, 사람의 활동을 사회의 경제적 사회적 정치적 정신적 발전의 과학적인 계획과 일치하도록 만들 수 있다. 예견은 사회적 존재에 대한 사회적 의식의 '선행하는' 본질을 표현한다."[6]

첫 번째 질문: 왜 '선행하는 것'은 원래부터 저자들에 의해 거의 언제나 따옴표를 쳤는가? 우리가 알고 있는 한, 종교에서든 다른 어떤 것에서든, 사회적 의식이 언제나 사회적 존재를 선행하여 앞서 가는 것으로 시도되었다. 우리가 인간의 사고에 관한 맑스주의를 더 가까이 알게 될수록, 그 만큼 더 선행하여 앞서 가는 것은 제한을 가진다. 맑스와 엥겔스는 어떤 다른 사상가보다 이것을 받아들이지 않았다. 맑스와 엥겔스가 일단 자본주의 체제의 본질을 깊고 성공적으로 파악한 것에 근거하여 새로운

---

6) 위의 책, 416쪽부터.

공산주의 사회의 토대를 인식한 후에, 그들은 — 선행하여 앞서 감을 통해 가령 지옥이나 천국, 저승이나 혼령이 사는 곳에 관해 정확히 서술하는 것과는 반대로 — 새로운 사회의 토대운동을 넘어가는 새로운 사회에 관해 어떤 식으로든 정확하게 서술하려는 시도를 꺼렸다. 레닌도 사회주의 사회만의 새로운 법칙은 물론, 당연한 것이지만 이러한 첫 번째 단계를 넘어 맑스와 엥겔스의 토대분석을 넘어서는 공산주의의 새로운 법칙에 관해 하나라도 예견하지 않았다.

두 번째 질문: 이 책이 "진보적 계급의 의식만이 사회적 존재에 대해 '선행하여 앞서 갈' 수 있다"고 생각한 것은 잘못된 것이 아닐까? 정반대로 우리는 진보적 계급의식이 새로운 사회의 형성을 예견하는 것보다, 보수적 비관주의자가 자신의 사회질서의 몰락을 훨씬 더 분명히 예견한다고 확신한다. 여기서 또한 우리는 여전히 우리 연구의 초입에 서 있다.

저자들은 나아가 사회적 의식의 두 가지 종류를 구별해야 한다고 제안한다: "사회주의에서는 의식이 존재에 더 이상 뒤떨어지지 않는다는 주장이 종종 있었다. 그러나 실제 생활은 이러한 주장을 반박한다. 이러한 의식의 뒤떨어짐은 더 많은 문제를 의미할 수도 있음을 보여준다. 즉 이것은 사회적 의식 일반에 해당되는 것이 아니라, 일상의식에 해당된다는 것이다. 이론적 의식에서 일상의식은, 사회적 존재에 대해 선행하는 경향과 또 다른 경향으로서 특징지어진다. 일상의식의 수준에서 사람들은 실재를 그들의 일상적인, 주로 개인적인 이해관심의 프리즘을 통해 반영한다. 따라서 등장하는 어려움과 한계는, 예를 들어 서비스

영역에서, 다른 모든 생활영역으로 이전되었으며 또 이전된다. 이러한 수준에서 사람들은 보통 어려움의 잠정적인 성격을 인식하지 못하고, 등장한 어려움의 극복이 자신의 노력을 동원하는 것에 달려 있음을 파악할 수 없으며, 따라서 물질적 정신적 생활의 근본적인 개선과 사회구성원 개인과 모두의 전면적 발전으로 이끌어가는 심오한 사회변동을 알아차리지 못한다. 다른 말로 하면, 일상의식의 시점에서는 무엇보다 우연적이고 잠정적이고 지나쳐가는 반영만이 있을 뿐이지, 본질적이고 법칙적인 것이 그에게는 전혀 적절하게 반영되지 않는다."[7]

현재의 사회과학적 작업에서 사회주의에서도 사회적 의식이 사회적 존재에 뒤떨어질 수 있다는 주장을 발견한 것은 실제로 기쁘다. 그렇지만 다른 방식으로: 이론적 의식은 앞서 갈 수 있고 — 무엇보다 아마 당의 의식은 — 국가지도부와 지식인은 그렇게 생각할 것이다. 왜냐하면 근로대중은 무엇보다 여전히 실천적·정신적 의식을 갖고 있기 때문이다 — 그리고 대중의 일상의식은 가령 서비스영역에서 뒤떨어져 있기 때문이다. 마치 우리가 과거에 한편으로는 뒤떨어짐의 충분치 못한 사례로서 갖고 있었던, 더욱이 사회주의에는 어떤 사회적 갈등이나 모순이 없다는 주장과 같이 당 및 국가지도의 "이론적 인식"이라는 비맑스주의적이고 환상적인 태도를 위해 갖고 있었던 사례처럼, 그리고 다른 한편으로는 매우 건전하고 결코 뒤떨어지지 않는 대중 의식의 사례가 있는 것처럼 말이다. 그런데 "선행하여 앞서

---

[7] 위의 책, 431쪽.

가는 이론적 의식"을 가진 사람들 역시 일상의식을 가지고 있지 않은가? 그리고 앞서 가는 의식도 시간이 지남에 따라 뒤떨어지는 게 아닌가? 그들 역시 자신의 사회적 의식에서 정신분열적이지 아닌가? 아니, 맑스주의자는 사회주의에서의 사회적 의식의 분석을, 여기 이 자리에서 일어나고 있는 것처럼 시도해서는 안 된다.

  질문: 상부구조의 다양한 부분의 고유한 운동에 대해서는 어떠한가? 여기서 사회적 존재에 대한 사회적 의식의 앞서 감이나 뒤떨어짐에 관해 다룰 것인가? 양자 모두 중요하다. 선행하여 앞서 가는 것과 관련해서는, 예를 들어 언제나 새로운 창조적인 심사숙고를 통해 그리고 그러한 인식의 논리의 도움으로 과학이 사회적 존재를 넘어 앞으로 나간다는 것은 잘 알려진 것이고 증명될 수 있다. 그러나 이것은 사회적 존재로부터 과학이 해소될 수 있음을 의미하지는 않는다. 고대에 기계의 발명은 바로 사회적 존재에 근거하여 일어난 단지 일시적인 장난이었지, 생산에 적용되지는 않았다. 19세기 후반 프랑스 정신생활에서 만연했던 세기말현상, 자신의 사회질서의 몰락시기에 살고 있다는 감정에 대한 광범한 호응은, 아마 18세기와 19세기 초 프랑스의 유럽에서의 역할에 대한 향수의 구성요소였으며, 존재의 개별 요소의 절대적 상대적 발전에 대한 과도한 반응이었다. 20세기 20~30년대 동안 선진 제국주의 나라들에서 꽃핀 부르주아 예술문학의 위대함도 어느 정도는 맑스주의와 일반적으로는 노동운동과 앞서 간 사상의 영향을 통해 규정된 것이었다. 그리고 이것은 다시 몰락해가는 자본주의의 죽어가는 사회적 존재에 대해 반작용하

였다. 그렇지만 여기서 주어진 많은 문제제기에서와 마찬가지로, 이렇게 정리할 수 있을 것이다: 즉 우리는 여전히 기본적 연구의 초입에 서 있다.

이 고마운 책은 또한 이제까지 아주 불충분하게 연구된 영역인, 다양한 사회질서에서의 의식과 존재 사이의 관계를 다룬다.
원시공동체에서 의식과 존재의 관계에 관해서는 분명하고 올바르게 언급된다: "원시공동체의 의식은 물질적 생산과 인간의 교통과 직접 결합되었다. 이 의식은 공동의 노동에서 형성되었고, 자연에 대한 인간의 상호관계를 반영하였다. 이 의식은 나아가 생산수단과 노동생산물에 대한 인간의 동등한 지위를 반영하였다. 공동의 소유와 공동노동의 생산물은 공동체를 위해서는 물론 그 구성원 각자에게도 통일적인 의미를 가졌다. 사회적 의식은 어떤 주조된 구조를 결코 나타내지 않았고, 아직 분화되지 않은 의식이었다. (노동)분업과 정신적 생산이 인간 활동의 독자적 영역으로의 발전과 함께 비로소, 사회적 의식과 개인적 의식 사이의 대립이 형성되었다."[8]

이것은 그러나 사회적 의식과 사회적 존재 사이의 관계가 단순했음을 의미하지는 않는다. 정반대로 그 관계는 매우 복잡했고, 사회적 의식이 매우 불합리한 관념을 낳았기 때문에, 엥겔스가 정당하게 지적했듯이, 세계에 관한 불합리한 관념과 사회적 존재 사이의 연관을 추적하는 데 일반적으로 도움이 안 되었다.

---

8) 위의 책, 428쪽.

그렇다, 우리는 일반적으로 이렇게 말할 수 있을 것이다: 사회적 의식과 사회적 존재 사이의 관계는 역사의 과정에서, 그것이 합리적으로 더 쉽게 파악될 수 있는 한, 더 단순해진다는 것이다.

계급사회의 사회적 의식에 관해서 저자들은 이렇게 서술한다: "물질적 생산의 발전이 사적소유를 가져오고, 그래서 육체적으로 활동하는 사람과 정신적으로 활동하는 사람의 대립을 낳고, 정신노동을 착취계급의 독점물로 만들게 되었을 때 비로소 의식의 생산은 인간활동의 독립된 영역으로 된다. 정신노동과 육체노동을 둘러싸고 한편으로 인간의 창조적 가능성과 전면적 발전의 구별되는 수준을 의미하는 특수한 노동조건이 형성된다. 다른 한편으로 양 집단의 대표자는 창조적 관심사와 지적 잠재력의 교육과 훈련, 발전에 따라 구별된다…

정신적 활동은 물질적 생산활동에 의해 분할될 뿐만 아니라, 또한 물질적 생산활동에 대한 외형적인 실존을 떠맡는다. 의식영역은 물질적 생산으로부터 멀리 '떨어지고' 그것과의 연관성은 완전히 자율적인 환상에 가까운 것으로 느끼게 된다. 발전된 형태는 자본주의에서 정신노동과 육체노동의 대립을 요구한다. 자본주의는 사회적 노동의 개별 종류의 분할을 극대화하고, 노동의 분업으로 인간들도 분리된다."[9]

그리고 이렇게 결론짓는다: "사회적 의식의 역사적 유형은 그 내용과 구조 그리고 기타 특징들에 따라 구별된다. 예를 들어 노예제사회와 봉건사회 그리고 자본주의 사회의 의식에는 차이가

---

9) 위의 책, 277쪽.

있다. 그러나 그것들 모두 생산수단에 대한 사적소유에 근거하기 때문에, 그것들의 고유한 의식유형의 내용과 구조에서는 많은 공통된 것이 있다. 사적소유의 지배는 예를 들어 '자기분열'과 같은 의식의 그런 특징을 낳는다. 그러한 특징의 본질은 사회적 의식이 계급의 의식으로 분열하는 데서, 의식의 내용이 객관적 사실과 왜곡으로 분열하는 데서 외재화된다. 지배계급의 이해는 이것을 더욱 자극한다."10)

내가 생각하기에, 물질적 생산으로부터 의식영역의 "떨어짐 Entfernung"과 관련하여 다르게 정식화되어야 한다고 본다: 첫째 예를 들어 고대보다 원시공동체에서 예술이 생산에 훨씬 더 가깝게 있었다는 것이 올바르게 보인다. 놀라운 동굴벽화는 수렵과 아주 가깝게 서 있었다. 그림이나 벽화가 실제의 동물과 더욱 비슷할수록, 그 만큼 더 사냥하기에 쉬웠을 것이라고 사람들은 기대했을 것이다.

그러나 다른 한편으로 원시공동체에서 사람들의 환상은 실제와 아주 멀리 떨어져 있었기 때문에, 엥겔스가 정당하게 지적했듯이, 이러한 환상적 의식과 사회적 존재의 연관을 사변적으로 구성해야 했다.

그렇다면: 내가 이미 사회적 존재와 사회적 의식 사이의 관계는, 그것이 합리적으로 더 쉽게 파악될 수 있는 한 더 단순해진다고 말했다면, 이것은 의심의 여지없이 원시공동체에 비하여 노예제사회에도, 그 이전의 모든 선행하는 사회질서에 비하여

---

10) 위의 책, 429쪽.

자본주의에도 타당하고, 또한 우리가 역사책에서 중국의 봉건제라고 부르는 것에도 그 이전의 선행하는 시대에 비하여 확실히 타당하다. 그러나 이것이 기독교 믿음과 인간의 사회적 의식에서의 미신에서 수행한 거대한 역할과 관련하여 고대에 비해 유럽 봉건제에 대해서도 타당한가? 르네상스 시대 이전까지 이것은 아마 최소한 고대의 번영기에 대해서는 타당하지 않은 것 같다.

저자들은 특별히 그리고 문제가 많은 주의를 가지고 사회주의의 상황에 공을 들인다. 그래서 그들은 가령 다음과 같이 주장한다: "객관적인 사회철학적, 사회학적 연구의 대상으로서 사회주의는 자본주의보다 더 복잡한 특정한 관계에 있다. 우리의 파악에 따르면, 엥겔스는 자본주의에서 사회생활에서의 원인과 결과의 관련성은 이해할 수 있다는 의미에서는 아니지만 '단순화되고', 이러한 관계는 사회주의에서 '더욱 더 단순해'질 것이라고 생각했다. 경제적 사회구성의 발전의 역사적 변증법은 아마 훨씬 더 복잡할 것이다: 사회주의에서 사회발전의 법칙은 어떤 관계에서는 '더 단순한 형태'로 나타나는 반면에, 이 법칙의 작용은 어떤 관계에서는 더 복잡하게 된다. 왜냐하면 이러한 법칙의 작용기제에서는 이제 아주 많은 매개요인이, 그 중에 주관적 종류도, 들어가기 때문이다. 이것은 무엇보다 일련의 경우에, 사회적 법칙의 객관성이, 사회주의에서 주관적 요인의 점증하는 영향 때문에 그리고 객관적인 것과 주관적인 것 사이의 상호작용의 변화된 특성 때문에, 이전보다 덜 눈에 띄게 된다는 것을 의미한다."[11]

그러나 왜 사회주의에서 주관적 요인이 가령 자본주의에서보다 더 커다란 역할을 수행하는가? 한때 영향력 있는 맑스주의자들이 사회주의에서 객관적 법칙의 범위를 작업하고, 가령 경제계획이 객관적 법칙이 될 것이라고 생각했다는 것은 사실이다. 그러나 이러한 말도 안 되는 시도는 금방 사라졌다. 따라서 저자들은 다른 곳에서 이렇게 설명한다: "사회주의의 사회적 관계의 변증법에 대한 연구로부터 이끌어낸 일반적 결론은, 맑스 - 레닌주의 당과 사회주의 국가, 그리고 상부구조의 모든 기타 기구의 점증하는 역할이 사회주의 사회의 합법칙적 과정이라는 것이다. 이데올로기적 관계와 그것의 확고한 실천적·조직적 형태의 점증하는 역할은, 사회주의 사회와 그 지속적 발전의 사회관계 전체 체제의 표현이다. 사회주의 사회관계의 그러한 파악은 당연히, 우선적인 것(경제적 토대)과 부차적인 것(상부구조) 사이를 정확히 구별해야 하는 필연성에 대해 어떤 의심도 만들지 않는다. 반대로 사회관계와 그것의 상호작용이 더욱 '밀접해질수록', 이러한 양 측면의 정확한 구별은 그 만큼 더 줄어들 것이다. 이러한 지적은 사회주의 사회의 모든 생활영역과 관련하여, 특히 국민경제의 국가지도기관의 경제활동을 분석하는 데, 방법론적 중요성을 가진다."[12]

우리는 언제나 존재의 주관적(의식) 요인과 존재의 물질적 객관성 사이를 예리하게 구별해야 한다는 것은 올바르고 중요하다.

---

11) 위의 책, 386쪽.

12) 위의 책, 453쪽부터.

그러나 주관적 요인의 영향력은 사회주의 사회에서는 모든 선행하는 사회질서에서보다 크지 않다. 왜냐하면 잘못된 의식이 올바른 의식보다 존재에 대해 더 적은 영향을 미치기 때문이다; 단지 전자는 존재의 발전경향을 막고, 후자는 존재의 발전경향을 촉진할 따름이다. 잘못된 사회정책을 낳을 수 있는 잘못된 사회의식은, 레닌이 분명히 강조했듯이, 사회주의적 토대와 사회주의적 존재를 무너뜨린다 — 예를 들어 고대의 경우와 같이, 인류의 이전 시대에서와 꼭 같이.

아니, 사회적 의식은, 이전 사회구성에서보다 사회적 존재에 대해 커다란 영향을 갖지 않는다. 그러나 이것은 다른 의식이고 진보에 훨씬 더 효과적으로 작용한다. 우리가 여기서 자주 인용하고 있는 이 문제 많은 책은 또한 이렇게 주장한다:

"사회주의 사회의 의식의 특수성은, 인류의 역사에서 모든 선행하는 시기의 의식에 특징적이었던 편견과 환상 그리고 오류로부터 의식이 훨씬 많이 해방된다는 사실에 있다. 과거에 사회적 의식이 어쩔 수 없이, 사적소유 사회의 과실이었고 사람들을 갈라놓고 그들 사이에 불신을 조장했던 개인주의의 이념과 감정, 계급 및 민족주의적 이기주의의 이념과 감정 등에 의해 접근되었던 반면, 사회주의에서는 집단주의와 사회주의적 애국심, 국제주의와 인간주의, 공민적 의식과 감정 등의 특징이 보급된다. 이것이 사회주의 사회의식의 질적으로 새로운 내용의 표현이다.

사회주의의 사회의식은 풍부하다. 이것은 인류에 의해 전체 역사과정에서 창출된 정신적 부를 받아들인다. 이것은 마침내 사회주의의 의식이 그 내용에 따라 내용적으로 가장 풍부한 것이고, 인간사회의 역사에서 주어진 것이라고 결론지을 수 있게 한다."13) — 그렇다면 완전히 올바르지만, 한편 이렇게 보충되어야 한다: 사회적 의식은 맑스 - 레닌주의의 방법과 세계관에 기초해, 모든 선행하는 사회질서의 사회적 의식보다 사회적 존재를 더 명확하게, 더 올바르게 파악한다. 따라서 이것은 진보에 더 효과적으로 작용할 수 있다. 그러나 이것이 더 강력하지는 않다 — 왜냐하면 잘못된 의식이 당연히 올바른 의식만큼 강력하게 존재에 작용할 수 있고, 그래서 이것은 방해하거나 때로는 파괴적인 작용을 할 수도 있기 때문이다.

이 책은 아름답고 올바르게 결론을 맺고 있다: "결론적으로 다시 한 번 강조할 수 있을 것이다: 발전된 사회주의 사회의 조건 하에서 역사적 과정의 분석은 토대와 상부구조에 관한 맑스 - 레닌주의 이론의 창조적이고 일관된 적용을 전제하고, 사회관계의 체계에서 우선적인 것과 부차적인 것의 구별을 전제한다. 연구하는 방법의 본질은 결국, 모든 사회현상의 발전이 생산관계에 대한 현상의 연관을 폭로하는 데 있다. 이것은 또한 사회주의 국가의 경제활동을 포함한 사회의 경제생활의 영역에 대한 연구에도 완전히 해당된다. 이러한 활동의 과학적 연구, 그 결과에 대한 평가, 그것을 더욱 완성하기 위한 길은 사회주의의 경제적 발전과정에 대한 깊은 인식과 그것의 작용기제 및 활용기제와 뗄 수 없이 연관되어 있다. 비록 사회가 자신의 사회질서를 계획에 맞게 변화시키더라도, 경제적 관계의 규정된 역할은 완전히 그대

---

13) 위의 책, 430쪽.

로 유지된다. 여기서 변할 수 있고 사회주의에서 이미 변화된 유일한 것은, 엥겔스가 잘 강조했듯이, '인간이 무의식적으로, 원치 않게 강요되기 전에'(『반-뒤링』, 『전집』 제20권, 582쪽) 인간이 능력을 손에 넣고 사회적 변화를 수행한다는 사실이다."14)

---

14) 위의 책, 460쪽부터.

제 4 장

사회발전의 단계 — 구조와 발전

맑스주의의 고전가는 우리의 사회질서(쿠친스키가 살고 있던 현실 사회주의 — 역자)를 공산주의 사회라고 불렀다. 그리고 공산주이 사회는 두 발전단계로 진행하는데, 하나는 사회주의이고, 두 번째는 (완성된) 공산주의라고 부른다.

봉건제로부터 발전했고 아직 많은 봉건적인 방식이 남아 있는 자본주의와 꼭 마찬가지로, 사회주의에도 아직 많은 자본주의적 방식이 남아 있다. 맑스는 『고타강령 비판』에서 이에 관해 이렇게 말했다: "여기서 우리가 작업해야 하는 것은, 자신의 고유한 토대에서 발전된 공산주의 사회가 아니라, 반대로 자본주의 사회로부터 형성된, 따라서 경제적·윤리적·정신적 등등 모든 관계에서 아직 구 사회의 어머니뱃속에 붙들려 있고, 그 품으로부터 나온 공산주의 사회이다."[1]

사회주의 사회에서 자본주의 및 부르주아 요소에 대한 사례로서 맑스는 각자의 성과에 따른 국민생산물의 분배 원리를 거론한다. 방금 인용한 문장 다음에서 맑스는 이렇게 언급한다:

"그에 따라 개별 생산자는 — 공제 이후에 — 그가 생산물에 준 것을 정확히 그대로 돌려받는다. 그가 생산물에 준 것은 자신의 개인적 노동양이다. 예를 들어 사회적 노동일은 개인적 노동시간의 합이다. 개별 생산자의 개인적 노동시간은 사회적 노동일 중에서 그가 제공한 부분이고, 사회적 노동일에 대한 그의 몫이다. 그는 사회로부터 그가 이러저러한 많은 노동을 제공했다는 증명서를 받고(공동체 기금을 위해 그의 노동으로부터 공제한 후에), 이 표를 가지고 소비수단의 사회적 저장물에서 자신의 노동만큼을 가져온다. 그가 사회에 하나의 형태로 제공했던 동일한 양의 노동을, 그는 다른 형태로 받아오는 것이다.

여기서는 그가 동일한 가치로 교환을 했다는 의미에서, 상품 교환을 규정하는 동일한 원리가 명백히 지배한다. 내용과 형태가 변화되었다. 왜냐하면 변화된 상황 하에서 누구도 자신의 노동 이외에 어떤 것을 제공할 수 없었기 때문이고, 다른 한편으로 개인의 소유에는 개인적 소비수단 이외에 아무 것도 들어갈 수 없기 때문이다. 그렇지만 개별 생산자 아래 소비수단의 분배에서는 상품등가의 교환에서와 동일한 원리가 지배하고, 그래서 한 형태의 동일한 양의 노동이 다른 형태의 동일한 양의 노동과 교환되었다.

따라서 여기서 동일한 권리는, 비록 원리와 실행에서 더 이상

---

1) 칼 맑스, 『고타강령 비판』, 『전집』 제19권, 20쪽.

소름끼치는 일은 없지만, 아직 여전히 — 원리에 따라 — 부르주아 권리이다. 반면에 상품교환에서 등가의 교환은 개인적인 경우가 아니라 단지 평균적으로만 존재한다.

　이러한 진보에도 불구하고 이러한 동일한 권리는 언제나 아직 부르주아 한계에 붙잡혀 있다. 생산자의 권리는 노동제공에 비례한다; 동일성은 노동이 동일한 기준에 따라 평가되는 것에 있다. 그러나 한 사람의 노동이 다른 사람의 노동보다 형식적으로 혹은 정신적으로 우월할 수 있고, 그래서 동일한 시간에 더 많은 노동을 제공하거나, 더 많은 시간 동안 일할 수도 있다; 따라서 평가기준으로서 기여하는 노동은 연장과 집중성에 따라 규정되어야 한다. 그렇지 않으면 노동이 기준이 될 수 없다. 이러한 동일한 권리는 동일하지 않은 노동에 대한 동일하지 않은 권리이다. 이러한 동일한 권리는 어떤 계급차이도 인정하지 않는다; 왜냐하면 모든 사람은 다른 사람들과 똑같이 노동자이기 때문이다; 그러나 이 동일한 권리는 동일하지 않은 개인적 재능을 암묵적으로 인정하고, 그래서 자연적 특권으로서 노동자의 성과능력도 인정한다. 따라서 이 동일한 권리는 모든 권리와 같이 그 내용에 따라 불평등의 권리이다… 나아가: 한 노동자는 결혼을 했고 다른 노동자는 하지 않았다; 한 노동자는 다른 노동자보다 아이가 많다. 등등. 동일한 노동성과와 따라서 사회적 소비수단에 대한 동일한 몫에도 불구하고, 다른 사람보다 실제로 더 많은 몫을 가진 사람이, 다른 사람보다 더 부유한 사람, 등등이 존재한다. 모든 이러한 결점을 없애기 위해서 권리는, 동일 대신에, 동일하지 않게 되어야 한다."[2)]

나는 사회주의 사회가 이제까지 달성한 수준에 관한 수많은 환상을, 우리가 최소한 사회과학적 저술에서도 볼 수 없는 근로자의 건강한 인간오성에 반대되는 것을, 맑스 자신의 말과 대치시키기 위해, 자세히 인용하였다.

특별히 나는 맑스의 두 가지 주장을 다시 한 번 강조하려고 한다: 첫째, 사회주의와 관계없는 보통 "개인적인 개별현상"으로서 표현되지만 차라리 숨기고 싶은, 오늘날에도 여전히 자주 사회주의의 "하나의 오점"으로서 관찰되는 자본주의의 어머니 뱃속에 우리 사회가 도덕적 정신적으로 붙잡혀 있다는 것이다. 둘째, 맑스가 "부르주아 권리"로 규정한 노동의 법칙과 사회주의의 구호 "모든 사람은 자신의 능력에 따라, 모든 사람에게는 자신의 성과에 따라"에 관한 것이다.

이것은 사회주의의 피할 수 있는 약점인가? 결코 아니다! 맑스는 상세히 말했다: "그러나 이러한 결점은, 바로 자본주의 사회로부터 오랜 산고 후에 형성된, 공산주의 사회의 첫 번째 국면에서는 피할 수 없다. 권리는 경제적 구성형태와 그것을 통해 조건지어진 사회의 문화발전보다 결코 더 높을 수 없다."[3]

이 모든 것이 공산주의의 두 번째 국면에서는 사라진다: "공산주의 사회의 더 높은 국면에서, 노동분업 아래 개인들이 노예적으로 종속되었던 것이 사라진 이후에, 그와 함께 정신노동과 육체노동의 대립 또한 사라진다; 노동이 단지 생활을 위한 수단이

---

2) 위의 책, 20쪽부터.

3) 위의 책, 21쪽.

아니라 노동 자체가 첫 번째 생활의 필요가 될 것이다; 개인들의 전면적 발전과 함께 또한 개인들의 생산력이 성장하고, 협동조합적 부의 샘솟는 원천이 충분히 흐른 후에 ― 비로소 제한된 부르주아 권리지평을 완전히 뛰어 넘을 수 있고 사회가 자신의 고유한 목표를 설정할 수 있을 것이다: 즉 모든 사람은 자신의 능력에 따라, 모든 사람에게는 자신의 필요에 따라!"4)

우리가 사회주의 국면에서는 노동이 첫 번째 생활의 필요가 될 것이라는 사실을 계속 다시 읽는다면, 이 문장을 곰곰이 읽고서 실제로 화를 내야 한다. 확실히 우리는 모든 사회질서에서, 물론 선행하는 모든 사회질서보다는 아마 사회주의에서 더 많이 개별적인 경우에, 첫 번째 삶의 필요로서 노동을 발견한다. 그러나 현실을 알고 있는 사람은, 사회주의에서도 아직 어떤 노동의 특징도 일반적으로 있을 수 없다는 사실을 안다. 첫 번째 생활의 필요 일반은 비로소 공산주의에서의 노동이고, 더욱이 자유시간에서의 노동이다.

맑스는 그러한 곡해에 대해 바로 다음의 문장으로 대응했다: "한편으로 하나의 일정한 시간에 대해 하나의 의미를 가진다는 생각이, 그러나 이제는 낡은 잡동사니 상투어가 되어버렸고, 우리 당이 다시 독단으로서 고집하려고 한다면, 다른 한편으로 그러나 당에게 그렇게 힘들여 제시한 현실적인 파악이, 그렇지만 당에 뿌리를 내리고 이데올로기적인 법적 및 기타 다른 것들을 통해 민주주의자들과 프랑스 사회주의자들에게 그렇게 익숙한

---

4) 같은 곳.

모직외투Flausen로 왜곡한다면, 우리가 얼마나 많이 모욕적인가를 보여주기 위해, 나는 자세하게 한편으로는 '줄지 않은 노동소득'을, 다른 한편으로는 '공정한 분배'에 대해 다루었다."5)

우리가 현재(1985/87년) 소련에서 당의 지도 아래 "구 사회의 어머니 뱃속"에 맞서 경험하는 캠페인은, 따라서 사회주의의 낙후된 상태의 특징이 아니라, 공산주의의 높은 국면을 향해 가는 길에서 나타나는 진보적 투쟁의 특징이다.

한때 사회주의가, 공산주의의 첫 번째 국면이 고유한 사회질서인가의 여부에 관한 논쟁이 있었다. 이러한 파악의 옹호자는, 사회주의가 가령 성과에 따른 분배의 원리와 같은 고유한 법칙성을 가졌다고 지적했다. 이러한 원리는 당연히 토대의 발전 수준에 근거한다. 맑스는 주장한다: "소비수단의 각각의 분배는 단지 생산조건 자체의 분배의 결과일 뿐이다; 그러나 생산조건 자체의 분배는 생산방식 자체의 성격에 있다."6)

다시 말해 사회주의에서 토대는 자본주의의 토대로부터 구별될 뿐만 아니라, 공산주의의 높은 국면의 토대로부터도 구별된다. 그러나 사회주의에서 토대는 공산주의의 높은 국면의 토대와 공통된 결정적인 특징이 있는데, 바로 생산수단의 사회화이다. 따라서 나는 사회주의를 하나의 특수한 사회질서로서 공산주의와 대치키시지 않는 입장이다. 종종 사회주의에 대해 고유

---

5) 위의 책, 21쪽부터.

6) 위의 책, 22쪽.

한 사회질서로서 제시하려는 아주 미숙한 논의가 있다: 사회주의와 공산주의 사이에 장벽은 결코 없으며, 시간이 지남에 따라 우리는 사회주의 사회에서 공산주의의 요소를 점점 더 많이 발견하게 될 것이다. 마찬가지로 동일한 요소를 우리는 봉건사회로부터도 얘기할 수 있는데, 우리는 거기서도 시간이 지남에 따라 15세기부터 점점 더 자본주의의 요소를 찾을 수 있다 ― 그리고 우리는 특수한 봉건적 사회질서에 관해 정당하게 말한다.

레닌은 이러한 문제와 관련하여 이렇게 말했다: "우리가 공산주의가 사회주의로부터 어떻게 구별되는지 묻는다면, 사회주의는 자본주의로부터 직접 성장한 사회라고 말해야 한다; 사회주의는 새로운 사회의 첫 번째 형태인 반면, 공산주의는 더 높은 사회의 형태로서 사회주의가 완전히 확립될 때 비로소 발전될 수 있는 것이다."[7)]

다시 말해 사회주의는 공산주의와 동일한 사회구성의 특수한 구성Formation인, 고유한 형태이다. 양자는 모두 "새로운 사회"에 속하지만, 그러나 이러한 새로운 사회의 서로 다른 구성이다 ― 동일한 사회에서 양자는 서로 다른 법칙과 함께 동일한 법칙이 작용하기 때문에, 동일한 사회의 서로 다른 구성이다. 당연히 우리는 예를 들어 사적소유에 기반한 잉여생산 혹은 잉여가치생산의 법칙이 적용되는 모든 계급사회에 대해서도 그렇게 말할 수 있다고 이의를 제기할 수 있을 것이다 ― 그리고 우리는 다양한

---

7) 레닌 "1919년 12월 20일 러시아공산당(볼쉐비키)의 모스크바 시회의에 대한 집단봉사노동Subbotniks에 관한 보고", 『전집』 제30권, 274쪽.

계급사회질서에 관해서 말한다. 그렇지만 우리는 어떤 계급사회질서에 대해서도, 그것이 단지 뒤에 오는 계급사회질서의 첫 번째 국면이라고 증명할 수는 없다. 그것에 대해서는 구별되어야 한다.

맑스 - 레닌주의 고전가는 단지 공산주의 사회의 두 가지 국면만을 말했다 — 맑스가 우리가 오늘날 일반적으로 "사회주의적"이라고 부르는 "첫 번째 국면"과, 우리가 오늘날 일반적으로 "완성된 공산주의"로서 특징짓는 "더 높은 국면"이라고 언급했듯이.

나중에 우리는 첫 번째 국면을 다시 두 개 혹은 세 개의 단계로 나누고, 그 중 두 번째 단계를 "발전한" 혹은 "성숙한 사회주의"로 특징짓게 되었다. 몇몇 맑스주의자는, 나 역시, 그것에 반대하여 그러한 구분 없이 단순하게 "발전해가는 사회주의"에 관해 얘기했다; 나는 언제나 그렇게 썼다.

일반적으로 인정받는 발전된 사회주의의 정확한 규정은 없다. 『철학사전』에는 사회주의의 세 가지 단계에 관해 다음과 같이 정의하고 있다:

"1. 사회주의의 토대의 창출 단계 (자본주의에서 사회주의로 이행기);

2. 포괄적인 사회주의 건설의 단계, 포괄적인 사회체제로서 사회주의의 복합적 발전의 단계, 발전된 사회주의 사회의 창출 단계;

3. 공산주의를 위한 전제의 완성과 함께 형성되는 충분히 잘 기능하는 발전된 사회주의 사회의 단계, 사회주의에서 공

산주의로 점차 이행하는 단계.

사회주의 발전의 이러한 단계들은 나라들 자체에서 제국주의에 대한, 착취계급의 잔존요소에 대한 계급투쟁의 수준이고, 인간의 경제적 사회적 관계에서 그리고 노동방식과 생활방식에서 구 사회의 '어머니 뱃속'을 극복하는 수준이다. 이것은 동시에 노동자계급의 역사적 사명을 실현하는 진보적인 수준이고, 사회에서 노동자계급의 지도기능을 그리고 여타 근로자들과 함께 노동자계급의 욕구를 항상적으로 높이는 수준이다; 근로대중 자신을 통해 사회적 발전을 의식적 적극적으로 구성하고, 사회와 인간의 생산력 발전을 더욱 개화시키는 수준이다."[8]

같은 곳에서 더 자세히 계속 설명된다: "사회주의 세계체제의 첫 번째 나라로서 소련은 발전된 사회주의 사회에 도달하였고, 발전된 사회주의 사회를 더욱 완성함으로써 물질적·기술적 토대의 더 높은 완성과 함께 공산주의의 객관적 주관적 조건을 창출하고, 공산주의 사회구성의 더 높은 발전단계로 점차 이행하기 시작했다. 사회주의 세계체제의 더 많은 일련의 나라들, 특히 동독은 발전된 사회주의 사회를 창출하는 단계에 이르렀고, 반면 몇몇 다른 나라에서는 사회주의의 토대를 아직 충분히 건설하지 못하고 있다."[9]

이러한 서술은 60, 70년대에 일반적이었고, 80년대 초에도 여

---

8) 『철학사전』 G. 클라우스Klaus와 M. 부어Buhr에 의해 편집되고 증보된 제10판, 제2권, 라이프치히 1974, 1118쪽.

9) 같은 곳.

전히 그러했다. 세 번째 단계에 대해 우리의 8권짜리 책『독일노동운동의 역사』에는 소련공산당 제22차 당대회(1961년 10월 17-31일)와 거기서 결정된 강령에 관해 이렇게 소개했다: "소련공산당의 제20차 당대회 이후 몇 년 안에 소련은 자신의 발전의 새로운 단계에 돌입했다 — 공산주의 사회질서의 발전된 건설 단계."10)

강령에는 이렇게 언급되어 있다: "맑스-레닌주의의 이론에 기초하고 그 창시자 맑스와 엥겔스 그리고 레닌의 예리한 정신에 의해 관철된 소련공산당의 새로운 강령은, 소련과 사회주의 세계체제의 다른 나라들에서의 사회주의 건설의 기본적인 경험과, 국제 노동자계급과 모든 피억압 및 피착취계급의 해방운동의 경험을 일반화하였다. 이 강령의 새로움과 특별함은 인류역사에서 처음으로 공산주의 사회의 건설을 위한 과학적으로 기초한 계획을 포함한 데 있다. 맑스와 엥겔스 그리고 레닌은 그들의 시대에서 단지 미래 공산주의 사회의 일반적 개요만을 제시하고 특징지을 수 있었다. 소련공산당 강령에서는 공산주의 사회가 구체적인 모습으로 볼 수 있게 되었다. 게다가 공산주의는 더 이상 미래상이 아니라 거대한 비전이다; 공산주의 사회의 수립은 2억 2천 만이 넘는 수의 인민들의 일정표가 되었다…

20년 안에 공산주의의 물질적·기술적 토대를 창출하는 것이 소련공산당과 소련인민의 경제적 주요과제로서 제시되었다."11)

---

10)『독일노동운동의 역사』, 제8권, 베를린 1966, 307쪽.

11) 위의 책, 308쪽.

미국은 이 시기에 그들의 생산과 노동생산성에서 추월해야 하는 대상이었다.

제6차 당대회에서 채택된(1963년 1월 15-21일) 독일사회주의통일당의 강령에는 소련공산당의 강령에 대해 이렇게 얘기했다: "공산주의의 건설과 함께 — 맑스 - 레닌주의의 고전가가 발전시킨 것처럼 — 사회주의의 최초의 나라 소련에는 '모든 사람은 자신의 능력에 따라, 모든 사람에게는 자신의 성과에 따라'라는 기본원칙으로부터 '모든 사람은 자신의 능력에 따라, 모든 사람에게는 자신의 필요에 따라'라는 공산주의의 기본원칙으로의 이행이 준비되었다. 이러한 이행은 점차 단계적으로 — 역사적 기준에 따라 평가되어 — 얼마 안 되는 짧은 이행기 속에서 완성될 것이다."[12]

강령은 그러나 이러한 관계에서는 환상적인 것으로 증명되었다. 강령은 소련에서의 현실적 발전 수준을 과장하였을 뿐만 아니라 소련의 발전가능성을 과대 평가하였다.

그러나 이것에 대한 토론이 시작되기까지 오랜 시간이 걸린 것은 유감스럽다. 이것은 80년대에 비로소 우선 매우 조심스럽게 소련의 이론적 토론에서 제기되었다. 소련에서 사람들은, 당의 공식문서와 사회과학의 문헌에서 발전의 가능한 속도는 물론 현재의 현실도 과대 평가되었음을 알았다. 사람들은 이미 사회주의 세 단계 구분을 버렸고, 어떤 언급에서도 포기하였다.

---

12) 독일사회주의통일당 강령, 『독일사회주의통일당 제6차 당대회 의사록』, 제4권, 베를린, 1963, 398쪽.

따라서 사람들은 소련이 사회주의 발전의 세 번째 단계에 있다는 파악을 버렸다. 사람들은 발전된 사회주의의 단계가 무엇을 의미하는지 상세한 토론과 함께 다시 시작하였다. 예를 들어 당시 소련공산당의 이론적 기관지의 편집장이었던 R. I. 코솔라포프Kossolapow는 기관지『공산주의자』에 실린 "발전된 사회주의 개념에 관한 구체적 문제"라는 논문에서 이렇게 정식화했다: "최근 발전된 사회주의의 맑스-레닌주의 개념은 당과 과학적 공론장에서 큰 주목을 받았다. 소련공산당 중앙위원회의 1983년 6월회의에서 이렇게 확인하였다: '발전된 사회주의의 완성은 이념으로서 이론적 영향에 대해서뿐만 아니라 전체 선전에도 기초해야 한다'… 이러한 정확한 규정은, 비록 우리가 그 당시 객관적 상황의 기초 위에서 사실상 발전된 사회주의의 '확정'의 과제를 해결할 수 없었지만, 우리에게는 50년대 말 공산주의의 직접 건설이라는 과제가 정식화되었던 사실을 통해, 특별히 더욱 절실하게 되었다. 바로 발전된 사회주의가 자신의 다양한 문제와 함께 (어떤 다른 단계가 아니라) 우리 전진운동에서 다음의 역사적 국면을 건설한다는 사실을 생활 자체는 보여주고 있다."[13] 여기서 소련이 사회주의 발전의 세 번째 단계에 아직 들어가지 못했다고 조심스럽게 지적하는 게 올바를 것이다. 현재 소련에서 지배적인 것으로서 발전된 사회주의에 관해서는 일반적

---

13) R. I. Kossolapow, 발전된 사회주의의 개념의 구체적 문제,『소비에트과학. 사회과학논집Gesellschaftswissenschaftliche Beiträge』, 1985년 5월호, 451쪽.

으로 다음과 같이 주장되고 있다: "변증법적 역사적 유물론에 뒷받침되어, 발전된 사회주의의 성격화에서 당은 무엇보다 사회생활의 모든 다른 영역의 물질적 토대로서 사회적 생산의 수준으로부터 출발한다. 그렇게 고찰하면, 사회주의 사회의 성숙정도는 노동과 생산의 실제적 사회화 수준에 의존한다. 바로 계속적인 사회화는 사적소유 질서의 회복에 반대하는 보증이고 동시에 도처에서 집단주의적이고 공산주의적 원리가 관철되는 기본적 전제이다. 다른 모든 파악은 — 정식화될 수는 있겠지만 — 사회주의에서의 사회적 진보에 관한 맑스주의 개념에, 오늘날의 과학의 인식에 상응하지 않는다."[14]

『공산주의자』 1984년 제18호에 실린 체르넨코Tschernenko의 정식화는 더욱 분명하다: "모든 의미 있는 역사적 전환점에 대해, 시작되는 단계의 본질과 새로운 과제의 특징을 짧게 그러나 포괄적인 이론적 전시 속에 표현하고 정치적 해결을 제시하는 것은, 우리 레닌주의 정당의 전통이다. 정치적 해결을 통해 혁명 이론의 가장 최근의 인식을 대중의 실천활동과 하나가 되도록 하고, 당의 이념과 의지를 수백만 사람들의 사고 및 의지와 하나가 되도록 해줄 수 있다.

오늘날 우리나라는 발전된 사회주의의 초기 단계에 서 있다. 이러한 단계로 들어가는 것은 당과 인민이 추구한 창조적 활동의 합법칙적 결과이고, 우리가 정당하게 자랑할 수 있는 오랜 기간 동안의 작업의 결과이다. 동시에 이것은 우리나라에서 달성

---

14) 위의 책, 452쪽.

된 사회주의의 완성이라는 과제의 해결을 위한 거대하고 복합적인 전환이다."15)

우리는 상황에 대한 매우 이론적인 혼란을 볼 수 있다. 60년대 초 사람들은 세 번째 단계의 초입에 있다고 믿었는데, 지금은 두 번째 단계의 시작에 서 있는 것이다.

우리는 1985년 11월 28일 오스트리아공산당KPÖ 중앙위원회의 회의에서의 에른스트 비머Ernst Wimmer의 보고를 읽으면 더욱 혼란스러울 것이다: "엄중한 보호시련의 상태 이후, 히틀러파시즘에 대한 승리 이후, 제2차 세계대전이 가져온 상처의 치유 이후, 공산주의를 탄압하기 위한 미제국주의의 기도의 파산 이후 16년, 1961년에 채택된 세 번째 강령은 공산주의의 건설을 지향했다. 이러한 지향과 함께 결합된 노력 덕분에 소련은, 증가하는 정도에서 새로운 사회질서의 본질과 내적 합법칙성, 그리고 자신의 발전을 각인하고 규정하는 발전된 사회주의의 국면에 들어섰다."16)

그러나 우리는 어디에서도 이제까지 발전된 사회주의의 특징에 관한 정확한 규정을 발견할 수 없다. 많은 사람들은 독일민주공화국DDR이 발전된 사회주의 두 번째 단계에 있을 것이라고 생각하며, 독일사회주의통일당SED의 강령은 발전된 사회주의를

---

15) K. Tschernenko, "발전된 사회주의의 요구에 따라서", *Einheit*(통일), 1985년 제2호, 109쪽.

16) E. Wimmer, "1985년 11월 28일 오스트리아공산당 중앙위원회의 회의에 대한 보고", *Weg und Ziel*(길과 목표), 1986년 제1호, 17쪽.

"사회주의의 완성된 그리고 포괄적인 건설"에 착수한 것을 통해 특징짓고 규정한다. 강령에는 이렇게 나와 있다: "이 강령의 거대한 목표는 독일민주공화국에서 사회주의의 완전하고 포괄적인 건설에 있다. 이 강령은 전체 근로인민의 이해에 서 있으며, 근로인민의 전체 힘과 인내 그리고 열정을 요구한다."[17]

발터 울브리히트Walter Ulbricht도 제7차 당대회(1967년 4월 17-23일)에서 이 주제에 관해 이렇게 말했다: "무엇을 통해 독일민주공화국에서 사회주의의 발전된 사회체제를 특징지을 수 있는가?

사회주의의 발전된 사회체제는 사회적 생산력의 높은 수준과 급속한 성장속도를 통해, 안정되고 발전하는 사회주의 생산관계를 통해, 강력한 사회주의 국가권력을 통해, 사회주의적 민주주의의 전면적 발전을 통해, 근로자들의 높은 교육수준을 통해, 근로자들의 노동조건과 생활조건의 개선을 통해 특징지어진다. 이것은 사회주의 이데올로기와 문화가 사회생활의 모든 영역에 관철되는 것을 통해 특징지어진다.

사회주의의 발전된 사회체제의 핵심은 사회주의의 경제체제이다. 사회주의의 경제체제는 계획적으로 예측된 노동의 토대 위에서 효과가 높은 경제구조와, 결정적 생산물의 과학·기술적으로 높은 수준, 그리고 기술과 생산조직은 물론 현대적인 계획

---

17) 『독일사회주의통일당의 강령』, 300쪽 — SED의 제9차 당대회(1976년 5월 18-22일)에서 채택된 강령은 원칙적으로 새로운 차원을 보충하지 않고, 발전된 사회주의를 자세하게 규정하였다.

체계와 성과체계를 가진 우리 국민경제의 균형적 발전을 포함한다."18)

우리는 발전된 사회주의 혹은 나아가 성숙한 사회주의에 관해 말할 수 있는지에 관해 의심하기 위해, 마지막 문장, 특히 "과학·기술적으로 높은 수준"이라는 해당하는 문장만 읽으면 충분하고, 거의 15년 후에 발전된 자본주의 산업국가들과의 비교에서 에리히 호네커Erich Honecker가 내린 우리의 기술적 수준의 현실적 평가에 관해 생각해보면 충분하다.

나는, 고전가들과 같이, 우리가 공산주의의 첫 번째 국면을 나누지 않아도 지장이 없다고 생각한다. 그렇지만 우리가 공산주의의 첫 번째 국면의 구성에서 두 번째 단계를 발견할 수 있으려면, 내 생각에, 레닌의 다음과 같은 주장에 따라야 한다: "노동생산성이 최종적으로 새로운 사회질서의 승리를 위해서 가장 중요하고 결정적인 것이다. 자본주의는 봉건제 하에서 알지 못했던 노동생산성을 창출하였다. 자본주의는 결국 타파될 수 있으며, 사회주의가 새로운, 훨씬 더 높은 노동생산성을 창출함으로써 궁극적으로 타파될 것이다. 이것은 매우 어렵고 매우 오래 걸리는 작업이지만, 그러나 우리는 노동생산성과 함께 시작한다. 그리고 바로 이것이 가장 중요한 것이다."19)

---

18) "사회주의의 완성을 위한 독일민주공화국에서의 사회적 발전, 발터 울브리히트의 보고", 『독일사회주의통일당 제7차 당대회 의사록』, 제1권, 베를린 1967년, 98쪽부터.

19) 레닌, 『위대한 창의Initiative』, 전집, 제29권 416쪽부터.

따라서 소련공산당과 독일사회주의통일당이 얼마 전부터 자신들의 경제정책을 아주 강력하게, 노동생산성을 증가시키고 발전된 자본주의 산업국가들을 따라가고 추월하는 데로 지향하고 있다는 사실이, 사회주의의 단계구분보다 나에게는 더 중요해 보인다.

제 5 장

모순 논쟁

오래 전부터 나는, 현실 사회주의에도 여전히 적대적 모순이 존재한다는 입장을 고수해왔다. 따라서 나는, 레닌이 사회주의에서의 모순에 관해 언급했듯이, 당연히 사회주의를 관념적 이론적 체계로서 혹은 실제적 완성의 단계에 있는 체계로서가 아니라, 현재 역사의 실재로서, 80년대에까지 사회주의 나라들에서 생활방식의 실재로서 이해하고 있다.

나의 이러한 이해에 대해 많은 사람들이 논박하였다. 그들의 논의는 이론적 체계로서의 사회주의, 당연히 적대적 모순이 없는 모델로서의 사회주의로부터 출발했거나, 아니면 그들은 완전한 사회주의를 현재 사회주의의 실제적 현실과 혼동했거나, 혹은 그들은 오늘날 사회주의의 위대한 실재의 부정적 현상을 부끄러워하면서 아름다운 색으로 채색하고 있다.

그러나 이것은 모두 위험하고 더 이상 도움이 되지 않는다.

다음에 나는 내가 지금 이 글을 쓰고 있는 1986년의 상황으로부터 시작할 것이다 — 낙관적이지도 않고 비관적이지도 않은, 오히려 내 상론이 1989년 출판할 때도 여전히 구체적이라는 현실적 기대에서 시작한다.

어쨌든 현재에도 주요 직업적 철학자들은 우리에게 적대적 모순이 없다고 생각한다. 바로 최근에도 이들은 그렇게 강조하였다 — 알프레드 코징A. Kosing과 볼프강 아익숀W. Eichhorn과 같이.[1]

코징은 레닌에 연관시킨다: "레닌은, 맑스주의적 파악을 일관되게 밀고 나가면서, 모순과 적대성의 관계를 사회주의로의 세계사적 이행의 시점에서 짧은 정식화로 특징지었다: '적대성과 모순은 철저히 하나가 아니고 동일하지 않다. 사회주의에서 적대성은 사라졌지만, 모순은 남아 있다.'[2]"[3]

아래에서 코징은 역사적 과정을 둘러싼 적대적 모순의 해소에 관한 한 이것이 옳다고 생각한다. 그에 의견에 따르면, 나는 여기서 그에 대해 동의하지 않는데, 이러한 역사적 과정이 이른바 발전된 사회주의의 단계로 들어섬으로써 완결된다는 것이다. 발전

---

[1] 알프레드 코징, "사회주의 사회의 모순에 관하여. 토론을 위한 논평", *Deutsche Zeitschrift für Philosophie*, 1984년 제8-9호, 727-736쪽: 볼프강 아익숀, "모순논쟁에 대한 비판", 『독일철학잡지*Deutsche Zeitschrift für Philosophie*』, 1984년 제11호, 1010-1016쪽.

[2] 레닌, "N. I. Bucharin부하린의 책 『이행기의 경제』에 대한 논평", *Lenin - Sammelband XI*, 모스크바 1929, 327쪽(러시아어).

[3] A. 코징, 729쪽.

된 사회주의 이전에 적대적 모순이 사라지는 것에 관해 이렇게 고찰한다: "따라서 이것이 사회의 다양한 분야에서 불균등하게 귀결되고, 개별 분야 역시 특별한 특수성을 나타낸다는 사실에 주의해야 한다. 그래서 사회경제적 변혁은 상대적으로 빨리 일어날 수 있다. 인간의 사회적 의식과 사회심리적 의식 그리고 정서 등의 변화는 그렇지만 오랜 시간을 요구하며, 구 사회의 잔재는 여기서 아직 오랫동안 남아 있을 수 있다. 따라서 분명한 것은, 사회경제적 사회정치적 변혁이 완료되고 나면 여기서 또한 적대성의 기초가 사라지게 된다는 것이며, 단지 사회적 의식과 사회심리적 의식 그리고 정서 등의 영역에서 여전히 오랜 시간 동안 적대성의 잔재가 남는다는 것이다. 이것은 사회주의와 제국주의 사이의 외부적인 적대적 모순의 작용을 통해 영향을 받을 수 있고 새로운 영양분을 유지할 수 있다."4)

발전된 사회주의와 함께 적대적 모순은 사라진다는 것이다. 그러면 "인간의 사회심리적 의식과 정서에 대한" 적대적 선전의 영향은? 코징은 우리 공화국의 일상을 너무 조금 알고 있는 게 아닌가! 여전히 우리 신문과 라디오 그리고 텔레비전이 정말 정당하게도 매일같이, 그러한 철저히 아직도 남아 있는 영향에 대한 새롭고도 쓰라린 투쟁을 하고 있고, 해야만 하는 일상 말이다. 적대성에 대한 이러한 투쟁은 여전히 아직 끝나지 않았고, 발전된 사회주의에서도 계속 주목할 만한 역할을 하고 있다.

코징은 자신의 견해가 사회주의 세계의 모든 맑스주의자들에

---

4) 위의 책, 730쪽.

의해 인정받지 못한다는 사실을 잘 알고 있다. 코징이 자신의 견해로서 반박하는 나의 『증손자와의 대화』5)를 인용한 후에, 그는 일련의 주에서, 무엇보다 발전된 사회주의에도 오늘날 아직 적대적 모순이 있을 수 있다는 입장을 가진 소련의 철학자V. S. 세미오노프Semjonov와 A. P. 부텐코Butenko의 논문의 제목을 제공하고 있다.

소련의 발전수준의 평가에서 체르넨코 동지가 이룬 커다란 현실적인 성과를 우리가 생각한다면, 이것은 놀랄 만한 것이 아닐 수 있다. 체르넨코는 1984년 『공산주의자』 제18호에서 이렇게 썼다: "오늘날 우리나라는 발전된 사회주의 단계의 초입에 서 있다."6) 소련이 "초입에"!

아익숀은 자신의 논문에서 코징의 논문에 비해 훨씬 뒤에 서 있는데, 이렇게 언급하고 있다: "우리는 적대적인 것을 모순적인 것이라 부르는데, 이것은 인간의 인간에 대한 착취에 근거하여 화해할 수 없는 이해대립을 내용으로 혹은 기초로 가진다."7)

이 정식화는, 내가 우리 문헌에서 찾을 수 있는, 적대적 모순 개념의 가장 강력한 축소이다. 그렇다, 이것은 사회주의에서 적대적 모순의 존재를 부정하는 사람들 측에서 논의의 발전에 대해 특징지은 것으로, 이러한 논의는 계속 개념을 좁게 만들고 있

---

5) 위르겐 쿠친스키, *Dialog mit meinem Urenkel*(증손자와의 대화), 베를린, 1983.

6) 체르넨코.

7) 아익숀, 1010쪽.

다고 할 수 있다. 아익슌의 정의와 함께라면, 발전된 사회주의에는 당연히 적대적 모순이 더 이상 있을 수 없다.

레닌은 적대적 모순의 개념을 훨씬 더 확대해서 사용했다. 레닌의 초기 논문 "경제적 낭만성의 성격에 대하여"에서 그는 예를 들어 경쟁을 하나의 적대성으로서 고찰했다.[8] 자본주의하에서는, 자본가들 사이에는 물론 노동자들 사이에도 경쟁이 있기 때문에, 우리는 여기서 또한 계급 내부의 적대적 모순을 가지고 있다.

계급, 즉 노동자계급 내부의 적대성에 대하여 마찬가지로 레닌은 『일보전진, 이보후퇴』라는 글에서 이렇게 말했다:

"악셀로드Axelrod 장군의 기본 주장은(Iskra 제57호) 이렇다; '우리의 운동은 처음부터 두 가지 적대적인 경향을 띠었고, 그러한 적대성이 그것들의 고유한 발전과 함께 강제적으로 나란히 발전되었고 그 안에 반영될 수밖에 없다.' 다시 말해; '원칙적으로 (러시아에서) 운동의 프롤레타리아 목표는 서구의 사회민주주의의 목표와 동일하다'는 것이다. 그러나 우리의 경우 노동대중에 대한 영향은 '그들에게 낯선 사회적 요소로부터, 급진적 인텔리로부터' 출발한다. 악셀로드 장군은 따라서 우리 당의 프롤레타리아 경향과 급진적-인텔리 경향 사이의 적대성을 확인한 것이다.

거기에 대해서 악셀로드 장군은 무조건 옳다. 그런 적대성이 남아 있다는 것은(그리고 러시아사회민주당에서만 그런 것이 아니다)

---

8) 레닌, "경제적 낭만성의 성격에 대하여", 『전집』 제2권, 209쪽.

의심의 여지가 없다."9)

레닌은 『민주혁명에서 사회민주주의의 두 가지 전술』에서, "살아남은 정치적 상부구조"와 "새로운 생산관계" 사이의 적대적 모순에 관해 다루었다.10) "민주주의를 부정하는 제국주의와 민주주의를 위해 분투하는 대중 사이의 적대성"에 관해 레닌은 그의 『P. 키예프스키Kijewski(J. Pjatakow)에 대한 대답』에서 말했다.11) 이러한 대중에는 당연히 비적대적인 중농층과 수공업자도 포함된다.

레닌을 따라서 1958년 소련에서 그리고 1959년 동독에서 출간된 『맑스주의 철학의 기초』에서는 다음과 같이 언급된다(295쪽부터):

"적대적 모순과 비적대적 모순의 문제는, 비록 유기적 자연에도 이러한 모순과 비슷한 것이 관찰될 수 있지만, 특별히 사회적인 것이다. 그래서 우리는 예를 들어 어떤 종류의 미생물 사이의 적대성을 발견한다: 어떤 종류의 미생물은 다른 미생물(항생물질)을 억압하고 없애버린다. 이러한 적대성은 질병의 치료를 위해 의료계에서 이용된다. 또 다양한 동물종류와 식물 사이에도 적대성이 존재한다. 우리가 자연과 사회에서 그런 종류의 모순들 사이의 어떤 유사성을 고찰한다면, 이런 모순들을 동일시하거나

---

9) 레닌, "일보전진, 이보후퇴", 『전집』 제7권, 383쪽.
10) 레닌, "민주혁명에서 사회민주주의의 두 가지 전술", 『전집』 제9권, 118쪽부터.
11) 레닌, "키예프스키에 대한 대답", 『전집』 제23권, 14쪽.

그것들 사이의 본질적 차이를 간과하는 것은 오류일 것이다.

사회적 모순의 적대적 성격 혹은 비적대적 성격은 사회구조를 통해 규정된다. 적대적 모순은 적대적 사회세력, 이해, 목표와 경향 사이의 화해할 수 없는 모순이다. 적대적 모순은 갈등과 충돌로 이끈다. 적대적 모순의 사례는 대지주와 농민, 부르주아지와 프롤레타리아트, 부르주아지와 근로농민층, 식민지나라와 제국주의국가 사이의 관계이다. 적대적인 모순은 또한, 세계를 새롭게 분할하고 영향력과 판매시장을 둘러싸고 투쟁하는 제국주의국가들 사이의 모순성이다. 또 우리는 적대적 모순이, 그것들이 점차 구별되기 때문에, 다양한 형태로 나타난다는 사실을 알고 있다. 가장 강력한 적대성은 착취자와 피착취자, 부르주아지와 프롤레타리아트 사이의 모순에서 나타난다. 역사는 그에 대한 많은 사례를 제공하고 있다; 즉 적대적 착취계급 혹은 적대적 제국주의 국가는 억압된 근로계급에 대한 투쟁에서 하나가 된다. 그런 경우에 그들 사이의 첨예한 모순이 다시 등장하고, 착취자와 피착취자 사이의 기본모순이 더욱 분명히 드러나게 된다. 그러나 특정한 역사의 국면에서 착취계급과 근로계급이 모두 억압되는 상황에서 주적이 된 공통의 적에 맞서 투쟁하기 위해, 권력을 잡지 못한 착취계급이 근로계급과 하나가 되는 경우도 있다. 1789년 시민혁명에서 부르주아지와 근로계급은 단일한 제3신분으로서 속세와 정신의 봉건영주들에 맞서 등장했다. 현재 제국주의에 맞선 식민지인민들의 민족해방투쟁에서는 민족 부르주아지가 자주 전체 인민들과 함께 투쟁한다. 중요한 것은 언제나, 사회발전의 각각의 단계에서 주요모순이 무엇인지를 규정하기 위해, 구체적인 역사적 상황을 고려하여 고찰해야 한다는 것이다."[12]

얼마나 많은 사회적으로 적대적인 모순이 여기서 언급되고 있는가! 적대적 모순이란 얼마나 다양한가! 적대적 모순 속에서 착취계급도 서로 대립할 수 있다. 착취자와 피착취자가 다른 착취자에 대한 적대적 투쟁에서 하나가 된다! 사회에서 적대적 대립은 착취자와 피착취자 사이의 모순에 대한 아익쇤의 경우에서와 같이 결코 제한되지 않는다는 것은 아주 분명하다. 그리고 이것은 나에게도 아주 올바르게 보인다; 레닌은 물론 맑스와 엥겔스가 제시했고 우리에게 가르쳤듯이.

다시 말해 단지 착취자와 피착취자 사이의 적대적 대립만이 가능하다는 범주적 확정으로 우리는, 발전된 사회주의에서 적대적 대립이 없다는 사실을 증명할 수 없다.

그렇지만 그것이 실제로 그렇다는 사실은 당연히 아직 말할 수 없다.

이미 몇 년 전에 사회주의에서 적대적 모순을 확정한 유명한 소련의 철학자들 중에서, A. P. 부텐코Butenko는 이제 외면상의 (!) 후퇴를 하고 있다. 먼저 그는 이렇게 주장한다: "논쟁의 모든 참여자가 인정하는 것은, 사회주의 세계에서의 부정적인 현상과 복잡한 과정(사회주의 국가들의 정치적 경제적 위기, 소외된 노동의 결과를 자기화하는 경우, 사회주의적 소유의 횡령과 부패 ─ 폴란드의

---

12) 『맑스주의철학의 기초』, 베를린, 1959, 295쪽부터.

결과에서 특히 분명하게 드러난 폐해)이 사회주의의 모순에 대한 기본적인 분석을 지금까지보다 더 요구한다는 것이다. 사회주의 사회는 다소간 쉽게 해결할 수 있는 비적대적 모순을 알지 못할 뿐만 아니라(일반적으로 그것은 이전에는 인정되었다), 또한 이것이 사회주의 사회에서는 격렬한 갈등이나 대결, 심각한 충돌로 이끌지 않는다. 따라서 사회주의에서 형성된 모순의 다양성과, 사회주의 나라들에서 마주치는 위기현상 및 갈등과 그것의 연관성은 규명되어야 한다."13)

정당하게도 그는 실제 발전하고 있는 사회주의에서 "위기현상과 갈등"에 관해 말했다.

그는 또 이렇게 썼다: "관료주의, 형식주의, 보수주의, 지역이기주의, 민족주의, 그리고 이것들을 통해 유발되는 모순에 관해 말한다면, 그것은 명백히 사회적 유기체에 대한 어떤 익명의 발육으로 생각할 것이 아니라, 모두 실제의 사람들이 감당해야 하는 사회적 위해이다."14)

그로부터 그는 결론을 이끌어낸다: "방금 위에서 거론한 종류의 사회적 위해(와 또한 투기, 부정부패, 나태함 등등)는 우리로 하여금 깊게 생각하게 만든다: 어떤 관계에서 이러한 위해가 사회주의의 진보에 맞서는가 — 어떤 적대적 혹은 비적대적 모순에서? 이것 뒤에는 어떤 이해관심이 있는가? — 그것들은 서로 배

---

13) 부텐코, "다시 한 번 사회주의에서의 모순에 관하여", 『소비에트과학. 사회과학논집』, 1984년 제4호, 363쪽.

14) 위의 책, 365쪽부터.

제 하는가 배제하지 않는가?"

그래서 그의 최종적인 정식화는 어떻게 되는가? 이렇다: 비적대적 모순은 "적대적 모순의 길을 제시하는 그런 모순으로 전화할 수 없다."15) 적대적 모순과 그런 모순의 길의 차이에 대해 그는 더 이상의 설명이 없다.

V. S. 세미오노프는 그에 반해 단순하고 분명하게 자신의 과거 의견을 유지하고 있다. 두 가지 정식화는 내게 중요하고 사회를 통해 증명되는 것처럼 보인다. 하나는 이렇다: "몇몇 사회주의 나라들에서 이행기의 말에 혹은 더욱이 그 이후에 적대적 성격의 모순이 등장했다는 사실을 확인함으로써, 이러한 과정에 대한 나에게 과거에 주어진 해석을 정확히 하고 수정하는 것은 동시에 성공적인 것처럼 보인다. 이 경우에 비적대적 모순이 적대적 모순으로 성장할 수 없는 것으로 말하는 것은 옳지만, 그러나 사회주의 사회에서도 특정한 단계에서 자신의 비적대적 모순이 내외의 반혁명 사회세력의 영향을 통해 특정한 적대적 모순을 나타낼 가능성이 있다."16)

두 번째 정식화는 "특정한 확대정도와 대중적 대표현상의 경우 기본적으로 사회주의적 성격에 어긋나지 않는" 관료주의에서 범죄까지의 현상을 다루고 있다.17) 그것에 관해 이렇게 말한다:

---

15) 같은 곳.

16) 세미오노프, "발전된 사회주의에서 모순문제의 이론적 심화와 구체화를 위해", 같은 책, 371, 377쪽.

17) 같은 곳.

"주도적 모순은 물론 기본모순과 주요모순이 비적대적 모순인 반면 — 즉 비적대적인 길에서, 더욱이 종종 대립의 통일을 통해서 해소될 수 있는 — 내재적인 사회주의 현상에 대한 투쟁과 부정적 현상에 맞서는 사회세력의 투쟁에서 우리는 확신을 갖고 있다 — 부정적 현상은 사회주의 사회에 직접적인 위해를 가져오고, 우리의 집단주의적 토대와 생활방식 그리고 법치질서를 훼손하는 질적으로 다른 성격의 것이다. 이것은 사회주의의 기초를 벗어나게 하고 파괴하려는 모든 기도에 맞서, 꺼림직한 현상을 향한 부정적인, 그 사회적 도덕적 본질의 구체적 사회담당자들에 맞서, 사회주의의 기초와 원칙 그리고 규범을 수호하고 완성하는 근로자들과 전체 소련인민의 결정적 투쟁이다. 그러한 화해할 수 없는 투쟁은 화해할 수 없는, 적대적인 성격을 가지며, 여기서 당연히 주의해야 할 것은 첫째 이것은 계급들 사이의 투쟁이 아니라 개별적인 사회적대적 요소에 맞서는 모든 계급과 계층을 대표하는 모든 근로자들의 투쟁이라는 점이고, 둘째 이러한 투쟁은 더 이상 과거와 같이 사회에서의 격렬한 사회적 충돌의 표현이 아니라 진보를 방해하는 부정적인 현상과 요소로부터 통일된 사회주의 사회를 사회적으로 청소하는 과정이다."[18]

결여된 노동규율이나 법에 대한 침해 등과 같은 그런 현상을 중요하지 않은 부차적 현상으로, 즉 현실 사회주의에서 증가하는 현상으로 심각하게 인식하지 않고 고찰하는 것은 기본적으로 잘못된 것이다. 1985년 2월 22일 모스크바 크레믈린의 한 회의

---

18) 같은 곳.

석상의 연설에서 체르넨코는 그런 현상에 맞서는 공산당 중앙위원회와 정치국의 투쟁에 관해 이렇게 말했다: "잘 알다시피 규율과 법치 그리고 질서의 강화를 위한 세심한 제도기준이 마련되었다. 그렇지만 그것은 공개적으로 말하기에는 아직 충분치 못하다."[19]

발전된 사회주의의 초기국면에서 적대적 모순에 관한 세미오노프의 견해는 기본적으로, 내가 『독일철학잡지』에(1972년 제10호) 내 논문 "사회적 모순"이래 대표한 것이다. 내 연구에서(그리고 코징이 인용한 나의 『증손자와의 대화』도) 나는 당연히 무엇보다 레닌이 우리에게 가르친 "맑스주의의 살아 있는 영혼이 있는 가장 내적인 본질: 구체적인 상황에 대한 구체적인 분석"[20]이라는 확언으로부터 이끌어 내려고 노력하였다. 그런 다음 맑스와 엥겔스, 그리고 이후의 모든 맑스주의자들이 분명히 만든 것으로부터 작업하려고 나는 노력하였다: 혁명적 도약에도 불구하고 발전은 종종 우리가 기대하는 것보다 훨씬 더 더디게 추진된다.

그런 의미에서, 소련공산당 27차 당대회가 개막되었을 때, 고르바초프Gorbatschow 동지의 멋진 연설과 함께 나는 글을 썼다. 독일공산당의 최초 당대회에서 로자 룩셈부르크Rosa Luxemburg는 행복하게 탄식하면서, 우리는 다시 맑스 곁에 서 있다고 확언했다. 소련공산당 제27차 당대회 후에, 나는 행복하게 탄식하

---

19) *Neue Deutschland*(신독일신문), 1985년 2월 23/24일.

20) 레닌 "공산주의", 『전집』 제31권, 154쪽.

면서 동독의 오랜 동지에게 우리는 다시 레닌 곁에 서 있다고 확언했다.

가차 없이 공개적으로 고르바초프는 소련의 현실 사회주의에서의 적대적 대립을 비난했으며, 더욱이 당에 할애된 그의 연설 부분에서는 이렇게 말했다: "우리는 모든 종류의 불충분함에 대해, 책임감이 없고 사회적 이해에 무관심한 모든 구태적인 담당자들, 사람들에 대해 정당하게 분노한다: 죄인, 부패자, 탐욕자, 익명의 비방자에 대해, 편협한 관리와 뇌물수수 언론인에 대해. 여기서 이들은 구체적인 집단에서, 구체적인 도시와 농촌에서, 아주 특정한 조직과 우리에게서 결코 멀지 않은 곳에서 살고 일하고 있다. 그러면 집단이나 공산주의자와 달리, 우리 근로자의 사회에서 각자가 양심적으로 일한다는 사실과 우리 모두에게 동등한 정도로 결합된 사회주의 공동체의 규범의 엄격한 유지 아래 살아야 한다는 사실을 강력하게 설명해야 하는 것은 누구인가? 그것에 이르는 길은 무엇이고 누구인가?

바로 여기서 당조직의 역할을 최대한 높여야 하는 최고의 과제가 제기된다. 우리 공산주의자는 누군가에게 책임을 전가해서는 안 된다. 당조직이 확고한 원칙의 관계에 기초한 약동하는 생활을 산다면, 공산주의자들이 일반적 주제에 대해 미사여구를 늘어놓는 공론이 아니라 구체적인 사태와 함께 파악한다면, 성공이 보장될 것이다. 한계와 오류를 인식하고 탄핵하는 것으로 충분하지 않다: 중요한 것은 더 이상 존재하지 않도록 모든 것을 실천해야 하는 것이다. 공산주의자들만의 선도적 역할은 있을 수 없다: 그들은 실천활동에서 명백히 표명되어야 한다."21)

하지만 탐욕자, 익명의 비방자, 부패·뇌물수수 언론은 현실 사회주의에 대한 적대적 대립이 아닌가?!

그리고 고르바초프는 관료주의에 대해 언급한다: "당은 관료주의와 결정적이고 냉혹한 투쟁을 벌여야 한다. 블라디미르 일리치 레닌도 전환기에, 하나의 성과체계에서 구체성과 속도 그리고 활동력에서 더 높은 정도를 요구하는 다른 체계로 이행하는 시기에 관료주의에 대한 투쟁이 특별히 중요하다고 말했다. 오늘날 관료주의는 우리의 주요과제를 ― 우리나라의 사회경제적 발전을 가속화하고 그와 연관된 경제지도의 기제를 근본적으로 전환하는 것 ― 해결하는 길에서 첫 번째 장애물이다. 이러한 과제에 대해 우리는 무관심할 수 없다. 따라서 관료적인 종양이 구체성과 공개성 그리고 통제가 결여된 곳에서, 떠맡은 과제를 위한 책임성이 관대하게 다루어지는 곳에서, 가장 강한 현상으로 나타난다는 사실을 주목해야 한다."[22]

현실 사회주의에서 적대적 대립의 존재를 부정하는 우리 철학자들은 고르바초프의 다음과 같은 경고를 기억해야 마땅할 것이다: "우리는 우리의 사회과학 일반은 물론 철학적 경제학적 전선이 생활의 필요에 상당히 떨어져 있다는 사실을 감추지 말아야 한다고 나는 말하려고 한다."[23]

---

21) 『소련공산당 제27차 당대회. 당대회에 대한 소련공산당 중앙위원회의 정치보고: M. S. 고르바초프』, 베를린, 1986.

22) 같은 곳.

23) 같은 곳.

우리가 우리 공화국에서의 모순논쟁의 역사를 관찰한다면, 우리는 사회주의에서 모순의 존재 혹은 최소한 발전을 일반적으로 부정하는 국면을 다시 발견하게 된다. 마지막 그런 국면은 위에서 언급한 나의 논문이 출간되고 동시에 격렬한 논쟁이 해소되었고, 그렇지만 비적대적 모순에 해당하는 것이 상대적으로 빨리 포기되었던 시기에서였다. 오늘날까지 1972년 이후로 내가 말하고 논문으로 대표한 견해 — 현실 사회주의에도 현재 여전히 적대적 모순이 존재한다는 — 에 대한 일반적 논박은 그대로 남아 있다.

그러면 적대적 모순의 주요 특징은 무엇인가? 적대적 모순이 한편으로 서로 반작용하는 세력의 통일이라는 사실은, 그러나 동시에 모순의 한 측면에서는 완전히 화해할 수 없는 요소이고, 그래서 그 해결은 이러한 모순의 한 측면을 없앨 것을 요구한다. 사회주의에서 소비재 생산의 증가가 욕구의 성장을 함께 따라갈 수 없다면, 여기서 관련되는 것은 발전을 훌륭하게 촉진하는 비적대적 모순이다 — 그리고 이에 대해서는 아무도 최소한 욕구의 일부를 없애서 해결해야 한다고 생각하지 않을 것이다. 그렇지만 사회생활의 계속되는 성숙하고 개선된 행정의 틀 속에서 관료제 역시 성장한다면, 이러한 모순은 단지 한 측면, 즉 관료제의 폐지를 통해서만 해결할 수 있다. 여기서 이러한 폐지는 격렬한 투쟁 속에서 일어난다. 그러나 그러한 투쟁은 폭력의 적용을 의미할 필요는 없다; 그러한 투쟁은 교육의 방식으로 해결될 수 있지만, 그러나 또한 "대립물의 화해 혹은 종합"이 아니라 한 측면, 즉 관료제의 폐지를 요구한다. 친구와 좋은 이웃을 위해("사람들은 관계를 가져야 한다") 특정한 상품영역에서 잘못된 경영을 하거나 심지어 부정을 추진한다면, 이러한 현상은 없애야 하고, 나아가 예를 들어 특정한 상품에 대한 분배체계의 근본적 변화를 통해 없애야 한다.

우리가 적대적 모순을 이렇게 이해한다면, 즉 모순의 양 측면을 화해시킬 수 없기 때문에 모순의 한쪽 측면을 근본적으로 없애야 한다고 이해한다면 — 폭력으로 해소할 것인지 아니면 다른 수단을 통해서 해결할지(당연히 개별적이고 구체적인 경우에 따라 다르다) 여부는 원칙적으로 상관없다 — 적대적 모순의 이러한 정의는 옛 맑스주의의 유산이고, 내 생각에 우리는 사회주의에도 여전히 적대적 모순이 존재한다는 것을 부정할 수 없다.

우리의 철학자들은 한 번도 사회주의의 순결한 인수를 생각하지 않았다. 그러나 그들은 부르주아 사회의 현상으로부터 때묻지 않은 현실 사회주의 사회의 순결한 발전을 파악하기 위해 투쟁해왔다. 그렇지만 그들은 맑스가 『고타강령 비판』에서 확언한 것을 기억해야 한다: 사회주의의 단계에는 관계가 "경제적, 윤리적, 정신적인 각각의 연관에서는 아직 구 사회의 어머니 뱃속에 붙들려 있다."[24]

그렇지만 건설에서 우리의 성과를 낮게 평가할 근거는 전혀 없다. 현실을 미화해야 하고 따라서 예를 들어 적대적 대립의 가능성과 실존을 부정하고, 그래서 관료제와 부정부패, 부족한 노동규율 등에서 사회주의 그 자체에 대해 적대적으로 모순되는

---

[24] 칼 맑스, 『고타강령 비판』, 20쪽.

현상을 분명히 보지 못하는 사람들만이 우리의 성과를 낮게 평가한다.

또 적대적 대립을 단지 혹은 전적으로 물리적, 사법적인 폭력으로만 해결할 수 있다고 생각하는 맑스주의자들도 있다. 그러나 이러한 견해는 가령 경쟁을 적대적 모순으로서 고찰했을 때 레닌이 반박했던 것이고 제한된 것이다. 그러한 견해는 당연히 범죄(부정부패의 경우를 포함해서)와 같은 적대적 모순으로서 사회주의의 반혁명적 현상으로 인정될 것이다. 비록 나에게는 그러한 견해가 현실 사회주의에서 적대적 모순을 완전히 부정하는 것보다는 본질적으로 현실적으로 보이지만, 그럼에도 나는 그러한 개념의 한계를 받아들일 수 없다. 그러한 견해는 나에게 너무 제한적이다.

따라서 나는 우리 사회주의의 실재가 여전히 적지 않은 적대적 모순을 나타내고 있고, 우리 현실 사회주의의 위대함에 내한 그러한 주장을, 역사적으로 볼 때, 어떻게든 받아들일 수 없다고 본다.

존 에어펜벡John Erpenbeck은 우리가 (아주 정당하게) 제한적이라고 생각하는 적대적 모순의 개념을 적용할 수 있다는 나의 입장에 동의한다. 그렇지만 아익손이 그랬듯이, 자본주의에서는 바로 구성체 특유의 적대적 모순이었고 사회주의에서는 단지 자본주의로부터 물려받은 유산의 일부로서 나타나는 구성체 특유의 적대적 모순에만 제한적으로 적용하자는 그의 견해에 대해서 나는 전혀 동의할 수 없다.

아익숀이 "우리는 인간에 의한 인간의 착취에 기초한 화해할 수 없는 이해대립을 내용과 토대로 갖는 모순을 적대적이라고 부른다면"[25] — 그리고 우리가 수만 년의 계급사회 이전에 인간 역사의 수십만 년, 즉 무계급을 통한 구성체 특유의 원시사회의 시대를 고찰한다면, 아익숀에 따른 적대적 모순은 과거에는 실제 일반적으로 전혀 역할을 할 수 없었다.

나아가 우리는 다음을 생각해보자: 잉여생산물의 창출 이전에, 사람들이 기껏해야 조그만 공동체의 모든 개인들에게 필요한 음식물을 충분히 모을 수 있을 때, 동식물을 채집하는 데 풍요로운 땅을 두 공동체가 우연히 마주한 것은 생명을 유지하기 위해 한 편이 다른 편을 죽이는 수밖에 없음을 의미했다. 이것은 아익숀에 따르면 전혀 적대적 대립이 아니다. 그러나 인간이 잉여생산물을 창출하고, 싸우기 위해 만나는 동일한 상황에 이르게 되면 사람들은 적을 죽이는(그리고 드물지 않게 먹어 치우는) 대신 자신의 활용을 위해 포로로 삼거나 노예로 만들 수 있었다. 갑자기 여기서 아익숀에 따른 적대적 모순이 생긴다.

대부분의 사람들이(또한 나 자신도 공개적으로 말했다 — 그래서 그 때문에 내가 비겁한가?) 계급의 적대적 대립을 계급에 결부되지 않았기 때문에 명목상 비적대적 대립 — 내 적의 점심식사로 나를 강제하는 대립인데도 — 으로 치부해버리는 것은 분명하다. 그렇다면 인간역사에서 적대적 모순이 등장하는 것은 그것에 따르면 중요한 인간적, 일반적인 역사적 진보로 보인다.

---

25) 아익숀, 1010쪽.

당연히 나는 에어펜벡이 계급대립을 중심적인 적대적 모순으로서 지적했을 때 아익숀을 위한 그의 입장에 동의한다. 그렇지만 인간공동체의 역사에서 아주 작은 시기에 대해서 한 번만, 그리고 많은 적대적 모순 중에서 단지 하나만을 말하는 것에 대해서는 동의할 수 없다.

사회주의에서 적대적 모순이 구성체 특유의 것이라는 에어펜벡의 의견에 대해서는 충분히 동의한다. 그렇지만 이러한 적대적 모순이 단지 유산의 일부로서 등장한 것이라고 생각한 그의 의견에 대해서 나는 동의할 수 없다. 우리에게 널리 퍼져 있는 이러한 견해는 오늘날 이미 여러 번 제시되었다. 물론 종종 매우 주목할 만한 방식으로. 그래서 예를 들어 우베 에발트Uwe Ewald는 "사회주의에서 범죄의 사회화와 물질적 결정"이라는 제목의 논문에서 이렇게 썼다:

"'일반적 범죄는 따라서 사회주의 그 자체의 객관적 현실적으로 근본적인 모순에 불가피하고 필연적으로 의존하지 않고, 그 모순의 운동의 특별한 현상형태에 의존한다.'[26] 따라서 범죄는 사회주의에서 개인과 사회의 관계의 표현이 아니라, '개인과 사회 사이의 관계의 교란'으로서 이해된다.[27] 즉 이것은 '사회통합의 심각한 침해'로서, 또한 해체로서 나타날 수 있다.[28]

범죄를 통합의 침해로서 고찰하는 것은 결국, 사회주의에서의

---

26) 『형법학. 이론적 기초와 분석』, 베를린, 1983, 340쪽.
27) 위의 책, 312쪽부터 참고.
28) 위의 책, 315쪽 참고.

일반 범죄의 원인의 변증법을 포괄적인 입장, 사회주의의 물질적 이데올로기적 관계의 총체성을 고려한 입장에서 연구하는 것을 의미한다; 여기서 그 관계란 가령 제국주의와의 대립의 조건 하에서 만들어지는, 그렇지만 이미 사회주의에서의 범죄의 물질적 조건을 규정할 수 없는, 관계와 같은 것이다. 비적대적 모순의 연관과 구성되는 운동형태의 연관을 적용함으로써, 사회주의와 범죄의 내적 연관성에 대해 접근할 수 있게 되고, 이것은 특히 인격발전의 구성에서 사회주의의 장점을 의식적으로 계발하고 이용하는 것을 지향한다. 물론 이것은 이미 사회주의의 기본모순과 일반 범죄 사이의 연관성의 해명에 대해서는 적용되어서는 안 되지만…

따라서 사회주의 사회의 사회경제적 구조와 개인의 사회행동(여기서는 범죄) 사이의 내적 연관성을 가능한 한 연구하는 것이 문제라면, 이것은 방법적으로 다른 어떤 사회가 아니라 이 사회의 물질적 관계로부터 출발할 것을 요구한다. 다른 행동의 경우에서, 사회주의의 지속적 발전과 함께 형성되는 사회화과정에서의 조건은, 이것은 범죄 결정의 마지막 물질적 연관성을 지양하기 위한 조건으로서 표현되기 때문에, 규정될 수 없다."[29]

에발트는 (유산의 일부와 외적 영향 외에도) 또한 사회주의에서의 특정한 관계 자체가 범죄를 유발할 수 있다고 아주 올바르게 인식한다. 그가 처음에 비적대적 모순을 둘러싼 이러한 관계가

---

[29] 우베 에발트, "사회주의에서 범죄의 사회화와 물질적 결정", 『국가와 법』, 1986년, 제6호, 481-486쪽.

문제라는 점을 강조했다면, 우리는 최소한 이러한 비적대적 모순으로부터 주어지는 범죄를 사회주의를 위해 없앨 수 있는 비적대적 모순으로서 지적했어야 했다.

  적대적 모순의 부정이 대부분 사회과학자들에게는 낭만적이고 미화하는 경향에 상응하는 반면, 나는 적대적 모순의 정의에 관해 고전가들이 사용한 것과 같이 ― 그래서 나는 레닌의 저작에서 몇 가지 사례를 인용했다 ― 제시했다고 분명히 강조하고자 한다. 반면 아익숀은 내가 생각하기에는 결과적으로 특정한 종류의 적대적 모순의 개념을, 그것도 동의할 수 없게 매우 단순하고 제한된 것으로 만들었다.

제 6 장

역사적 낙관주의의 기초에 관하여

I.

군사(軍史)에 나오는 현명한 이야기가 있다:

한 장군이 전장 가까운 언덕으로 전투의 과정을 좀 더 세밀히 관찰해 보고하도록 두 명의 부관, 젊은 장교를 보냈다. 곧 거기에도 가끔씩 탄환이 날아왔다. 한 장교가 가방에서 담배케이스를 꺼내, 담배 하나를 물고 나서 하나를 다른 장교에게 건네주었다. 둘은 담배에 불을 붙였다. 담배케이스의 주인은 손을 가만히 두고 있었고 신경이 강했지만, 다른 장교는 손을 떨었다. "걱정이 있냐?" 신경이 강한 장교가 약간 비꼬듯이 웃으며 물었다. 그러자 다른 장교가 대답했다. "당연히, 여기서 나 또한 너의 책임을 지켜야 하는 우리 두 사람 몫의 용기를 갖고 있기 때문이다."

세계는 — 모두가 이것을 알아야 하고, 세계의 모든 지역의 정치가 역시 이것을 파악하고 있어야 한다 — 오늘날 발전된 산업국가들 사이의 전쟁 유발이 인류를 몰락시킬 상황에 있다는 것이다. 수억 년의 자연의 발전, 백만 년의 인류의 발전, 우리가 문화라고 부르는 일만 년의 일류의 발전이 우리 지구 위에서 그런 전쟁으로, 마치 전혀 존재하지 않았던 것처럼, 파괴되고 없어지고 사라져 의미 없게 될지도 모른다는 것이다.

우리가 돌아볼 수 있는 시간 이래로 전체 인민과 전체 문화는 몰락해왔다: 자연재앙에 의한 것이든, 전쟁과 파괴에 의한 것이든, 혹은 『공산당선언』에 나와 있는 것처럼 "투쟁하는 계급의 공동 몰락"에 의해서든,[1] 혹은 모든 계급이 진보를 가져와야 하는데도 불구하고 자신의 역사적 사명을 잃어버림으로써 장기적인 질환에 의해서든. 『공산당선언』이 말한 가능성은 오늘날 이렇게 말해야 한다: "투쟁하는 세계체제의 공동 몰락."

걱정이 없는 사람은 용기가 있을 수 없다 — 아마 무모한 만용이지 용기가 아닐 것이다. 인류의 몰락가능성, 양 세계체제의 공동 몰락의 가능성을 보지 않는 사람은, 역사적 낙관론을 키울 수 없을 것이고, 더욱이 걱정 없이 그냥 살 것이며 해롭지 않게 자신의 생활에 만족할 것이다. 그렇지만 역사적 낙관론의 문화가 그에게 부여할 수 있는 지혜는, 그가 고작 사회의 단순한 문명 앞에 서 있고 미성숙한 과실에 만족하는 것에 대해, 역사적으로 아무 의식 없이 시대의 폭풍 속으로 걸어 들어가는 것에 대해, 슬퍼할 것이다.

---

[1] 맑스와 엥겔스, 『전집』 제4권, 462쪽.

역사적 낙관론은 무엇인가? 우리 철학사전에는 역사적 낙관론은 물론 낙관론에 대해서도 설명되어 있지 않다. 우리『마이어 새사전』이 다음과 같이 낙관론에 대해 설명한 것은 올바르다: "역사적으로 성장하는 계급의 이데올로기가 갖는 특징적 기본성격으로서 확신적이고 낙관적인, 긍정적인 삶의 태도 및 인식."2) 역사적 낙관론은 역사적 경험에 근거하여 역사적 발전을 낙관적으로 본다. 역사적 낙관론은 역사적으로 이중의 의미를 갖고 있다: 하나는 역사의 미래 과정에 관련되고, 그래서 인류역사의 역사적 연구에 기초한다. 또한 역사적 낙관론은 과학적으로 근거지을 수 있다. 그 안에는 동시에 과거의 지식과 미래에 대한 확고한 믿음이 포함되어 있다. 이것은 당연히 우리가 알 수 없지만, 괴테가 정확한 상상이라고 부른 것과 경험에 기초한 미래를 구성할 수 있다고 우리의 힘에 근거하여 믿기 때문에, 우리가 확고히 믿을 수 있는, 미래에 대한 확고한 믿음이다. 우리는 우리의 모든 힘을 다해 진력하고, 진보적인 사람들이 이러한 미래를 위한 방향으로 우리의 모든 힘을 반드시 쏟을 것이라고 확신하고 결정했기 때문에, 우리의 힘에 대해 믿는다.

오랫동안 역사에서는 계속해서 과거의 "황금시대"에 대한 향수에 충분히 젖어 있던 역사적 비관주의의 세계관이 지배적이었다. 낙원을 가진 유대인은(유대인도 비슷한 이데올로기를 가진 또 다른 민족의 후계자였다) 물론 그리스인이나 로마인도 대부분, 인류의 황금기는 그들 뒤에 있었다고 생각하였다. 그리스인은 역

---

2)『마이어 새사전』제10권, Leipzig, 1974, 303쪽.

사철학으로서 인류의 퇴보와 몰락의 이론을 발전시킨 최초의 사람들이었다. 그리스인은 물론 로마인에게는 역사에서의 인류의 점진적인 "도덕적 마모(타락)"의 법칙이 있었다. 호라티우스 Horace는 말했다: "시대는 세계를 무가치하게 만든다."

기독교 이데올로기는 두 가지 황금시대를 갖고 있는데, 하나는 역사의 창조시기이고, 다른 하나는 역사의 종말시기이다. 그 사이에는 발전이 없는 고통의 계곡만이 있을 뿐이고, 단지 착한 사람들은 하늘나라로 갈 수 있다는 것이다. 중세시대를 지배했던, 원래의 의미에서 기독교 이데올로기인, 역사철학은 발전이 없었다.

고대와 중세에 대한 이러한 주장은 당연히 일반적인 의미로만 받아들여야 한다. 이것은 고대에서나 ― 플라톤과 같은 ― 중세에서 ― 아우구스틴과 같은 ― 개별 사상가들이 역사에서의 일정한 진보를 보거나 희망했다는 사실을 배제하지 않는다. 무엇보다 기독교에 대한 우리의 평가 역시, 자본주의하에서 예를 들어 자크 마르탱Jacques Maritain과 같이 역사를 은총의 왕국의 진보로서 본, 진보에 대해 믿었던 많은 신학사상가들이 있다는 사실을 배제하지 않는다.

그렇지만 역시 중세 봉건시대의 기독교에는 역사의 후퇴에 관한 인식이 있었다. 이탈리아의 작가 움베르토 에코Umberto Eco는 『장미의 이름』이라는 자신의 매우 가치 있는 범죄소설에서 봉건시대의 교회에서 일어난 얘기를 썼다. 에코는 소설과 관련하여 후기를 출간했는데 이렇게 시작한다: "내가 『장미의 이름』을 쓴 이후 독자들로부터, 라틴어로 된 마지막 문장이 무엇을 의미하고 왜 책의 이름을 그렇게 지었는지 알고 싶다는 많은 편지를 받았다. 나는 여기서 이렇게 대답했다: 이것은 주제 'Ubi sunt'를 변형시킨 12세기 베네딕트 수도사인 베르나르두스 모르라넨시우스Bernardus Morlanensis의 Decomtemptu mundi로부터 온 6운각의 시구와 관련되는데, 여기서 그는 잘 알려진 문학적 상투문구 — '어디에 계십니까, 유일한 하나님, 영광스런 나라, 아름다운 부인이여? 모든 것은 지나갔다…' —를 임의대로 사고를 위해 확대하였다. 여기에는 우리로부터 지나간 모든 신성함이 단지 헐벗은 이름으로 남아 있다."[3]

일반적인 현상으로서 역사적 낙관론은 부르주아 철학의 최초의 번영기인 르네상스에 비로소 나타난다. 그러나 이것은 과거로부터 과학적으로 확고히 기초하고 있었다는 의미에서 역사적으로 아직 아니었다. 부르주아 발전의 초기에 최초의 의미 있는 진보의 철학은 장 보댕Jean Bodin이 이름붙인 데서 유래한다 — 그의 책 *Methodus ad facilem historiarum cognitionem*(쉬운 역사적 인식의 방법. 파리, 1566년). 많은 사람들은 그를 역사서술의 최초의 철학자로 고찰한다. 그는 먼 과거의 황금시대에 관한 이념과 "현대"에 대한 "고대"의 우월함을 거부했다. 그는 아마 새로운 시대의 발생학적 역사서술의 최초의 위대한 대표자이고, 역사과정의 법칙을 추구했다. 그에게 역사는 지식과 능력의 축적이었다. 또 그가 역사를 다수의 거대한 시기로 분할했다면, 이것

---

[3] 움베르토 에코, "『장미의 이름』에 대한 후기", 『심심풀이 모음집』, 베를린, 1985, 295쪽.

으로 그는 이미 오래 전부터 이것을 사용해왔다는 것이다. 그래서 한 세대 지나 이미 독일의 대학에서 중세라는 표현이 사용되었다.

프랑스인 보댕의 뒤를 이어 진보이념의 위대한 전위투사 프란시스 베이컨Bacon이, 진보의 특징이고 동력인 과학과 발명을 위해 ― 그리고 이제 이미 목적합리적으로: 인간 삶의 증진을 위해 ― 영국에서 등장한다. 르네상스 말기에 과학적 인식에 기초하여, 진보의 기독교를 위해, 발명이라니 얼마나 선구적인 것인가! 프로메테우스는 단지 신으로부터 불을 훔쳤지만, 이제 인간은 스스로 자신의 행복 요구를 위해 거대한 발명을 만든다. 여기서 중요한 것은 자연에 대한 승리한 투쟁이다 ― 프로메테우스는 신에게 결국 굴복했지만. 그렇다. 다음의 위대한 진보의 철학자 데카르트는 "자연의 위대한 비서"라는 명예직위를 한 학생으로부터 부여받았고, 진보는 그에게 법칙에 의해 규정된 자연에 대하여 오성을 적용한 것에 기초한다. 이 시기의 진보이념을 대표한 초기 위대한 인물 중에서 마지막으로 라이프니츠Leibniz를 거론할 수 있는데, 디도로Diderot는 그를 이미 "낙관주의의 아버지"로 불렀다. 그렇다, 아마 낙관주의는 일반적으로 이 새로운 역사철학의 결정적 특징인 것이다. 그리고 이러한 진보의 역사철학은 인류를 위한 거대한 낙관주의에 의해 충족되었고, 인간이 이룰 수 있는 모든 것을 자랑스러워했다.

베르너 콘체Werner Conze가 "진화와 역사는 이미 약 200년 이상 오래된 두 가지 개념이다"라고 말한 것은 약간 오해가 있는 듯하다.4) 사실대로 말하면, 그것은 이미 400년 전부터 그리고 개별적으로는 이미 2,000년 이전부터 철학적 역사가의 사상을 지배했다.

동일한 진보낙관주의는 계몽의 시대에, 우선 무엇보다 프랑스에서 보게 된다. 프랑스에서는 인간을 동물의 가장 높은 발전으로서 고찰함으로써 — 희가극 가수와 같이 아마 조금 격이 떨어지는 진리로 정식화했을 것이다 — 과학자들 사이에 자연과 역사가 이미 결합되었다. 투고Turgot는 1750년 자신의 책 『인간정신의 지속적 진보에 관한 철학적 표상』을 편집한 반면, 1765년 볼테르는 논문 "역사의 철학"을 썼다 — 이 용어가 문헌에 사용된 것은 이것이 처음이다. 이 역사의 철학은 당연히 역사적 진보의 철학이다. 최고 전성기는 지롱드주의자 마리 장 안톤 마르퀴스 드 콩도르세Marie Jean Antoine Marquis de Condorcet의 저작에서 프랑스의 계몽적 역사철학으로서, 그는 자신이 죽고 나서 비로소 출간된 1795년의 저작에서 위내한 정식화를 했다: "이제까지 철학사는 물론 과학사는 단지 몇몇 인물의 역사였다: 인류를 실제로 만드는 것은 거의 자신의 노동으로만 살아가는 가족의 대중이라는 사실을 잊고 있다: 자신이 아니라, 사회를 위해 가르치고 활동하고 방어하고 다른 사람을 돕는 과제를 수행하는 공적 업무에 헌신하는 그런 대중 계층을 발견하더라도, 주인만이 역사가를 자극시킬 뿐이다."5)

---

4) 베르너 콘제, "진화와 역사. 인간의 이중석 역사시대의 형성", 『역사잡지』, 1986년, 제242권 제1호, 1쪽.
5) 콩도르세, 『인간정신의 진보의 역사』 파리, 1966, 250쪽.

이와 함께 맑스주의 이전 역사철학은 세 가지 전성기를 이루었다. 두 번째는 헤겔이 가져왔다. 세 번째는 계급투쟁이론을 가진 19세기 20년대와 30년대의 프랑스 역사가들이 가져왔다.

이러한 진보-낙관주의는 독일 고전문학에서는 더 이상 무조건 고유한 특징은 아니었다. 이미 레싱은 탄식했다: "오 역사여! 오 역사여! 너는 무엇이냐?" 그리고 괴테의 역사이해도 그에게 위안이 될 수 없었다. 그러면 괴테에게 역사적 운동의 법칙은 무엇인가? 아마 순환의 발전일 것이다. 문화는 형성되고 번영하고 몰락한다. 그리고 모든 것은 다시 새롭게 시작한다. 더욱이 역사가 자연에 아주 가까이 간 『색채이론의 역사에 대한 자료』의 서문에서 괴테는 이러한 입장을 대표했고, 이미 순환으로부터 나선을 만들지 않았다.:

"한 야심 있는 젊은이가 역사를, 스스로에 의해 새롭게, 더욱이 태고시대로부터 시작할 수 있기 때문에, 차라리 너그럽게 즐거운 것으로서 간주한다면, 학생이나 노인은 연속하고 있는 것을, 마치 여러 가지의 좋은 것, 이용할 수 있는 것, 도움이 많이 되는 것을 선조들이 그들에게 남겨준 것처럼, 생기에 찬 감사로 인식해야 한다.

정지된 것은 아무 것도 없다. 모든 외면적인 후퇴의 경우에, 그리고 인류와 과학이 마지막에 다시 스스로 끝내야 한다면, 인류와 과학은 언제나 서둘러야 한다. 탁월한 정신을 가진 사람은 언제나 전달하고자 하는 것을 발견한다. 이것에 관해 가치 있는 많은 것이 우리에게 오고, 그것으로부터 우리는 자연에서 마주치는 입장에서 볼 때 우리 선조들에게는 부족한 게 없었음을 확신할 수 있다.

인류가 돌아다닌 순환은 확실히 충분하고, 야만이 만든 거대한 정지상태를 무시한다면, 순환은 자신의 과정을 이미 여러 번 제자리에 두었다. 우리가 이것을 나선운동으로 간주한다면, 이것은 언제나 다시, 이미 한 번 진행된 그 대상 속으로 돌아온다. 이러한 길 위에서 모든 진정한 견해와 모든 오류가 반복된다."[6)]

나중에 하이네는 괴테를 자세히 다루면서 역사의 과정에 관한 이러한 입장에 반대하여 논박했다. 그래서 그의 유산 속에서 발견된 "다양한 종류의 역사이해에 관한 논문"에서 이렇게 썼다: "역사에 관한 책들은 다양한 종류의 관심을 불러일으킨다. 두 가지 전혀 대립되는 견해가 여기서 특별히 강조된다. ― 하나는 모든 현세의 것에서 단지 위안 없는 순환만을 본다; 민족의 생활에서, 개인들의 생활에서, 유기적 자연 일반에서와 같이, 이것은 성장과 번영, 쇠퇴와 죽음을 본다: 봄, 여름, 가을, 겨울. '태양 아래 새로운 것은 아무 것도 없다!'는 게 이것의 좌우명이다; 그리고 이것 자체는 새로운 것이 아무 것도 없다. 왜냐하면 이미 2,000년 전에 아침의 나라의 왕이 그것에 관해 탄식하며 말했기 때문이다. 이것은 마침내 야만으로 다시 떨어지게 될 우리의 문명의 축을 급격히 움직인다; 이것은 우리의 자유투쟁에 대해 의아해하면서 머리를 흔든다; 이것은 단지 새로운 전제의 등장만을 촉

---

6) 요한 볼프강 괴테, 『자연과학에 대한 논문들. 제2부』, 『괴테전집 전40권』, 슈투트가르트/베를린, 제40권, 120쪽부터.

진할 뿐이다; 이것은 세계를 더 좋게 만들고 더 행복하게 만들고 자 하지만 결국 식게 되고 아무 것도 낳지 못하는 정치적 열정의 모든 노력을 비웃는다; — 개별 인간들이 자신의 삶을 보내는 희로애락의 작은 일대기 속에서. 그리고 이것은 이러한 인류역사 속에서 또한 인류의 역사를 본다. 독일에서 역사학파의 철학과 볼프강 괴테의 문화시기의 시들은 원래부터 이러한 견지를 유지하였으며, 특히 후자는 조국의 모든 정치적 관심사에 대한 감정적인 무관심을 미화하는 데 책임이 있다."7)

당연히 이미 헤르더Herder는 역사의 의미에 관해 훨씬 더 진보적인 파악을 하였다. 그러나 헤르더는 이중적인 모습을 하고 있다. 부분적으로는 독일 고전문학가의 사고범주 안에서 살았고, 부분적으로는 계몽의 자식으로 살아 역사란 기본적으로 인간 능력을 건설하는 역사라고 했다. 그리고 다시 다른 사람도 있다: 괴테와 헤르더와 달리 쉴러는 매우 동요하는 입장에 섰다. 한편으로 실러는 1788년 1월 7일 쾨르너Körner에게, 역사의 작은 가치가 자신에게 "부당하게" 다가온다고 썼다. 다른 한편으로 그는 이렇게 논평했다: "물론 역사는 자의적이고, 완전히 거짓이고, 종종 매우 비생산적이지만, 바로 역사의 이러한 점이 철학 정신을 일깨우고, 역사를 지배하게 만든다; 텅 비고 비생산적인 것이, 역사를 생산적으로 만들고 이 뼈대에 신경과 근육을 담게 만드는, 창조적인 머리를 요구한다."

---

7) 하인리히 하이네, "다양한 종류의 역사이해에 관한 논문", 『하인리히 하이네 백주년 기념판』, 제8권, 베를린/파리, 1972, 233쪽.

독일 고전철학의 성과가 이렇게 얼마나 다른가! 당연히 이것은 관념론적이고, 헤겔이 말했듯이 하나의 주목할 만한 "이성의 간지"이다. 다시 말해 독일에서 자본주의 이윤체계를 막 준비하던 위대한 철학이 관념론인 반면, 인류의 과거와 현재 그리고 실현되는 사회체계의, 사회주의의 미래의 모든 이념을 준비하는 시기의 위대한 철학은 인식의 강제로부터 유물론철학일 수밖에 없다.

그렇지만 역사철학에서 그리고 역사적 낙관론에 대한 기여로서, 독일 관념론 철학이 가져온 것은 얼마나 위대한 성과인가! 만프레트 부어Manfred Buhr는 독일 고전철학의 이러한 기여를 매우 특징적으로 규정했다:

"새로운 시대의 철학, 특히 계몽의 철학과 무엇보다 독일 고전철학에게 사고는 역사에 관한 것이었다. 다시 말해: 역사적 형성에 관한 반성, 역사적 세계의 인식가능성과 인간을 통한 역사의 구성에 관한 문제는 그들의 노력의 구성적 계기였다. 고전적 부르주아 철학의 이러한 역사적 사고는 맑스주의에 대해 우선적으로 책임이 있는 유산을 표현한다.

베이컨과 데카르트에서 헤겔과 포이어바하에 이르는 철학의 발전은 이성 개념의 형성과 발전의 역사로서 쓸 수 있다. 이성의 개념을 둘러싼 새로운 시대의 철학의 노력 뒤에는, 구 봉건적 사회구조의 태내에서 형성되고 영향력을 갖게 된 새로운 부르주아 세력이, 인류의 진보적 발전의 의미에서 자연과 역사를 합리적으로 장악하고 구성하기 위해, 자연과 역사를 합리적 방식으로 인식하려는 노력이 서 있다. 부르주아 고전철학의 이러한 노력을 통해 처음부터 세계 안에 기초를 둔 역사적 사고의 동기가 놓여졌다. 그래서 이것이 유럽의 계몽운동에서 처음으로 실행되기에 이르렀고, 그 안에서 철학적 사고의 사라지지 않는 최고점에 이르기 위해 이것에 의해 중심적인 철학적 관심사로서 독일 고전철학을 뛰어넘게 되었다. 칸트와 피히테, 쉘링과 헤겔 그리고 이들의 철학적 주변환경의 노력을, 이들의 운동의 의미가 개별적으로나 전체로서 어떤 의미를 가지는지 평가하는 것과 관계없이, 독일 고전철학의 역사적 사고의 역동성에 대한 추후 완성 없이, 우리는 이러한 철학하기의 기본문제에서 그들로부터 무엇을 이끌어낼 수도 없고, 동시에 그들을 넘어갈 수도 없다."[8]

그들 중에서 가장 위대한 인물은 헤겔이었다. 그의 학생으로서 맑스는 언제나 이것을 공개적으로 인정했고, 더욱이 자신의 선생을 뛰어 넘어 적지 않은 부분에서 헤겔을 거꾸로 세웠던 학생이었다. 그러나 또한 맑스는 헤겔의 머리 위에서 인류의 진보 과정으로서 과거를 보았다.

현대적 의미에서, 미래 역사와 관련하여 그리고 동시에 과거의 연구를 통해 과학적으로 기초되었다는 이중의 의미에서 역사적 낙관론은 맑스와 엥겔스의 성과이다. 이러한 의미에서 역사적 낙관론은 우선 노동자계급의, 그리고 사회주의 나라들의 모든 개명한 사람들의 세계관이 되었다.

역사적 낙관론의 주요자료, 그것의 기초가 놀랍게도 단순하고 감명 깊은 말로 제시된 자료는 『공산당선언』이다. 계급사회가

---

[8] 만프레트 부어, 『이성의 역사』, 베를린, 1986, 9쪽부터.

주어진 이래 거기서는 동시에 다음과 같은 결론을 이끌어 낼 수 있다:

"자유인과 노예, 귀족과 평민, 영주와 농노, 장인과 직인, 말하자면 억압자와 피억압자는 끊임없는 대립 속에서 서로 마주 서 있고, 때로는 은밀하고 때로는 공공연한 끊임없는 투쟁을, 즉 매번 사회 전체가 혁명적으로 개조되는 것으로 혹은 투쟁하는 계급들이 함께 몰락하는 것으로 끝난 투쟁을 수행하였다…

봉건사회의 몰락으로부터 형성된 현대 부르주아 사회는 계급대립을 없애지 못했다. 부르주아 사회는 단지 새로운 계급들, 억압의 새로운 조건들, 투쟁의 새로운 형태들을 낡은 것들과 바꾸어 놓았을 뿐이다"9)

모든 이러한 사회질서는 그러나 인류의 역사에서 높은 단계를 표현한다. 모든 것은 우리를 사회주의로 가깝게 이끌어간다. 이러한 의미에서 엥겔스는 또한 『반-뒤링』에서 이렇게 주상한다: "비로소 노예제는 농경과 공업 사이의 분업을 커다란 수준에서 가능하게 만들었고, 그래서 구 세계의 번영 즉 그리스 세계를 만들었다. 노예제 없이는 그리스 국가도 없으며, 그리스의 예술과 과학도 없다; 노예제 없이는 로마제국도 있을 수 없다. 하지만 그리스 세계와 로마제국의 기초 없이는 현대 유럽도 없다. 우리는 우리의 전체 경제적, 정치적, 지적 발전이 노예제를 필연적으로 그리고 일반적으로 인정하는 전제를 위한 상태를 가진다는 것을 잊지 말아야 한다. 이러한 의미에서 우리는 정당하게 말할

---

9) 칼 맑스/ 프리드리히 엥겔스, 『공산당선언』, 462쪽부터.

수 있다: 고대 노예제 없이는 현대 사회주의도 없다."10)

이것은 우리의 역사적 낙관론의 과학적 토대를 기초한 매우 높은 수준의 문화를 위한 역사적 발전이다.

부르주아지는 그러나 특별한 계급이다. 선행하는 계급사회의 몰락 시기가 경제에서의 낮아진 생산성을 통해 특징지어지는 반면, 몰락하는 자본주의에서는 다르다. 왜냐하면: "부르주아지는 생산도구에, 따라서 생산관계에, 그러므로 사회관계 전체에 끊임없이 혁명을 일으키지 않고서는 존립할 수 없다. 이와 반대로 이전의 다른 모든 산업계급에게는 낡은 생산양식의 변함없는 유지가 그 제일의 존립조건이었다. 생산의 끊임없는 변혁, 모든 사회상태의 부단한 동요, 항구적 불안과 격동이 부르주아 시대를 이전의 다른 모든 시대와 구별시켜 준다."11) — 이렇게 『공산당선언』에서 얘기하고 있다.

또한 자본주의의 몰락의 시기에도 여전히 계속 증가하는 생산성은 사회의 붕괴에 의해 특징지어진다: 즉 자본주의는 점점 더 전쟁경제에서 생산성과 효율성을 집중하고 있고, 살인의 카인의 표식을 갖고 있고, 결국 파괴력으로 전화한다.

선행하는 사회질서와 자본주의 사회질서를 돌이켜 분석하면서 맑스와 엥겔스는 『공산당선언』에서 이렇게 확정했다: "지금까지의 모든 운동은 소수의 운동이었거나 소수의 이익을 위한 운동이었다. 프롤레타리아 운동은 압도적 다수의 이익을 위한

---

10) 프리드리히 엥겔스, 『반-뒤링』, 168쪽.

11) 칼 맑스/프리드리히 엥겔스, 위의 책, 465쪽.

압도적 다수의 자립적 운동이다. 오늘날 사회의 최하층인 프롤레타리아트는 공적 사회를 형성하고 있는 계층들의 상부구조 전체를 허공으로 날려버리지 않고서는 일어설 수도 없고, 허리를 펼 수도 없다.12)"

그러면 과거의 혁명에서 근로대중의 역할은 무엇이었던가? 레닌은 1917년 이전의 지난 대혁명 속에서 이것을 특징지었다: "부르주아 혁명에서 근로대중의 주요과제는 봉건제와 군주제 그리고 중세적 성격을 없애는 부정적이고 파괴적인 작업을 실행하는 데 있었다. 새로운 사회를 조직하기 위한 긍정적이고 창조적인 작업은 인구의 소수이고 자산가인 부르주아지에 의해 마련되었다."13)

그렇지만 프롤레타리아트는 특별한 종류의 근로계급이다: "오늘날 부르주아지에 대립하고 있는 모든 계급 중에서 프롤레타리아트만이 실세적으로 혁명적인 계급이나. 나른 계급들은 내공업과 함께 사라지고 몰락하고 있으며, 프롤레타리아트가 대공업의 유일한 생산물이다."14) 프롤레타리아트는 새로운 사회를 창조적으로 발전시키는 첫 번째 근로대중 계급이고, 피억압계급의 작은 소수자가 결코 아니다. "그러나 부르주아지는 자신을 죽음으로 가져갈 무기만을 만들어낸 것이 아니다; 그들은 또한 이러한 무기를 이끌 수 있는 남자들을 낳았다 ─ 근대 노동자인 프롤레

---

12) 칼 맑스/프리느리히 엥셀스, 위의 책, 472쪽부터.

13) 레닌, "소비에트권력의 다음 과제", 『전집』 제27권, 230쪽.

14) 칼 맑스/프리드리히 엥겔스, 위의 책, 472쪽.

타리아트."15) "부르주아지의 몰락과 프롤레타리아트의 승리는 함께 피할 수 없는 사실이다."16)

오늘날에도 역시 부르주아지의 몰락은 피할 수 없다. 그러나 프롤레타리아트의 승리는, 지속적인 군비확장에 반대하는 운동, 독점자본의 반동적 부분의 공격성에 반대하는 운동을 준비된 평화운동 속에서 동원할 수 있는, 그들의 힘의 크기에 달려 있다.

그러나 이제까지, 우리는 이것을 아주 분명히 보아야 하는데, 평화운동이 미국에서든 독일에서든 유일한 핵무기의 배치를 막아내는 데 실패하였다. 호전적인 미국과의 군사적 균형을 유지하고 사회주의를 보호한 것과 관련하여 우리는, 비록 냉전적인 상태지만, 평화가 유지된 데 대하여 소련에게 감사해야 할 것이다.

우리는 평화운동의 성장을 강화하기 위해 모든 것을 다해야 할 것이고, 그 주요한 세력은 자신의 조직을 가진 노동자계급이 될 것이다.

평화를 둘러싼 투쟁은 계급투쟁인가?

우리가 군비증강이 사회주의의 발전에 순전한 부담이 된다는 사실을 생각한다면, 그렇다고 해야 할 것이다. 자본의 세계에는 군비확장과 점증하는 평화위협을 통해 이윤을 확보하는 집단이 있다 ― 사회주의에는 그런 집단이 없다. 평화의 유지는 사회주

---

15) 위의 책, 468쪽.
16) 위의 책, 474쪽.

의의 모든 계급 및 계층 그리고 집단의 사안이다. 핵전쟁이 제어될 때 비로소 사회주의의 승리가 세계적 수준에서 가능하다.

평화를 둘러싼 투쟁은 계급투쟁인가?

우리가 자본의 세계에서도 모든 계급의 대다수를 자신의 고유한 이해관심에서 평화를 둘러싼 투쟁을 위해 동원하는 게 가능하고, 또한 가령 소비재산업이나 시민의 기계건설과 같이 집중적인 군수산업에서 배제된 독점자본의 일부 역시 평화운동으로 동원할 수 있다는 사실을 생각한다면, 그렇지 않다고 해야 할 것이다. 그렇지만 이것은 바로 평화의 승리를 위해, 이성의 승리를 위해, 인류의 존속을 위해 우리를 낙관적으로 만드는 평화전선의 가능한 확대이다.

평화의 이성이 마침내 비이성에 대해, 아니 이 말은 너무 어렵다!, 항구적인 군비확장과 점증하는 전쟁의 위협이라는 미친 짓에 대해 승리할 것이라고 확고히 믿기 때문에, 그래서 우리는 평화의 유지에 대해 낙관적일 수 있고, 그래서 우리는 우리의 역사적 낙관론의 정신으로 충만한 것이다. 점증하는 사회주의의 세력과 자본의 세계에서 군축과 평화를 향한 운동 및 전선의 확대를 고려한다면, 우리는 르네상스의 위대한 인문주의자 노틀담의 에라스무스와 함께 이렇게 말할 수 있을 것이다: "세계는 깊은 잠으로부터 깨어났을 때, 자각하게 된다."

Ⅱ.

우리는 이미 역사적 낙관론을 믿음과 결합하여 간단히 언급하였다. 믿음은, 비록 우리의 철학에서는 역사적 유물론의 기본 범주로서는 무시되고 있지만, 우리 세계관에서, 무엇보다 우리의 실천 생활에서 매우 커다란 역할을 하고 있다. 이것은 그렇지 않았다면 게오르그 클라우스와 만프레트 부어의 탁월한 철학사전에 의해 단지 "종교적 믿음" 정도로만 알려졌을 것이다. 마이어의 새사전은 믿음을 종교적 믿음으로서 많은 공간을 할애하고 있지만, 믿음 "자체"에 대해서는 최소한의 몇 줄만 제공하고 있다: "확실성과 달리 다소간 정당화된 신뢰와 기대 혹은 추측을 표현하는 일반적 의식태도."[17]

특별한 맑스주의 의미에서 그리고 역사적 낙관론과의 가장 엄밀한 연관에서 믿음은, 역사가 미래에 더 많은 발전가능성을 허용하겠지만 지식을 통해 실제적 발전을 파악할 수 없는 데서 놓여진다. 따라서 우리는 미래에 대한 시점을 과학적으로는 물론 낙관적인 믿음으로 가질 수 있다. 레닌이 말한 의미에서 낙관적인 믿음은: "맑스와 엥겔스가 사회민주노동자당의 과제를 그렇게 파악할 때, 러시아혁명에 대한 확고한 믿음과 그것의 전 세계

---

17) 『마이어 새사전』 제5권, 라이프치히, 1973, 492쪽.

를 위해 갖는 강력한 중요성에 의해 충족되었다는 사실은 아주 당연한 것이다."18)

우리가 맑스주의자로서 믿는다면, 우리의 지식이 충분하지 않아서인가? 아니, 우리의 믿음은 과학적 토대에 기초한다.

역사는 연속적인 것과 비연속적인 것을 선택하고, 지그재그(엥겔스의 표현) 속에서, 필연성 혹은 우연을 통해 진행될 수 있다고 고전가들은 우리에게 가르쳤고, 우리 역시 언제나 실증하고 있다.

우리는 선택과 함께 시작해보자. 오늘날 우리는 그러한 선택과 함께 살고 있다. 즉 다음과 같은 선택이다: 평화 속에서 포괄적인 사회주의 세계체제로 구성되는 전체 세계로 전진할 것인가, 아니면 제국주의에 의해 시작된 핵전쟁을 통해 인류의 종말로 나아갈 것인가. 이것은 과학적 분석이다. 그렇지만 우리의 역사적 낙관론에 기초한 믿음은 우리로 하여금 미래의 포괄적인 사회주의 세계체제를 예측할 수밖에 없게 한다 ─ 그러나 우리가 평화를 위한 모든 수단과 세력과 함께 투쟁한다는 전제 하에서만. 역사적 낙관론 속에서 나오는 믿음은 성서에서 말했듯이(고린도에 대한 바울의 13 사도편지(사도행전)) 산을 옮길 수 있다. 이것은 선택의 과학적 인식에 근거하여 미래를 장악할 수 있는 절대적 투쟁결단과 결합된 확고한 믿음이다.

---

18) 레닌, "『F. A. 조르게Sorge와 기타 사람들에게 보낸 J. P. 베커Becker, J. 디츠겐Dietzgen, 프리드리히 엥겔스, 칼 맑스의 편지와 편지로부터의 발췌』에 대한 러시아 번역본에 대한 서문", 『전집』 제12권, 374쪽.

따라서 나는 많은 역사가들이 예를 들어 히틀러파시즘에 대한 소비에트세력의 승리를 단순히 합법칙적이라고 특징짓는 데 대해 어떤 방식으로든 동의할 수 없다. 합법칙적인 것은 이론적이고 — 역사는 연속적으로는 물론 비연속적으로도 진행되고, 지그재그로 진행될 수도 있다 — 소련군의 승리는 물론 패배도 가능한 상황이었다. 히틀러군대의 사실상 막강한 세력에 대한 승리가 확실했던 것은, 소련인민의 강철같이 단련된 결단과 결합된 승리에 대한 확고한 믿음이었고, 승리로 이끈 것은 소련 사람들의 역사적 낙관론이었다.

한 경우에 모든 투쟁의 결단이 도움이 되는 것은 아니다. 역사적 낙관론은 다음 미래를 위한 낙관론의 형태에서 도움이 될 수 있고, 우연이 작용한다면 믿음은 좌절될 수 있다. 당연히 우연 역시 인과적으로 조건지어지지만, 그러나 우리는 우연을 우리의 지식과 함께 파악할 수 없고, 충분하지 못하다. 우리는 평화의 승리와 미래 사회주의 세계체제 혹은 핵전쟁을 통한 인류의 종말과 같은 선택을 매우 정확하게 과학적으로 파악할 수 있다. 그렇지만 내일 핵전쟁이 해소될 수 있는지의 우연을 과학적으로 파악할 수는 없다. 이러한 사실은 또한 다시 역사적 낙관론의 통합적 구성부분으로서 지식과 믿음 사이의 밀접한 연관을 보여준다. 왜냐하면 우연은 우리가 가능성으로서 의식해야 하지만 우리의 역사적 낙관론이 영향을 받을 필요가 없는 주변현상이기 때문이다. 매일같이 타고 다니는 자동차가 우리를 죽일 수도 있다는 사실이 내일을 위한 우리의 계획에 영향을 미치는 것은 정말 우연인 것이다.

오히려 우리는 고르끼Gorki의 위대한 정식화를 받아들여야 할 것이다: "프롤레타리아트에게는 믿음과 지식이 거짓과 진리와 같이 반목하던 시대는 지났다. 프롤레타리아트가 지배하는 곳에서는, 그의 강력한 손으로 모든 것을 창조하는 시대에는, 지식과 믿음 간의 싸움은 일어날 수 없다 ― 거기서 믿음은 인간 이성의 힘을 인식하는 데서 생긴다."[19]

거의 1,800년 전에 기독교신도들은 믿기 시작하였고, 이 종교에 정확히 상응하는, 위대한 믿음공식을 발견하였다: "이성적으로 가치 있기 때문에 나는 믿는다."

그렇지만 인류는 맑스주의에 대한 믿음의 정식화에서 얼마나 멀리 떨어져 있는가!

나는 이미 우리의 철학이 믿음의 문제를 "역사적 유물론의 기본 범주로서 무시했고" 따라서 기본적으로 우리의 역사적 낙관론을 해명할 수 없다고 언급했다.

이것은 몇몇 사람만이 믿음 그 자체를 다루지 못했다는 사실을 말하려는 것이 아니다. 역사적 유물론의 기본 범주로서 다루지 못했다는 것이다. 프랑크 루프레히트F. Rupprecht는 정당하게 게오르그 클라우스G. Klaus와 프란츠 뢰저F. Loeser의 논문에 관해 이렇게 썼다: "클라우스와 뢰저의 논문에서 약한 고리는, 우리가 보기에, 믿음이 아주 '지식의 대용물'로서 나타나고, 그래서 지

---

[19] 막심 고리끼, "평화와 민주주의" 『개요, 소책자, 기사, 연설, 편지』, 베를린, 1954, 317쪽.

식과 믿음 양자가 서로 일면적으로 작두의 위치를 지향한다는 사실이다. 과학적으로 우리는 잘 알다시피 가설과 진단을 통해 다리를 놓을 수 있다. 이것은 그 자체로 아직 사회적 의식에서 믿음의 필연성과 목적합리성을 충분히 기초하지 못하고 있다."[20]

가설과 진단은 기본적으로 역사적 유물론의 토대를 만드는 믿음과 관계가 없다 ― 그리고 이것을 루프레히트도, 우리를 반대하면서, 재빨리 증명한다.

그렇지만 루프레히트는 믿음을 역사적 유물론의 기본 범주이자 토대로서 개념적으로 아주 가까이 가져갔지만, 충분히 이해하지 못했다. 그는 다른 많은 사회과학자들과 마찬가지로, 우리의 세계관에서 지식의 역할을 과도하게 평가하고, 그래서 믿음을 다루는 곳에서도 지식의 요소를 빠뜨리지 않는다. 루프레히트는 말한다: "믿음은 사실상 '보충요소'이다. 그러나 믿음은 다소간 근거가 있는 추측을 통해 지식대용물을 보충할 뿐만 아니라, 감정의 측면에 따라 지식을 보충한다. 믿음은 존재하는 한 지식에 근거하며, 인간의 주관적·감정적 측면과, 그리고 믿음의 지식을 위해, 믿음의 이해를 위해, 믿음의 사안 등등을 위해 충분히 주어질 수 있는 믿음의 능력과 결합되고 융합된다. 이런 측면에서 보면 믿음은, 사회생활에서 일정한 목표를 추구하려는 감정적 능력과 결합을 위한 개념이다."[21]

언제나 지식은 믿음 속에 포함되어 있고, 믿음과 "융합되어 있

---

20) 루프레히트, 『현실적 낙관론』, 베를린, 1983, 116쪽.

21) 위의 책, 119쪽.

다." 그러나 지식과 믿음 사이의 반목은 우리 맑스주의자에게는 단지, 그러한 반목이 일반적으로 더 이상 서로 관계가 없기 때문에, 사라질 수 있을 뿐이다. 오늘날 인류 앞에는 평화 속에서 계속 나아갈 것인가 아니면 전쟁을 통해 몰락할 것인가 하는 운명의 문제를 우리가 말한다면, 이것은 믿음과 전혀 관계없는 틀림없는 과학적 주장일 것이다. 우리는 나아가 믿음과 다시 전혀 관계없는 추측을 기반으로 하여 평화냐 전쟁이냐 하는 주어진 계기 중에서 어느 것이 더 큰 확실성을 갖고 있는가를 구별할 수 있다. 이것을 부정하는 사람 역시 이제 더 철저히 과학적으로 다룰 수 있고, 컴퓨터에 그에게 순간적으로 상황을 규정하는 것처럼 보이는 요인을 집어넣고 평화냐 전쟁이냐에 대한 확실성을 계산할 수 있다. 이러한 모든 것은 과학적인 고려이고 행동이다. 그러나 이것은 믿음과 전혀 관계없다.

믿음은 모든 과학이 해소되는 바로 그 곳에서 들어온다. 과학은 평화의 지속이냐 전쟁을 통한 몰락이냐 하는 선택을 발견한 곳에서 끝난다 — 바로 거기서 믿음이 들어오고, 믿음은 컴퓨터가 계산한 확실성인 것처럼, 평화의 지속을 위한 일방적이고 절대적인 해결 속에서 과학적 선택으로 전환된다. 왜냐하면 믿음은 모든 과학적으로 계산된 확실성을 마치 산을 옮기듯이 옮길 수 있기 때문이다.

우리 맑스주의자는, 사회주의적 인격 역시 과학에 의해 규정된 인간일 뿐만 아니라, 선에 대해 믿고 느끼고 그것에 상응하여 행동하며, 아름다움을 추구하고 사랑에 취할 수 있고, 때로는 인류와 자신의 행복을 위해 그러한 것들을 추구하려고 행동하는 인간이라는 사실을 마침내 인식해야 한다. 아는 사람이 된다는 것은 좋다 ― 그러나 아! 그런 사람은 얼마나 불충분하고 때가 묻었는가. 당연히 정치인은 과학적으로 고민하고 행동해야 하지만, 그러나 플라톤은 자신을 시 앞에로 데려갔고, 레닌은 정치가로서 그가 아주 좋아했던 음악의 심취를 이끌어냈다. 따라서 레닌에게서 단지 위대한 정치가의 측면만을 보는 사람은, 그의 인격의 다면성 전체와 만날 수 없을 것이고, 베토벤의 열정소나타가 연주되었을 때 그에게 나타난 "약점"에 속한 측면을 볼 수 없을 것이다.

제 7 장

학문의 전문용어

    어떤 과학도 전문적인 용어 없이는 작업을 진행할 수 없다. 역사에서 최고의 전문용어를 사용한 사람들은 로마의 법률가들, 중세시대의 가톨릭 성직자들, 그리고 근대의 부르주아 경제학자들이었다. 맑스는 정치경제학의 영국 부르주아 고전가들의 전문용어에 매료되었고, 그것을 받아들였다 — 용어 정치경제학 혹은 노동가치든, 잉여가치 혹은 생산성이든 그리고 다른 많은 용어들을. 우리 독일의 맑스주의자는 정당하게도 맑스가 독일어로 번역한 영국의 용어를 받아들였다. 이것은 동시에 우리가 이 분야에서 정확하지는 않지만 부르주아 독일어 용어를 버렸다는 것을 의미하지는 않는다.

    언어혼란을 통한 용어 - 혼란의 좋은 사례를 우리는 『자본』 제3권의 자본 개념에 관한 논쟁과 관련하여 찾을 수 있다. 맑스는 거기서 우선 아주 정당하게도 몸젠의 『로마사』의 잘못된 용어를 비난한다. 맑스는 어느 주에서 이렇게 논평한다: "W. 키젤바하 Kiesselbach씨는(『중세 세계무역의 진행』, 1860년) 죽을 때까지 상인자본이 자본 일반의 형태인 세계에 대한 관념 속에서 살았다. 그는 자본의 현대적인 의미에 관하여 최소한의 생각도 없었으며, 마찬가지로 몸젠도 『로마사』에서 '자본'에 관해 말하고 '자본의 지배'에 관해 말했지만 그런 생각이 전혀 없었다."[1] 뒤에서 맑스는 정당하게 판단하고, 『자본』 제3권에서 궁극적으로 이렇게 확정한다: "몸젠씨는 자신의 『로마사』에서 용어 자본가를 철저히 현대 경제와 현대 사회의 의미에서가 아니라, 대중적인 관념의 방식으로 파악했다. 즉 영국이나 미국에서가 아니라 지나간 상태의 고대적 전통으로서 대륙에서 지속되고 있는 방식에서 파악했다."[2]

차이는 이것이다: 맑스는 새로운 사회이론의 틀 속에서 새로운 정치경제학에 기초했고, 몸젠은 맑스의 『정치경제학 비판을 위하여』 이전에 독일의 지식인들이 이해할 수 있고 또 이해하는 로마제국의 위대하고 생생한 역사를 썼다.

많은 용어는 역사의 과정 속에서 그 의미를 달리 한다. 예를 들어 『마이어 새사전』에 나오는 근위대Garde의 개념에 관해 읽어보자: "근위대: 원래는 군주의 친위병; 나폴레옹 1세 하에서는 정예부대; 프로이센에서는 군주적이고 인민에 적대적인 성격을 가진 주둔군; 사회주의 10월혁명 이후의 내전에서는 일반적으로

---

1) 칼 맑스, 『자본』 제3권, 339쪽.
2) 칼 맑스, 위의 책, 795쪽.

적군Rote Armee의 구성과 관련(원래는 적군Rote Garde, Rotgardisten; 반혁명군인 백군과 구별); 소련에서는 1943년부터 근위대는 전쟁에서 확실한 공을 세운 부대에 대한 명예이름이나 훈장: '기병친위대'; 배타적인 프로이센 기병연대로 반동적 정서와 귀족적인 장교로 인해 악명이 높았다."[3] 근위대는 먼저 일종의 엘리트군대였지만, 1918년과 혁명과 그 이후의 내전에서는 일반적인 전투부대의 개념으로 변화되었다가, 제2차세계대전에서 그리고 소련에서 다시 엘리트군대를 위해 사용되었다.

또 다른 용어도 우리에게는 잘못된 방식으로 악명 높은 평판을 갖고 있는데, 비록 그 개념이 새로운 내용으로 채워지고 아주 대단하게 실재를 반영함에도 불구하고, 부르주아 이데올로기를 통한 사용으로 인해 그 적용을 꺼리고 있는 용어가 있다. 예를 들어 바로 엘리트의 개념이다. 방금 인용한 사전을 다시 읽어보자: "엘리트: 부르주아 철학과 사회학에서 보급된 개념. 엘리트는 여기서 함양된 특별한 사회적, 자연적, 정신적 혹은 도덕적 특성에 근거하여 사회에서 특권적인 위치를 차지하고 사회발전에 기여할 수 있는 탁월한 사람들의 집단이다. 이러한 뛰어난 사람들의 집단은 보통 지배계급 및 계층과 결합되기 때문에, 엘리트 개념은 기존 착취사회의 정당화에 기여한다. 엘리트와 대중의 대립으로부터 출발하여 반동적 엘리트개념은 역사의 창조자로서 그리고 사회발전의 주요 추동력으로서 인민대중의 역할에 관한 맑스주의 이론에 맞대응한다. 엘리트개념은 특별히 파시즘

---

3) 『마이어 새사전』, 제5권, 249쪽.

적 인종주의를 표현하는 심각한 반민주적, 비인간적인 내용을 갖고 있다. 엘리트개념은 특별히 니체, 스펭글러, 야스퍼스, 영국에서는 T. 칼라일Carlyle, 이탈리아에서는 G. 모스카Mosca와 V. 파레토Pareto, 스페인에서는 J. 오르테가 이 가세트Ortega y Gasset 에게서 일정한 역할을 했다. 현대 수정주의에서는 지식인이 엘리트로서 등장한다 ― 엘리트이론은 프롤레타리아 계급투쟁에 대한 반동으로서, 즉 맑스주의 세계관의 점증하는 영향력과 노동운동에 대한 부르주아지의 이데올로기 투쟁의 형태로서 형성되었다."4)

구 『마이어 사전』이 훨씬 더 나은 개념 설명을 제공하고 있다: "엘리트(프랑스어), '선별', 최고의 사람, 능력자, '상위 1만', 예를 들어 전시회 등에서 엘리트날(예외적인 날, 특별한 날). 군대에서 사람들은, 특별한 파견이나 훌륭한 무장, 교육훈련, 전투경험 등으로 인해 다른 부대보다 탁월한 위치를 차지하는 부대를 엘리트부대로 부른다. 로마황제의 시대 이래 친위대와 근위대, 후에는 군주의 용병과 전위병, 전사집단, 그리고 여타 근위대는 엘리트로서 인정되었다… ― 사육에서는, 특별히 양의 목축에서는, 그리고 식물재배에서도, 엘리트는 사육 및 재배에서 가장 탁월한 수준에 있는 사람(그래서 엘리트목동 등)을 말한다."5)

당연히 엘리트는 역사에서 훨씬 더 오래된 개념으로서, 시대의 진행을 통해서 그 내용이 크게 변해 왔고, 다양한 분야에서

---

4) 위의 책, 제4권, 베를린, 1972, 238쪽.

5) 『마이어 사전』 제6판, 라이프치히/비인, 1903.

다양하게 적용되었다. 당파성에 앞서 『마이어 새사전』의 그 표제어의 필자는 레닌으로부터 사실 전체의 수집을 배워야 했다. 그렇지 않으면 말 그대로 아주 좁은 당파성이 된다. 그리고 파시즘에 반대했던 야스퍼스를 니체와 스펭글러 옆에 나란히 놓은 것은 정치적으로 피상적인 교양을 증명한다. 그렇다, 그리고 그가 사회민주당의 뉘른베르크 당대회(1908년, 230쪽)의 의사록에서 로자 룩셈부르크가 중앙당학교에 관해 읽은 것을 본다면, 충격을 받을 것이다: "내가 학생의 선발에서 변화에 대한 자극을 거부한다면 — 왜냐하면 우리는 선생으로서, 이제까지의 결과가 보여주듯이, 내가 더 나은 엘리트군단을 전혀 원하지 않았기 때문에 — 나는 수업계획에 대한 몇 가지를 버려야 한다."

우리는 예를 들어 그리스의 노예소유자들이 민주주의라는 용어를 사용했다고 해서 그 용어를 버리지 않으며, 또 라씽Racine이 엘리트라는 용어를 봉건제에, 니체가 자본주의에 사용했다고 해서 그 개념을 버릴 필요가 없다. 따라서 나는 언제나, 우리가 많은 똑똑한 과학자 집단과 함께 엘리트를 양성해야 한다고 요구하였다. 엘리트는 자신의 과학적 작업에서 아주 특별하게 모든 관계를 촉진하고, 그리고 그들로서도 많은 과학자들보다 더 많고 더 나은 성과를 거둘 책임이 있다는 사실을 통해, 그들이 일하는 기관에서 특권을 가진다.

그래서 우리는 맑스주의자로서 우리 언어의 해당하는 용어에 많은 주의를 기울여야 한다! 그리고 이때 우리는 그 용어의 맑스주의적 개념내용에 주의해야 한다. 2차세계대전 때 미국의 최고 사령관이었고 후에 미국의 대통령이 된 D. D. 아이젠하워가 죽기 전에 현명하게 군 - 산 - 복합체에 대해 경고했는데, 우리는 당연히 이 규정의 이념방향에 따라야 하겠지만, 그러나 맑스주의자로서 군산복합체에 관해 말해야 한다. 왜냐하면 우리는 장군이 역사를 만든다는 입장이 아니기 때문이다; 이 복합체에서 우선순위는 당연히 군이 아니라 산업, 즉 공업이다.

이와 관련하여 1985년 11월 동독에서 열린 국제 정치와 경제 연구소(IPW)의 국제회의에서 A. 라메Ramme의 논문 "군산복합체의 개념에 관하여"는 흥미롭다: "우리는 물론 다른 사회주의 나라에서 이제까지, 군산복합체를 '군수산업독점체와 군대지도층, 국가의 군사화조직, 지배계급의 군사·정치적 기관의 융합'으로 이해하면서 이 개념을 정의하였다. 지금 열리고 있는 회의제목의 저자는 새롭고, 나에게는 적절해 보이는, 정의를 제시했는데, 여기서 인용하려고 한다:

'군산복합체는 군사권력과 군사적 지배방법이 제국주의 지배확보에서 우선권을 가진 국가독점적 지배체제에서 모든 주요 세력을 체화하고 있다. 그것의 주요 사회경제적 토대는 군수산업독점체와 그와 연합한 은행집단이며, 이것은 군사적 권력기구의 중심이고 군사화과정을 주도하고 조종하고 통제하는 국가적이고 국가독점적인 권력기관이자 지배계급의 정치적 기구이다.'

비교는 이미 분명해진다. 즉 처음에 지정된 그리고 자주 사용되는 정의는 제도적 연관에 대한 분석에 제한된다. 따라서 군산복합체에 관해서 말할 때 자본주의에서 어떤 지배계급의 정치적 집단이 이러한 국가적 정치적 권력기관을 그들의 통제 하에 갖는지 충분히 정확하게 얘기되지 않는다. 자본주의 나라들에서

잦은 정부의 교체는 또한 이러한 권력위치를 둘러싼 지배계급의 다양한 정치적 집단화 사이의 다소간 상당한 대립을 증명한다. 여기서 우리가 주목해야 하는 것은 무엇보다 이러한 군수경제적, 국가적, 군사적, 정치적 계기들의 연관뿐만 아니라, 우리가 군산복합체를 다루는 이유로서 지배적인 정치세력들이다. 그것에 비해 여기서 제시된 정의가 더 나을 것이다; 왜냐하면 이 정의는 '군사권력과 군사적 지배방법'을 챙기는 '모든 주요 세력'을 지향하기 때문이다."6)

라메는 기본적으로 내 생각을 완전히 따르고 있지만, 다만 상응하는 용어적 일관성을 이끌어내지 못하고 있다.

문제틀 "군-산-복합체"를 적용하면, 우리도 필요로 하는 기술적 진보를 위한 과학-기술-생산이라는 작용순환의 우리 공식이 된다. 나는 이러한 비맑스주의적 정식화가 기술적 진보의 가능한 한 효과적인 가속화를 위한 연구전략의 표현으로서 기여할 것이라고 생각하지 않는다. 올바른 정식화는 생산-기술-과학이 되어야 한다. 주요한 동인은 생산으로, 생산은 그 필요에 기초하여 기술에 대한 필요로 전환되고, 생산이 더 나아가지 않으면 과학은 속수무책이 된다. 이미 1978년 상황의 절박함에 관해, 우리의 기술진보의 시급한 절박성에 관해 아직 일반적인 방향성이 분명하지 않았을 때, 나는 신문 <새로운 독일 Neue Deutschland>을 위해 "생산으로부터 과학에 대한 더 많은 요구"라

---

6) A. 라메, "군산복합체 개념에 대하여", 『국가독점자본주의 ― 새로운 경향과 모순』, 『IPW-연구』, 1986년 제1호에 대한 보충.

는 제목의 기고문을 하나 썼다. 거기서 나는 다음과 같이 언급하였다:

"과학의 발전을 위한 결정적 자극은, 과학자들이 의식하든 못하든, 생산으로부터 온다. 엥겔스는 자신의『자연변증법』에서 이렇게 말했다: '이미 처음부터 과학의 형성과 발전은 생산을 통해 조건지어진다.' 그리고 몇 줄 아래에 엥겔스는 이렇게 썼다: '중세의 어두운 밤이 지나고 일단 과학이 새롭게 엄청난 힘으로 형성되어 기적의 빠르기로 발전해왔다면, 우리는 이러한 기적을 다시 — 생산에 감사해야 할 것이다.'7) 마지막으로 보르기우스에게 보낸 편지에서 대단히 극도의 냉정함으로 쓴 엥겔스의 언급을 하나 더 인용해보자: '사회가 기술적 필요를 갖고 있다면, 이것은 열 개의 대학보다 과학에 더욱 도움이 될 것이다.'8)

순환은 일반적으로 이렇게 진행된다: 생산 - 기술 - 과학 - 기술 - 생산. 출발점은 생산이고, 마찬가지로 종착점도 생산이다.

당연히 또한 가능하고, 순환이 다음과 같은 방식으로 부분적으로 중단되는 일이 당연히 확실히 가능하고 또 있다: 즉 생산에 자극을 받아 과학자들은 생산에 넘겨야 하는 문제를 해결하고자 힘쓴다. 그러나 동시에 이 문제의 해결에 대한 작업은, 그 해결에 당장 힘써야 하는 새로운 문제에 부딪힌다. 이 새로운 문제는 생산을 담당하는 사람들에게 아직 일어나지 않은 문제이고, 그래서 과학자는 과학의 순환이라고 우리가 부르는 것을 창조한다.

---

7) 프리드리히 엥겔스,『전집』제20권, 베를린, 1962, 456쪽.
8) 프리드리히 엥겔스,『전집』제39권, 베를린, 1968, 205쪽.

과학의 순환은 매우 중요하며, 우리는 과학자가 결국 생산이 던진 문제틀로부터 과학을 위한 자극을 받는다는 사실을 잊지 말아야 한다. 생산과 그 해결을 요구하는 문제는 오늘날까지 궁극적으로 과학의 발전을 위한 결정적 요인이다; 생산에 의해, 공업과 농업 그리고 이들과 밀접히 결합된 기반구조에 의해 — 오늘날에는 군수생산을 포함하여 — 과학의 주요문제가 현재적으로 던져진다. (다만 사회과학은 아마 전체적으로 사회의 지도에서 제기되는 문제의 더 많은 자극을 경험할 것이다. 따라서 우리는 맑스와 함께 과학 일반을 생산력Produktivkraft으로서 말해야 할 것이다. 그러나 사회과학을 우리는 특별히 지배력Herrschaftskraft 혹은 성과력Leistungskraft 으로 불러도 좋을 것이다.)"[9]

나는 이 기고문으로부터 자세히 인용하였다. 왜냐하면 이 글이 이 장에서 다루고 있는 주제의 의미와 또 사회주의 건설의 실천을 위해 분명히 강조하기 때문이다.

우리의 사회과학자들은 일반적으로 전혀 아름다운 우리말을 쓰지 않는다. 이것은 매우 슬픈 일이다. 그러나 그들은 용어와 관련하여 맑스주의적으로 철저한 우리말을 무조건 써야 한다.

때로 우리는 중요한 단어나 표현에서 가볍게 그리고 잘못 사용한다: 그래서 예를 들어 어떤 경쟁도 일어날 수 없는 '과제제출을 위한 경쟁'이란 단어; 이것은 또한 때로 물잔 속의 태풍과 같이 '최고성적'이란 표현에도 해당한다. 하지만 이것은 무엇보

---

[9] 『새로운 독일』, 1978년 12월 20일자 신문.

다 우리에게 가장 중요한 단어인 '투쟁'에도 해당한다.

공산당은 투쟁정당이고, 모든 공산주의자들은 그 자신이 투쟁가인 정당을 기대한다. 더 나은 생활을 위한 투쟁가, 즉 사회의 모든 개별 구성원의 건강하고 언제나 창조적이고 그래서 행복한 생활을 위한 투쟁가. 자신의 생애 마지막까지 훌륭한 공산주의자는 그러한 목표를 위해 투쟁해야 하고 투쟁할 것이다. 그러나 투쟁은 언제나 적이나 주관적 및 객관적 저항을 전제한다. 그렇지 않으면 우리는 투쟁할 필요가 없다. 적이나 저항은 사회주의 나라의 안팎에서, 또 개별 사람 혹은 대중들의 안팎에서 발견할 수 있다.

당연히 공산주의자는 자신의 생활에서 매 순간 언제나 투쟁하지 않는다. 그가 충족해야 하는 많은 과제는 투쟁 없이도 해결된다. 또한 그는 많은 시간을 과제 없이, 아름다움과 사랑 혹은 휴식과 잠을 즐기며 보낸다.

그렇지만 오늘날 여전히 투쟁이, 사고 속에서 투쟁을 준비하든 실제로 투쟁하든, 투쟁 자체에 대해서든, 자신 혼자의 투쟁이든 혹은 자주 집단적으로 이끌어 가야 하는 투쟁이든, 자신의 생활을 지배한다.

모든 공산주의적 집단은 대부분 일 년에 한 번 준비되는 투쟁기획안을 갖고 있다. 그러나 우리는 그러한 기획안을 검토하면, 투쟁을 전혀 요구하지 않고 오히려 많은 투쟁과제가 빠져 있는 과제를 종종 발견한다. 나는 이러한 계기로 인해서 우리의 과학 아카데미에서 그러한 몇 가지 투쟁기획안을 본 적이 있다.

대부분 이러한 기획안은 당의 지도를 받아들이고 당원들의 이데올로기적 수준을 높이고 더 좋은 맑스주의자로 만들라는 주문으로 시작한다. 그러나 당의 지도를 전제하고, 당원들을 공공연히 그러한 목표의 적으로 고찰하거나 혹은 당원들이 이러한 목표에 대하여 주관적 객관적인 저항으로 대립하고, 그들이 훌륭한 맑스주의자가 되려고 하거나 아니면 그러기에는 멍청하고, 그래서 당의 지도가 이러한 목표를 달성하기 위한 투쟁을 그들과 함께 이끌어가야 한다는 것은 슬픈 일이 아닌가? 아니다, 이 데올로기적 수준의 향상은 당연히 자기 혼자서 충족할 수 없는 모든 당조직에 기본적으로 중요한 과제이지만, 그러나 이것은 전혀 투쟁과제가 아니다.

혹은 당의 지도는 당원들이 당의 통제 아래 기관의 중요한 작업을 받아들일 것이라고 알린다. 아주 좋다! 그러나 이것이 투쟁기획안에 속하는가? 당의 지도는 기관작업의 완성에서 과학자들의 서항을 기내하는가? 당연히 한 과학자는 진혀 드물지 않게 자신의 제한된 정신으로 — 모든 사람의 정신은 제한적이다 — 해결책을 찾기 위해, 소재를 충분히 다루기 위해 투쟁한다. 그러면 그가 일하는 집단은, 혹은 경험 있는 개별 과학자들은 자신의 작업분야에서 그를 도와야 한다. 그렇지만 문제를 해결하고 소재를 충분히 다루기 위한 투쟁에서, 당의 지도는 자기화가 되지 않는다. 당의 지도는 단지 작업이 잘 진행되는지의 여부를 통제하고, 경우가 아니라면 위험경고를 주려고 할 뿐이다. 그러나 이것은 기관의 모든 중요한 작업을 위한 당의 지도의 기획안을 전혀 표현할 수 없다!

한편 투쟁기획안에는 중요하지만, 매우 구체적인 투쟁과제가 종종 빠져 있다. 가령 다음과 같이: 훌륭하고 공개적인 토론분위기가 지배하는 모든 기관에는 많은 당적이 없는 사람들, 특히 여성들이 있는데, 이들은 대부분 실제 일상생활에서 남성들보다 훨씬 긴밀하게 결합되어 있고, 따라서 우리 일상생활의 불만과 부족을 잘 견뎌내고, 그래서 우리 사회주의 나라의 초기증상의 크기를, 적의 선전을 통해 필연적으로 영향을 받지 않기 때문에, 보지 못한다. 그리고 이들은 — 아주 정당하게! — 작업 동안이나 혹은 매달 열리는 "재교육"에 자신들의 불만을 토론 속으로 가져가 표현하고, 동시에 불만을 가진 생활에서도 충분히 희망적으로 서 있는 동료들에 의해 — 마찬가지로 아주 정당하게! — 그들의 불만에 대한 지지를 받게 된다. 이러한 불만은 그러나, 무엇보다 당적이 없는 사람들의 경우에, 전혀 드물지 않게 당이나 사회주의로 향한다. 여기서 우리에게 강제된 것이 무엇이고, 우리 스스로의 오류를 통해 야기한 부족한 것과 불만이 무엇인지 바로 이데올로기적으로 투쟁하고 해명하고, 그리고 무엇보다 자본의 세계에서의 비극에 대한 우리의 분노를 대치시키고, 자본의 세계에서의 끔찍함과 우리의 기본적으로 위대한 세계를 대비시키는 것이, 역시 이데올로기적으로 투쟁하고 해명해야 마땅하다. 이것은 쉬운 투쟁이 아니다. 왜냐하면 사람 자체는 아름다운 바위보다 뿔 난 동물에 가깝기 때문이다. 그런 투쟁이 우리나라의 도처에서 지도되어야 하고 모든 투쟁기획안에 들어가야 한다 — 여기서 우리는 기획안이 모든 동지들에 의해서 지도되어야 한다는 사실에 관해 분명히 해야 한다(때로는 자신의 가슴 속에서도).

또 내가 본 아카데미의 투쟁기획안에는, 자신의 기관에서든 아카데미에서든, 부담되는 관료주의에 대한 투쟁의 언급이 빠져 있다. 어디에서도 나는 기관의 기획안에서 인쇄소에서 어려움을 갖고 있는 아카데미-출판사에 대한 투쟁지원을 발견하지 못했다 ― 이 출판사는 우리의 모든 기관과 관련이 있음에도 말이다.

그렇다, 투쟁기획안이 없이는 당도, 당파성도, 동지들도 없다! 그렇지만 기획안에는 진정한, 중요한 과제가 포함되어야 한다.

여기서 다시 우리는 모든 동지들을 위해, 모든 맑스주의자를 위해 용어의 문제가 얼마나 중요한지 보게 된다.

또한 과학자가 새롭고, 적확한 용어를 창조하거나 외견상 과거의 것보다 새롭게 밝혀내는 것이 중요하다. 후자에 대한 사례로서 다음을 소개해보자: 우리가 정보원Kundschafter이라는 표현으로 부르수아 용어인 스파이Spion에 대한 또 나른 표현, 외견상 마음에 드는 표현을 창출했다고 믿는 것은 내게는 순진해 보인다. 다시 말해 바로 이 정보원이라는 표현은 이미 19세기 프로이센의 외무부에서 자신의 스파이를 위해 사용했던 것이다.

내가 창조한 단어가 우리 언어사용에서 발견되었던 사실에 대하여 나는 당연히 기쁘다. 그래서 엥겔스가 "두 번째 농노제도"의 시대라고 불렀던 것에 대해 나는 "재봉건화Refeudalisierung"로 이름 붙였다. 또한 전쟁수단에 대해서는 "파괴력"으로, 사회과학에 대해서는 "생산력 자연과학"에 대비되는 "지배력" 혹은 "성과력"으로 이름 붙였다.

우리는 고전가들, 맑스와 엥겔스 그리고 레닌에 대한 사례를,

정확한 용어를 둘러싼 그들의 노력과 관련하여 받아들여야 한다. 우리는 예를 들어 레닌의 작업에서, 그가 어떻게 국가독점자본주의라는 용어를 보급하고 짧은 시간 안에 더욱 풍부한 내용을 채웠는지 추적해보면 좋을 것이다.[10]

1989년 11월

---

10) 위르겐 쿠친스키, 『자본주의하의 노동자상태의 역사』 제14권: 독일 독점자본과 국가독점자본주의의 초기 역사를 위하여, 베를린, 1962, 172쪽부터.

부록 1

위르겐 쿠친스키에게 보낸 존 에어펜벡의 편지

1986년 10월 27일

친애하는 위르겐,

당신은 나에게 읽을 가치가 있고 동시에 정보도 많은 당신의 원고를 첫 번째로 판단해 달라고 부탁했다; 이것에 대해 나는 영광스럽게 생각한다. 이제 나는 당신이 기초한 텍스트에 관해 나의 작은, 차라리 부차적인 보충을 이떻게 구성해야 할지 골똘히 생각한다; 그리고 나는 매우 불확실하게 느낀다.

따라서 버릴 것도 없고 보충할 것도 없다고 생각되는 장으로부터 시작하겠다: 당신의 "노지식인." 틀림없이 이것은 책의 매우 인간적인 기여이고, 나를 대부분 감동시켰다. 다양한 관점에서: 하나는 많은 사람들에게는 당신과의 좋은 만남이 기억되고, 많은 사람들에게는 풍요롭고 오랫동안 영향을 미칠 대화가 될 것이다. 다른 하나는 당신과 비록 미완의 생각까지 포함하여 모든 생각에 관해 논쟁할 수 있다는 것이 얼마나 멋진 일인가, 당신이 이미 준비되어 있고 오래된 기억과 심사숙고를 다시 새롭게 생각하게 하고 그래서 존경의 거리를 없애는 것은 또 얼마나 멋진 일인가 하는 것이다. 나는 똑똑하게 말하는 사람을 많이 알고 있지만, 똑똑하게 들을 수 있는 사람은 별로 알지 못한다; 당신이 여기에 속할 것이다. 이제 나는 당신이 이러한 실제적인 행동을 또한 이론적으로 기초하고, 반대로 당신이 당신의 이론을 실제로 살리는 것을 본다. 우리 아카데미의 표어와 같이 "이론과 실천"의 아주 멋진 변용을 본다.

당신은 아이들과 손자들의 세대는 물론 또한 이미 증손자의 세대에게까지 많은 중요한 대답을 주었고 동시에 많은 중요한 문제를 제기했다. 나는 어쨌든 나와 많은 친구들을 위해 이렇게 말할 수 있다. 당신은 우리가 품위와 다정함을 갖고 나이 들 수 있고, 격언에서 말한 백 살의 입장을 능가할 수 있음을 증명하였다: 열 살은 아이/ 스무 살은 젊은이/ 서른 살은 사나이/ 마흔 살은 성공한 상태/ 쉰 살은 조용한 상태/ 예순 살은 촘촘한 나이에 들어가고/ 일흔 살은 고령/ 여든 살은 더 이상 현명할 수 없고/ 아흔 살은 아이들에게 조롱당하고/ 백 살은 신의 자비가 베풀어진다.

당신의 "노지식인"을 읽으면 우리는 노년에 들어가는 것을 기뻐하게 된다. 당신은 우리가 마흔 살의 젊은 나이에, 아니 쉰 살에도 아직 말할 수 없는 많은 지혜를, 더욱이 많은 자명한 이치를 깨닫게 된다는 사실로 우리를 안심시킨다. 그렇다면 걱정할 필요가 없지 않은가? 이것만으로도 생각거리가 충분할 것이다…

나는 이어지는 텍스트를 장별로 들어가지 않고 흠을 들추어내는 논평을 하겠다. 당신에게는 득이 될 게 없을 것이다. 그 대신

나는 당신에게 몇 가지 일반적인 인상과, 독자와 함께 느낀 두 가지 결정적인 문제를 전할 것이다.

먼저: 우리는 당신이 이미 여러 번 언급했고 옹호했던 생각을 여기서 다시 만나 즐겁다. 이것은 마치 우리가 좋은 오랜 친구를 마주친 것과 마찬가지다. 게다가 나는 당신의 지적인 오류(똑똑한 실수)에 대한 옹호, 누구나 실제적으로 생각할 수 있는 혁신이나 물질적·기술적 혁신의 위험에 대한 옹호, 그리고 모든 노령 수준의 특별한 창조성에 대한 사회적으로 높은 가치평가를 위한 옹호를 높이 사고 싶다. 또한 나는 사회주의적 엘리트의 양성에 대한 당신의 주장을 — 논쟁적일 수 있지만 — 높이 산다. 그리고 마지막으로 나는 이미 당신의 『사회과학의 과학을 위한 연구』에서 언급되었던 용어선택에서의 엄격한 당파성, 그러나 "절대적 중립성"에 대한 생각, 이미 맑스와 엥겔스 그리고 레닌이 실천했던 것과 같은, 사회적 현상과 법칙의 최대한 객관적이고 가치중립적이고 무당파적인 분석에 대한 생각을 높이 산다. 이러한 모든 문제는 아직 역사적 유물론의 기초에 해당되지는 않지만, 그러나 그러한 문제를 역사적 유물론적으로 기초지을 수 있는, 그리고 이것 없이는 사회과학자의 성공적인 작업이 분명히 매우 어려울 것이라는 모든 전제를 특징짓는다.

나아가: 맑스주의 용어와 이론의 관계에 대한 고려가 당신이 이 문제를 집중적으로 적용한 제7장에만 한정되지 않고 거의 모든 장에서 다루어지고 있다는 것에 대하여 나는 매우 가치 있는 기여가 될 것이라고 생각한다. 제4장에서 사회주의 및 공산주의

사회구성체의 국면/단계/구조에 관한 논의의 경우 아주 멋진 것을 보여주는데, 역사적·사회적 발전에 대한 용어적인 지체 및 차이와 그로부터 이끌어낸 이론적 결과가 잘 지적되었다. 이것은 어쨌든 이 주제에 대한 맑스주의 철학자들의 충분한 새롭고 최신의 작업을 통해서, 그리고 소련공산당과 독일통일사회당의 구체적인 당강령을 통해서 입증될 것이다. 이것에 대해서는 당신도 당연히 전부 다루려고 하지도 않았을 것이고 다룰 수도 없을 것이다. 일반적으로 내가 볼 때 당신의 작업방식의 장점 중 하나는 — 당신이 자서전에서 매우 아름답게 서술했듯이 — 당신이 맑스주의 문헌은 물론 맑스주의 이전의 문헌에 대한 넓고 깊은 인식에 기초하여, 또한 비교적 중요하지 않은 글이나 차라리 부차적인 대화에 기초하여, 제3장에서 인상 깊게 입증되었듯이, 유산을 발견하여 새롭게 자극하고 흥분시키는 사고로 가져갈 수 있는 능력에 있다. 이것은 당신의 엄청난 자료수집과 전기물의 우상숭배에 대하여 언제나 나로 하여금 질투에 찬 적이 되도록 만든다. 그렇지만 나를 포함한 당신의 일상—독자는 읽는 즐거움을 통해 당신으로부터 보상을 받게 된다.

마지막으로: 가령 철학적 경제학적 고전가들에 대한 당신의 인식, 특히 당연히 맑스와 엥겔스에 대하여도, 예를 들어 당신이 제2장에서 엥겔스의 노년의 편지로부터 역사적 유물론의 매우 차별적인 이론을 이끌어내듯이, 맑스와 엥겔스의 저작에 대한 거의 신뢰할 수 있는 접근으로 이끌어가는 당신의 인식을 따라가는 것은 특별한 향연이다. 나는 당신이 제1장에서 그렇게 했듯

이 "방법"과 "과학의 몸체"를 구분하는 방식으로 시대를 넘어 진행하고 시대에 상대적인 맑스주의의 계기를 보는 것에 대해서는 찬동하지 않지만(나는 고전가들이 올바른 이론적, 방법적, 방법론적 인식을 획득했지만, 인식변증법의 저주와 모든 세 가지 부문에서의 잘못이 있다고 생각한다), 그러나 맑스와 엥겔스의 작업이 또한 오늘날 아주 구체적인 민족적 지구적 문제의 해결에 중요한 이론적 방법적 도구로 기여할 것이라는 당신의 확신에 공감한다.

두 가지 문제에 대해 나는 약간 상세하게 들어가 보려고 한다.
하나는 여러 번 언급된 상부구조를 통한 토대에 대한 영향, 자주 주장되지만 자세히 다루어지지 않은 상부구조의 토대에 대한 "반작용" 문제이다. 이것에 대해 우선 역사적·사회적 의식구조와 의식과정의 전체로서 상부구조는, 의식의 변증법을 통해 파악된 형태에 근거하여 언제나 그리고 상대적으로 자율적인 운동과 발전, 토대에 의해 영향을 받지만 결코 고정되지 않고 종종 단지 매우 간접적으로 결정되는 운동과 발전으로 나타난다고 주장할 수 있다. 당신이 언급했듯이, 그리고 내가 내 책 『전체를 생각한다』에서 제안했듯이, 상부구조의 모든 구조화는 우리가 언제나 잘 관찰해볼 때만 유용하다: 상부구조의 본질은 인간의 역사적·사회적 행동을 준비하고 미리 받아들이고, 미리 꿈을 꾸는 예견과정이라는 데 있다.

따라서 가령 역사의 경우 마치 스스로 성취하고 고유한 주체로 상승한다는 헤겔과 반대로, 역사과정에서 인간의 역할과 개인들의 역할을 분명하게 강조한 것은 고전가들의 위대한 공헌이

다: 역사 속에서 행동하는 것은 "오직 의식으로 재능을 갖춘, 고민과 열정으로 행동하는, 특정한 목적을 향해 일하는 인간"이다; 엥겔스가 『루트비히 포이어바하와 독일고전철학의 종말』에서 매우 아름답게 정식화했듯이, "의식적인 의도 없이는, 원하는 목표가 없이는 아무 것도 일어날 수 없다."

우리가 이것을 진지하게 받아들인다면, 상부구조의 예견적 과정, 상부구조의 토대에 대한 "반작용" 문제가 즉각 구체화될 수 있다. 개별 인간의 의식적인 의도와 원하는 목표에 속하는 발전된 이데올로기적 관계, 즉 발전된 법적, 정치·이데올로기적, 윤리·도적적, 종교적, 예술적·미적, 철학적, 경제적, 그리고 여타 가치와 이념은 일단 어떻게 전제될 것인가? 모든 가치와 이념이 어떻게 감정과 동기로 전환될 것이고, 간단히 말해 가치와 이념이 행동에 효과적이기 위해 어떻게 내면화될 것인가? 그렇게 문제가 정확히 설정되어야 할 것이다.

내가 이러한 문제에 대해 상세히 다루었다는 것을 당신은 잘 알 것이다. 나는 인지심리학과 동기심리학, 역사적 유물론과 맑스주의 과학철학의 새로운 결과에 근거하여 가치의 내면화와 가치를 결정하는 정신적 결과의 "기제"를 탐색해왔다. 나는 여기서 개별 사안에 대해 언급하지 않을 것이다. 이제까지의 연구의 결과는 아마 이렇게 될 것이다: 가치와 가치를 결정하는 — 예를 들어 이데올로기적·세계관적으로 — 정신적 결과는, 이것이 언제나 내면화과정을 넘어 구체적인 개인을 생산하고 재생산할 때, 사회적으로만 유효하다는 것이다; 그러나 이것은 행동하는 개인들의 현실적이거나 최소한 상상으로 만들어진 결정자유와 자기

책임을 전제로 한다. 다시 말해 각각의 고찰되는 주체에 대하여 객관적이거나 최소한 고정된 결정여지와 행동여지 안에서의 변형선택을 위한 능력과 가능성을 전제로 한다.

이러한 통찰은 매우 다양한 이유에서 나에게는 중요하게 보인다. 이념이 대중을 사로잡자마자 물질적 폭력이 된다는 사실, 상부구조가 토대에 대해 이러한 방식으로 상당한 반작용을 한다는 사실은, 어떤 맑스주의자도 부정하지 않는다. 그러나 실제의 결정자유와 자기책임, 객관적인 결정여지와 행동여지가 요구된다면, 따라서 이념이 대중 일반을 비로소 장악할 수 있다면, 종종 불안과 두려움이 있게 된다. 수백 번의 반복을 통한 윤리·도적적인 혹은 정치·이데올로기적인 공리가, 당연히 언제나 잘못된 결정을 숨기고 있는 진정한 정신적 혹은 행동에 걸맞는 결정상황의 도입보다 더 많이 이루어진다고 사람들은 생각하기 때문이다. 그렇지만 올바르고 신리에 입각해 세계를 움식이는 우리 세계관의 가치가 내면화되지 않는 위험은 훨씬 더 클 것이다!

이것은 다음의 통찰을 허용한다. 사람들은 이제까지 개괄한 것을, 내면화를 위해 역사적으로 부적절한 가치와 가치를 결정하는 정신적 결과로 이끄는 결정자유와 자기책임의 환상의 매개로서, 단순히 고정된 결정여지와 행동여지의 도입으로서 조작한다. 이제 나는 우리 두 사람이 높이 평가하는 게오르그 루카치가 다음과 같이 규정했을 때 그가 완전히 옳았다고 생각한다: "오늘날의 (부르주아) 민주주의는 100년 동안의 발전의 구체적인 정점으로서 지배적인 제국주의의 조작에 힘입어 조작되고 있다." 그리고: "전례 없이 발전한 대중미디어의 도움으로 소비의 선전이 정치적 '계몽'의 모델이 된다… 특정한 상품을 획득한 상품구매자에게는 상품의 소유가 자유로운 결정의 결과로서, 자신의 고유한 개인성의 표현으로서 착각하게 된다는 데 바로 순수한 조작이 있다." 오늘날에는 거의 자명하게 들리는 얘기지만, 이미 1968년에 쓰여진 글이다. 이것은 토대에 대한 상부구조의 작용에 관한 설득력 있고 기본적인 연구를, 내가 놀라운 방식으로 발견했듯이, 그리고 당신의 작업이 얼마나 옳은지, 잘 실증해주고 있다 ― 비록 그로부터 세계관적인 대립에 대한 복잡한 미래과제가 주어지기는 하지만.

내가 제기하려는 두 번째 문제는 당신이 제5장에서 주장한 사회주의에서의 적대적 혹은 비적대적 모순에 대한 것이다.

나는 당신이 "직업적" 철학자에 대하여 두 가지 논쟁노선으로 구분하여 논박했는데, 이것이 항상 분명하고 충분하지 못하다고 생각한다.

먼저 용어적인 것이다. 그리스어에서 차용한 "적대성"이란 단어는 우선 서로 대립적으로 투쟁한다는 의미 이상이 아니다; 저항하고 대립한다는 의미이다. 틀림없이 맑스와 엥겔스는, 그리고 레닌도 이 용어를 매우 다양하게, 부분적으로는 넓은 의미로, 또 부분적으로는 좋은 의미로 사용하였다. 자주 이 용어는, 두 "투쟁하는 측면" 중 하나를 없애는 것으로 비로소 결정되는 대립물의 "투쟁"의 형태로서 더 이상 특징지어지지 않는다. 우리가 이것을 "적대성"의 일반적인 정의로서 사용한다면, 당신이 레닌의 악셀로드 - 인용에 근거하여 추구했듯이, 우리는 용어의 넓은 의미를 보게 된다. 그러면 용어는 사실상 생물학 분야에도 적용하게 된다. 당신이 "어떤 종류의 미생물"에 대한 지적으로 암시했듯이, 즉 이 용어는 더욱이 물질의 비유기적 영역에도 적용할 수 있다. 그러면 우리는 모든 사회구성체에서, 또한 사회주의는 물론 공산주의에서도, 한 묶음의 중요하고(생산력과 생산관계 사이에서와 같이), 화가 나고(관료주의와 형식주의, 지역주의 등에서 생기는 모든 현상들과 같이), 부담이 되는(모든 사회질서에 존재하는 부족함으로 환원되는) 적대적 모순을 갖고 있는 셈이다. 바로 이러한 의미에서 당신이 여러 번 인용한 부텐코의 경우에, 사회주의 사회에서 점증하는 생산력과 완성해야 하는 생산관계 사이의 기본모순 이외에, 생산과 소비, 민주화와 집중화 사이의 모순이 사회구성체로서 사회주의의 발전에 가장 중요한 모순으로서 부각될 것이다. 당신은 틀림없이 이것을 당신의 용어에서 일관된 방식으로 적대적인 것으로 특징지을 것이다(부텐코는 어쨌든 그렇게 하지는 않았다!).

또 다른 대립적인 노선은 예를 들어 아익슌에 대한 것이다. 그는 무엇보다 레닌의 언급에서 출발하여 적대성과 모순이 철저히 하나이거나 같은 것이 아니고, 전자는 사라지고 후자는 사회주의에서도 남는 것이며, "적대성"이라는 용어를 좁은 의미에서, 인간의 인간에 대한 착취에 근거한 화해할 수 없는 이해대립을 내용으로 갖고 있거나 기초로 하고 있는 그런 모순과 관련하여 사용하였다. 따라서 그는 다르게 거론된 모순, 즉 그 모순의 존재를 그가 전혀 부정하지 않고(나도 그 존재 자체에 관해 잘 알고 있듯이) 그 모순의 첨예함을 철저히 당신만큼 잘 알고 있는 모순을 비적대적인 모순으로서, 그렇지만 동시에 중요하고 가능한 한 사려 깊게 토론할 수밖에 없었다. 그러나 그는 역사적·유물론적으로 구성체의 특수성을 분석하는 데 당연히 중심적인 것, 자본주의로부터 사회주의로의 결정적인 세계사적 도약을 그의 용어선택이 개념적으로 포착하는 기본적인 장점에 주의를 환기시킬 수 있었다.

여기서 문제가 되는 것은 다름 아니라 바로 용어의 다양한, 차별적인 적용이다. 그러나 용어는 진리이거나 오류가 아니고, 올바르거나 거짓이 아니다. 용어는 단지 적절하거나 덜 적절하고, 목적에 맞거나 안 맞거나 하게 선택될 뿐이다. 이때 이것은 목적 자체에 맞게 변용될 것이다.

그래서 나는 또 다른, 내용적인 논의의 노선으로 들어갈 것이다. 이것은 당신의 명백한 두 가지 주장에 관련된다. 하나는 자본주의와 사회주의 사이의 이행기, 발전된 사회주의의 초기단계가 평화적·진화적으로 진행하지 않고 오히려 철저히 혁명적인, 격렬하고 때로는 피 터지는 모순에 찬 과정임을 당신이 강조한 것과 관련된다. 다른 하나는 그러나 높이 발전된 사회주의 자체도 평화적이고 모순 없이 표현될 뿐만 아니라, 고유한, 아주 새로운 종류의, 적지 않게 해로운 모순을 제시할 수 있다는 것과 관련된다. 사회주의에서 "비적대적 모순"의 경우에 강조가 실제적 모순에 주어진다면, 이러한 용어선택은 근본적인 의미를 가진다. 그에 반해 모순이라는 용어를 실제적 모순을 넘기고 더욱이 그냥 지나치기 위해 사용한다면, 모순은 변명의 미사여구로서 아무 것도 표현하지 못한다. 그러나 내가 생각하기에, 이것은 아마 어떤 진정한 역사적 유물론자라도 반박하지 못할 것이다.

　내 논평이 너무 길고 자세했다면 미안하고, 또 그렇지만 그 이상 별로 발전시키지 못해 미안하다. 마지막 말에서 당신이 암시하려는 것을 나는 안다. 그리고 당신의 출판원고에 대한 논평에서, 당신이 유보한 것을 나는 안다. 그것에 대해서는 나도 이심전심이다.

　　　　　　　　　　　　　　　　　내 마음의 인사를 담아

　　　　　　　　　　　　　　　　　　　　　조니 Jonny

부록 2

존 에어펜벡에게 보낸 위르겐 쿠친스키의 답장

1986년 10월 31일

친애하는 조니:

비록 아주 늦었지만, 당신의 편지에 감사한다. 당신의 편지는 내 100세 생일날에 대한 사후의 인사로 시작하지만, 당연히 과학적으로 아주 흥미롭고, 그래서 나는 당신의 편지를 같이 출판하려고 한다.

전문적인 논병에 감사한다. 당신의 논평에 기초하여 나는 원고에서 일련의 개선을 이루었다.

하지만 이제 당신의 편지에서 지적한 두 가지 주요 논점으로 들어가 보자.

당연히 토대에 대한 상부구조의 반작용에 대해 내가 충분히 다루지 못했다고 당신이 지적한 것은 완전히 올바르다. 따라서 이것은 내가 자주 이전 논문에서, 전체 구성물을 그 넓이와 복잡성 속에서 구체적으로 파악하지 못한 채, 다루었던 문제와 관련된다. 이 점에서는 당신이 나보다 우월하다. 그러나 동시에 당신이 거론했듯이 "인지심리학과 동기심리학"으로 이해한 것에 관해 너무 적게 언급한 것은 불만이다. 그러나 어쨌든 우리가 토대와 상부구조의 관계를 — 맑스와 엥겔스가 그에 관해 필요한 모든 것을 얘기했기 때문에 이론적으로가 아니라 — 실제적으로 역사에서 그리고 세계 도처의 오늘날의 일상에서, 조작을 포함하여, 이제까지 해왔던 것보다 더 많이 근본적으로 연구해야 한다고 나는 생각한다. 나에게 토대-상부구조 관계는 언제나, 실재가 이론보다 훨씬 풍부하고 복잡하다고 말한 레닌의 주장에 대한 모범사례이다. 당신은 이러한 문제를 가령 르네상스 시대를 위해 다룬 책에 관해 들어보았는지? 당신은 우리 시대의 강력한 평화문헌 중에서 누군가가 오늘날의 미국의 관계를 연구하면서, 전쟁이 터질 때 주어진 관계에 관한 레닌의 주장으로부터 출발한 것을 발견하였는지? 즉 "우리는 특별히, '조국수호'라는 구호가 강력한 다수의 근로대중이 부르주아지를 위해 어쩔 수 없이 결정해야 하는 피할 수 없는 문제가 된 상황의 의미를 설명해야 한다."(『전집』 제33권, 434쪽) 내가 생각하기에, 우리가 토대-상부구조 문제틀에 관해 더 많이 고민할수록, 더 이상 기껏해야 몇 가지 생각거리를 제공하는 내 자신의 작업을 포함하여 우리의 문헌은 그 만큼 더 옹색해질 수밖에 없다는 것이다. 물론 당신의 저작과 같이 개별 작업에서는 일정한, 그러나 매우 특정한 방향에서 이미 그것을 넘어 성과를 내고 있다는 사실을 배제하는 것은 아니지만. 당신은 독일 낭만주의에서, 즉 1,800년 경의 독일 역사에서 상부구조의 중요한 일부를 작업해 보았기 때문에, 독일 낭만주의에서 토대-상부구조-토대에 관해 연구한다면, 대단한 작업이 될 것이다.

나에 대한 당신의 비판에 대해 좀 더 들어가지 않고, 내가 고무되어 작업주제를 제안한 것은 미안하지만, 그러나 당신은 이것으로부터, 더 이상의 책을 쓸 수 있을지 모르는 노지식인이 당신의 비판으로부터 얼마나 깊이 감동받고 동시에 다른 것에 대한 계획을 생각했는지를 볼 것이다.

적대적 모순에 대한 당신의 논평 역시 나에게 매우 흥미롭게 보였다. 그렇지만 나는 당신에게 동의할 수 없다. 당신은 내가 적대적 모순의 개념을 확대하였다고 생각한다. 거기에 관해 나는 할 말이 없다. 나는 개념을 고전가들과 똑같이 사용했다. 반대로 아익숀과 많은 다른 사람들은 이 개념을 제한적으로 사용했다. 내가 아익숀과의 의견투쟁에서 사회주의에도 역시 모순이 존재하지만 적대적 모순은 사라진다는 레닌의 주장을 "정당한 방식으로" 인용했다고 당신이 생각한다면, 당신은 "성냥한 방식으로"라는 말을 잘못 사용한 것이다. 내가 생각하기에도 사회주의에서는 당연히 적대적 모순이 사라지게 되겠지만, 그러나 하루가 다르게 그렇게 되지는 않는다 ― 그리고 코징은 적대적 모순이 사라지는 것은 역사적 과정에 달려 있고, 이것은 발전된 사회주의와 함께 끝날 것이라고 생각한다. 당연히 우리는 자본주의와 사회주의가 적대적인 대립을 표현하고, 부르주아 권리와 사회주의 권리 또한 마찬가지라는 사실에서 같은 의견이다. 그러나 사회주의(완전한 공산주의 이전의 첫 번째 단계)에는 여전히 부분적으로 부르주아 권리가 있다는 사실을, 맑스가 『고타강령비판』에서 아주 분명히 증명하였다. 그리고 나 역시, 맑스가 바로 그 곳에서 이것에 대해 특징적인 것으로서 언급한, "그 어머니 뱃속에서 사회주의 사회가 출현한 구 사회의" 경제적, 도덕적, 정신적 "태반"이 결국 적대적 모순을 표현한다고 생각한다. 여기에는 외부로부터, 자본의 세계로부터 사회주의 세계의 사람들의 의식에 침투하는 모든 영향이 들어간다 — 그리고 맑스는 이것을 예상할 수 없었는데, 그가 세계혁명으로부터 출발하지 못했기 때문이다.

아니, 나는 아익숀에게도 그의 주장에 대해서도 동의할 수 없다. 그렇지만 당신은 내가 당신의 훌륭한 논평에 근거하여 아익숀의 잘못된 입장을 더 잘 이해할 수 있도록 노력한 것을 텍스트에서 보게 될 것이다(바라건대 당신은 내가 헛된 일을 했다고 생각하지 말기를 바란다) — 하지만 이해하고 용서하시라.

친애하는 조니;
당신이 나의 원고와 함께 고생하고 보낸 모든 노력에 대하여 다시 한 번 너무 너무 감사한다.

당신의
위르겐 쿠친스키

찾아보기

(ㄱ)

가세트, 오르테가 이 264
가족임금 35
가치법칙 154
갈릴레이 81
개념과 실재 사이의 차이 154
객관성 60
경계과학 101
경제적 사회구성(체) 192
경향성 및 반경향성 32
계급사회 203
계급투쟁 53
계급투쟁의 이론 138
계급투쟁의 일상 53
고리끼 87
고르바초프 226
고전가 18, 137
고타강령 비판 197
고트헬프, 예레미아스 55
공산당선언 139
공산주의 197
공산주의에서의 노동 201

과학아카데미 59
과학의 통합 101
과학적 당파성 60
과학적 방법 60
괴테 27, 79
국가독점자본주의 274
군돌프 102
군산복합체 266
부르주아 권리와 사회주의 권리 289
귀조 51, 162
그림, 야콥 71
근로대중의 일상 57
근위대 262
기본모순 221
길데 81
꽁스땅, 뱅쟈맹 162
꾸쟁 162

(ㄴ)

나폴레옹 161
낙관주의 8, 242

찾아보기 ❙ 291

노년의 편지　62, 157
노동강도의 증가　31
노동과정의 강화　31
(노동)분업　148
노동자계급　205
노동자상태　11
노동자상태의 구성요소　35, 36
노동자상태의 역사　169
노동자상태의 이론　34
노동자의 궁핍화　25
노동통계　13
노이만　90
노지식인　64, 84
노지식인의 작업방식　59
뉴턴　99, 120
니체　264

(ㄷ)

다스프레, 앙드레　136
당똥　161
당파성　60, 76
당파성과 객관성　63
데물랭, 까미유　161
데카르트　242
도그마가 아니라 방법　156
독일 낭만주의　288
독일 농민전쟁　159
독일 이데올로기　169

독일 인민의 일상사　20
디도로　242
디드, 샬로테　88
디락　118
똑똑한 오류　85
똑똑한 정확함　86
띠에르　51

(ㄹ)

라메　266
라씽　265
라이프니츠　78, 242
람프레히트, 칼　55
람플루그, 조지 윌리엄　176
랑케　92
레닌　49, 99, 125
레싱　131
레온티니, 고르기아스 폰　89
렌, 루트비히　104
렘브란트　136, 140
렙시우스, 리하르트　91
로베스피에르,　161
로크　162
뢰벤헤르츠, 리하르트　174
뢰저, 프란츠　257
루소　174
루아이에꼴라르　162
루이 보나파르트의 브뤼메르 18일

141

루카치, 게오르그   8, 81, 103
루터   160
루프레히트, 프랑크   257
룩셈부르크, 로자   11, 226
르노아르   117
리카도   34, 77
리케르트   102
리프크네히트, 칼   11
릴, 빌헬름   55

(ㅁ)

마르탱, 자크   240
만하임, 칼   101
맑스   31, 102, 125
맑스의 박사학위논문   143
맑스의 정신   13
메링, 프란츠   44
메저, 유스투스   55
모르라넨시우스   241
모순 논쟁   62
모스카   264
몸젠, 테오도르   74, 116, 120
몽테스키외   142, 174
문화적 맑스주의   10
뮌쩌, 토마스   140
민족임금   35
믿음   258

(ㅂ)

바르가, 오이겐   81, 104
바르트   159
바이마르공화국   171
반대경향   18
반세계화 운동   9
발터   211
법칙   63
베르크슈트레서, 아르놀트   102
베르톨트, 하인츠   92
베버, 막스   16, 102
베버, 알프레드   102
베벨, 아우구스트   93, 156
베이컨, 프란시스   242
베토벤   260
변증법   127
변증법적 유물론   131
보댕, 장   241
보르기우스, 발터   97, 145
보스네젠스키   117
본회퍼, 디트리히   115
볼머   95
볼테르   243
부르봉가   165
부르주아 이데올로기   263
부르주아사회   161
부어, 만프레트   247
부텐코   218

찾아보기   293

불행 - 이론　169
브레히트　8, 20, 83
브렌타노　91
브로델, 페르낭　55
브로델-학파　56
브루노, 지오르다노　78, 83
블로흐, 에른스트　8
블로흐, 요셉　96, 114
비당파성　77
비머, 에른스트　210
비적대적 모순　220
빌라모비츠　74
빌헬름, 프리드리히　171

(ㅅ)

사도 바울　161
사실에 대한 추구　13
사적소유　190
사회과학의 역사에 대한 연구　18
사회구성(체)　146
사회발전의 단계　62
사회적 모순　63, 221
사회적 의식　179
사회적 존재　179
사회주의 권리　289
사회주의　192
사회화　202
산업예비군　34

30년전쟁　170
상대임금　35
상대적 궁핍화　35
상부구조　128
상부구조의 토대에 대한 반작용　153, 280
새로운 사회　203
생산력　269
생산력 자연과학　273
생산수단　202
생쥐스트　161
성과력　269
세계임금의 역사　17
세계착취　38
세계착취율　39
세계혁명　290
세네카　86
세미오노프　218
세이　162
셰익스피어　152
소비수단　202
소포클레스　89, 152
셸링　248
슈미트, 콘라트　146
슈타이니츠, 볼프강　55
슈트룩스　95
스미스　174
슈펭글러　264
신자유주의　9

실러　27
실재를 위한 당파성　60
실질임금　35

(ㅇ)

아데나워　75
아름다운 문학　132
아우구스투스　86
아우구스트, 에른스트　71
아우구스트, 필립　174
아우구스틴　240
아이젠하워　265
아익숀, 볼프강　216
아인슈타인　11, 82
악셀로드　219
야스퍼스　102, 264
에라스무스　253
에른스트, 파울　155
에발트, 우베　233
에버스, 구스타프　122
에어펜벡, 존　231, 276, 288
에코, 움베르토　240
엘리트　263
엥겔스, 프리드리히　31, 141
역사과정에서 인간의 역할과 개인들
　　의 역할　280
역사과학　65
역사를 만드는 인간　63

역사의 종말　9
역사적 낙관주의　63, 238
역사적 발전　239
역사적 유물론　59, 131, 141
역사적 이데올로그　173
오를레앙가　165
오웬, 로버트　34
외래의 상부구조　132
외래의 토대　132
울브리히트　75
원시공동체　189
위험각오　59
유물론과 경험비판론　180
육체노동　190
의견투쟁　63
의식　179
의식과 존재의 문제　62
이데올로기　173
이소크라테스　89
2월혁명　165
인류의 종말　255
일반노동　108
임금통계　11
잉여가치이론　138

(ㅈ)

자기화(전유)　125
자본　133

찾아보기 ▎295

자본의 지배   262
자본주의   9, 190, 192
자본주의경제   9
자본주의 분석   9
자본주의의 붕괴   31
자서전   8
자연변증법   127
자유무역   174
자유시간   50, 201
재봉건화   273
적대성   282
적대적 모순   215
절대적 궁핍화   34
정신노동   190
제거스, 안나   104
제르베, 미첼   53
조지, 로이드   94
좀바르트   156
종합학문   40
주요모순   221
중농주의자   174
중상주의자   174
증손자와의 대화   226
지배력   269
진리에 대한 용기   13
진보의 역사   242
진보의 철학   242
진보이념   242
젤러, 에두아르트   120

(ㅊ)

착취계급   205
처칠   75
체르넨코   209
체코프   87
칸트   10, 131
칼라일   264
칼리닌   107
캘빈   174

(ㅋ)

코솔라포프   208
코징, 알프레드   216
코페르니쿠스   81
콘체, 베르너   242
콩도르세, 장 안톤 마르퀴스 드   243
쾨르너   246
쿠르트-말러   47
쿠친스키, 르네 로버트   11
크롬웰   162
클라우스, 게오르그   254, 257
클레망소   75
키젤바하   262
키케로   72

(ㅌ)

토대   128
토대에 대한 상부구조의 반작용
          153, 280
토리첼리   172
톨스토이   117
투고   142, 243

(ㅍ)

파괴력   273
파레토   264
파스테르나크   117
파슨스, 탈코트   12
파시즘   169
페트라르카   152
평화의 이성   253
포이어바하   159
푸시킨   152
프랑스대혁명   50
프랑스에서의 코뮌   50
프로메테우스   242
프리드리히, 에버트   95
프리츠   104
피러스   129
피셔, 쿠노   120
피카소   107
피케티, 토마   17

피히테   131

(ㅎ)

하르낙, 아돌프 폰   74, 115
하이네   245
하제, 칼 폰   90, 92, 98
학제간 연구   18, 40
한, 에릭   133
헤겔   131
헤라클리토스   142
헤르더   246
헤르메스   115
헬름홀츠   74
현실 사회주의   62
호네커, 에리히   212
호라티우스   240
호머   136
홉스바움   16
횡단연구   102
훔볼트, 빌헬름 폰   87, 88
훔볼트, 알렉산더 폰   90
횔더린   136
힌네베르크, 파울   120

역사적 유물론 연구
- 자본주의를 넘어서는 역사적 상상력 -

초판 제1쇄 펴낸날 : 2018. 9. 20

지은이 : 위르겐 쿠친스키
옮긴이 : 김 정 로
펴낸이 : 심 철 미
펴낸곳 : 백산서당

등록 : 제10-42(1979.12.29)
주소 : 서울 은평구 통일로 885(갈현동, 준빌딩 3층)
전화 : 02)2268-0012(代)
팩스 : 02)2268-0048
이메일 : bshj@chol.com

값 18,000원

ISBN 978-89-7327-534-2 93300

「이 도서의 국립중앙도서관 출판예정도서목록(CIP)은 서지정보유통지원시스템 홈페이지
(http://seoji.nl.go.kr)와 국가자료공동목록시스템(http://www.nl.go.kr/kolisnet)에서 이용
하실 수 있습니다.(CIP제어번호: CIP2018030112)」